Olaf Ihlau / Walter Mayr
Minenfeld Balkan

W0061376

Schriftenreihe   Band 1017

Olaf Ihlau / Walter Mayr

Minenfeld Balkan

Der unruhige Hinterhof Europas

bpb: Bundeszentrale für politische Bildung

Olaf Ihlau wurde 1942 in Königsberg geboren. Seit über 35 Jahren berichtet der Journalist und promovierte Sozialwissenschaftler über die politischen Zusammenhänge auf dem Balkan – angefangen 1972 als Korrespondent der *Süddeutschen Zeitung*, später als Reporter des *Spiegel* während der jugoslawischen Erbfolgekriege. Er ist Autor mehrerer Bücher, zuletzt veröffentlichte er »Weltmacht Indien« (2006) und »Krieg am Hindukusch« (2009).

Walter Mayr wurde 1960 in Aichach geboren. Seit zwei Jahrzehnten arbeitet er beim *Spiegel*, seine Themenschwerpunkte sind der Balkan und Osteuropa. Mayr leitete das *Spiegel*-Büro in Wien und die Vertretung des Magazins in Moskau. Seit der Auflösung des Warschauer Pakts und dem Ausbruch der Kriege in Ex-Jugoslawien hat er Südosteuropa mehrere Dutzend Mal bereist. 2005 wurde er für seine journalistische Arbeit mit dem Henri-Nannen-Preis ausgezeichnet.

Diese Publikation stellt keine Meinungsäußerung der Bundeszentrale für politische Bildung dar. Für die inhaltlichen Aussagen tragen die Autoren die Verantwortung.

Bonn 2009
Lizenzausgabe für die Bundeszentrale für politische Bildung
Adenauerallee 86, 53113 Bonn
© 2009 by Siedler Verlag, München,
in der Verlagsgruppe Random House GmbH
Lektorat: Regina Carstensen, München
Umschlaggestaltung: Michael Rechl, Kassel
Umschlagfoto: © Tomas Riehle / arturimages
Behelfsbrücke von Mostar über die Neretva vor der Wiederherstellung der 1993 im Bürgerkrieg zerstörten historischen Brücke.
Satz: Ditta Ahmadi, Berlin
Druck und Bindung: GGP Media GmbH, Pößneck
ISBN 978-3-8389-0017-9
www.bpb.de

Inhalt

Vorwort

Ein Buch über den Balkan ist ein Buch über ein Phantom. Über etwas, von dem zwar jeder schon gehört hat, von dem aber keiner eine eindeutige Beschreibung abzugeben imstande ist. Der Balkan kommt als geografische Landschaft wie als politisches Schmähwort daher, als Sammelbegriff oder Mittel zur Ausgrenzung. Vermintes Terrain, alles in allem, in dem viele Völker zu Hause und nur wenige mit ihren Nachbarn im Reinen sind: Der Balkan, das ist »immer der andere«, schreibt der slowenische Philosoph Slavoj Žižek in *Liebe deinen Nächsten? Nein, danke!*

Die politische Landschaft auf dem Balkan hat sich durch die Auflösung des Warschauer Pakts und die blutigen jugoslawischen Erbfolgekriege dramatisch verändert. Aus Sowjetsatelliten sind Nato-Mitglieder geworden, aus Titos Teilrepubliken neue Klein- und Kleinststaaten. Was die Balkannachbarn noch verbindet, außer solidarischem Stimmverhalten beim jährlichen Eurovision Song Contest, ist allenfalls eines: der Fixpunkt EU. Weil Europa der immer neuen Aspiranten erkennbar müde geworden ist, wächst in den Ländern, die in der Warteschleife festhängen, die Gefahr neuer, den Kontinent erschütternder Konflikte: »Wenn die nationale und soziale Frage zusammenkommen, ist dies das gefährlichste Gemisch, das es gibt«, warnt der frühere tschechische Außenminister Karel Schwarzenberg. »Wir produzieren hier also selbst das Nitroglyzerin unter unserem Hintern.«

Ein Buch über den Balkan kann bestenfalls Werkzeug an die Hand geben, mit dem sich Mythen zerlegen und wiederkehrende Muster nachzeichnen lassen. Für ein fertiges Bild sind Rahmen und Farbe nötig. Den Rahmen dieses Buches liefern Analysen und historische Abrisse der Krisenregionen, unterfüttert durch Gespräche mit Zeitzeugen aus mehreren Jahrzehnten, von Tito und Ceaușescu über Milošević bis zu Zar Simeon. Die Farbe liefern Städteporträts und Reportagen: Momentaufnahmen zwischen Dubrovnik an der Adria und dem Fischerdorf Periprava im Donaudelta, unweit des Schwarzen Meeres.

1
Der Balkan

Den Herrschern Serbiens, so beweist es die blutige Geschichte des größten Slawenvolks auf dem Balkan, droht ein gewaltsamer Abgang, verblasst ihr Charisma, zerbröckelt ihre Macht. Sie werden ermordet, abgeschlachtet, zerstückelt. Oder sie wählen den Heldentod, das »himmlische Reich«, wie einst der mittelalterliche Fürst Lazar in der Schlacht gegen die Türken auf dem Amselfeld von Kosovo Polje, der mythischen Stätte serbischer Selbstaufopferung.

Auf ein heroisches Ende war auch Slobodan Milošević aus gewesen, der große Puppenspieler des Balkans vor der Jahrhundertwende. Er war der Hauptverantwortliche, doch gewiss nicht der Alleinschuldige in der Dekade der vier jugoslawischen Erbfolgekriege, die seit 1991 nahezu 200000 Tote forderten und Millionen Vertriebene in Europas klassischer Krisenregion. Sein Kriegsabenteuer in der Albanerprovinz Kosovo trieb die mächtigste Militärallianz der Welt ohne Uno-Mandat zum Eingreifen, Nato-Bomben zertrümmerten sein Regime. Ein Volksaufstand stieß danach den Belgrader Despoten im Oktober 2000 vom Thron, im Jahr darauf lieferte der neue demokratische Premier Zoran Djindjić ihn an das Haager Kriegsverbrechertribunal aus. Dort starb der Entmachtete während seines Prozesses wegen Völkermords an einem Herzinfarkt, und Djindjić wurde in Belgrad vor seinem Amtssitz erschossen.

Zerborsten war damit die Hoffnung auf einen demokratischen Aufbruch der stärksten Nation in Europas Hinterhof, der als Modell hätte ausstrahlen können auf die übrigen Völker, um endlich jene Dämonen des Hasses wie der ethnischen und religiösen Zwietracht zu vertreiben, die über Jahrhunderte diese friedlose Weltgegend heimgesucht hatten. Zwar behielten in Belgrad Djindjićs demokratische Nachfolger knapp die Oberhand. Über ein bedrohliches Störpotenzial verfügen dort jedoch weiterhin jene Nationalisten, die sich den Mythen der Geschichte verhaftet fühlen und lieber verstockt in Selbstisolation verharren, als die Zukunft ihres Landes in der Europäischen Union zu suchen. Herbe wirtschaftliche Rückschläge durch die weltweite Finanzkrise, vor allem aber die vom Westen überhastet betriebene Anerkennung der Provinz Kosovo als eigenständiger Staat gaben diesen Ultras zusätzlich Aufwind. Nicht einmal ein Drittel der Uno-Mitglieder hat bislang Europas jüngste Republik anerkannt, aber immerhin kam es nicht zu den vielfach vorausgesagten Ausbrüchen von Gewalt. Die Sezession verstieß gerade in dieser Region, mit ihrem Gewirr einander überlappender Völkerschaften und einem Flickenteppich nationaler Minderheiten, gegen ein ehernes Tabu: Grenzen infrage zu stellen oder gar zu verändern. Denn dies könnte eine Kettenreaktion an Begehrlichkeiten auslösen und das Verlangen aufflammen lassen nach territorialen Veränderungen und ethnischen Umsiedlungen, notfalls erzwungen in neuerlichen blutigen Konfrontationen.

Solange der Balkan wie vor hundert Jahren Europas »schwarzes Loch« bleibt, sind die Träume von Großserbien, von Großalbanien, von Großkroatien oder Großbulgarien keineswegs überlebter Ballast einer verhängnisvollen Geschichte, sie lassen sich von populistischen Verführern jederzeit wieder abrufen und aktivieren. Und solange die gesamte Balkanhalbinsel nicht fest in der sich gegen Zuwachs sträubenden EU verankert ist, also Grenzen damit überflüssig werden, droht die Gefahr, dass mit Lunten gezündelt wird vor einem Pulverfass, dessen Explosion schon einmal eine ganze Welt in den Abgrund riss.

Niemand sollte sich täuschen lassen: Sprengkörper vielfältigster Art stecken auch heute noch zur Genüge im Minenfeld zwischen den Karawanken und dem Bosporus, Adria und Donaudelta, der Theiß und dem Ägäischen Meer. Ein Gebiet, das in elf selbstständigen Staaten an die siebzig Millionen Menschen bewohnen von slawischer, romanischer, illyrischer, griechischer und türkischer Abstammung. Hinzu kommen Dutzende Volksgruppen und Minderheiten, es gibt drei Religionen, zwei Alphabete, fünf Sprachfamilien. Nirgendwo in Europa findet sich solch eine ethnische und kulturelle Vielfalt, aber auch historisch gewachsener Hader und Hass. Als »Urvölker« der südosteuropäischen Halbinsel gelten laut *Helmolts Weltgeschichte* von 1924 im Norden die indogermanischen Illyrer, Nachbarn der Kelten, und auf der Ostseite die Thraker, zwischen die sich dann im Süden, auf die Hellenen drückend, als Einwanderer in stetem Kampf die Mazedonier schoben. Nach den Heimsuchungen und Plünderungszügen während der großen Völkerwanderung überfluteten vom 6. Jahrhundert an die Slawenstämme große Teile des Balkans. Über Jahrhunderte verlief hier die Scheidelinie zwischen Okzident und Orient, zwischen Rom und Byzanz, zwischen christlichem Abendland und osmanisch-muslimischer Despotie. Wobei die habsburgische Militärbarriere von Dalmatien bis zu den Karpaten als Religions- und Kulturgrenze später zugleich den Sperrriegel markierte zwischen aufklärerischer Moderne und dumpfer Isolation. Und zuletzt, mit Titos blockfreiem Jugoslawien als Puffer, trafen hier auch Nato-Allianz und Warschauer Pakt aufeinander.

Bis heute gibt es höchst unterschiedliche Deutungen, wo genau der Balkan anfängt, wer und was eigentlich dazugehört. Bornierte Norddeutsche ziehen gleich hinter München den zivilisatorischen Schnitt. In den europäischen Salons des 19. Jahrhunderts hieß es spöttisch, die Grenze verlaufe an den Toren Wiens, was den Spruch des Fürsten Metternich paraphrasierte: »Der Balkan beginnt hinter dem Rennweg.« In der Sprache der Türken, die Europas Südostecke jahrhundertelang beherrschten, bedeutet »Balkan« so viel wie »bewaldeter Höhenrücken«. Gemeint war der sich vom Osten Serbiens durch das nördliche Bulgarien erstreckende größte Höhenzug der Region, der in der Antike von den Griechen »Haemus« genannt wurde und bei den Bulgaren »Stara Planina« heißt, »Altes Gebirge«. Grenzt man die knapp 500 000 Quadratkilometer der Balkanhalbinsel nach Norden ab, so bietet sich eine Linie an, die von der Triester Bucht entlang der Flüsse Save und Donau bis zum Schwarzen Meer verläuft. Bisweilen wird neben der Dobrudscha auch die Walachei hinzugerechnet, was vielen Rumänen nicht sehr behagt, immerhin war gut die Hälfte ihres Landes mit den österreichischen Kronländern des Karpatenraums lange dem mitteleuropäischen Kulturkreis verbunden. Gar Ungarn dem Balkan zuzuordnen, gilt in Budapest als schwere Beleidigung. Dabei herrschten die Magyaren während der Doppelmonarchie über Kroatien, und seit der territorialen Kastration durch den Friedensvertrag von Trianon (1920) leben Millionen ihrer Landsleute in Slawonien, der serbischen Vojvodina und vor allem im Westen Rumäniens als unruhige Minderheit. Neuerdings setzen sich auch die zwei Millionen Slowenen von ihren südslawischen Balkanbrüdern ab. Ihre ethnisch weitgehend homogene Republik, ein wenig größer als Rheinland-Pfalz, profitierte als Einzige vom Auseinanderbrechen des postkommunistischen Jugoslawien. Im Schnelldurchlauf schaffte sie den Anschluss an die Europäische Union und legte 2008 bereits eine passable Ratspräsidentschaft hin. Das Abkoppeln und der Blick zurück beschäftigen das überwiegend katholische Berg- und Bauernvölkchen kaum mehr, als hätte es ein Mitwirken in Titos Vielvölkerstaat nie gegeben. Ljubljana, das frühere Laibach, verpuppt sich nunmehr ganz in Selbstgenügsamkeit und Provinzialität. Die übrigen Nachfolgestaaten des einstigen Jugoslawien stören sich ebenso wenig daran, dem Balkan zugerechnet zu werden, wie Albanien oder Bulgarien. Griechenland indes schätzt dieses Etikett nicht sonderlich. Es sieht sich aufgrund seiner glanzvollen Geschichte und frühzeitiger EU- wie Nato-Mitgliedschaft in herausgehobener Position.

Allerdings leiden diese Länder sämtlich unter den Klischees, die sich gemeinhin mit dem Begriff Balkan und Balkanisierung herablassend verbinden: Pulverfass und Unruheherd, Rückständigkeit und Streitsucht, brodelndes Völkergemisch und Kleinstaaterei, Korruption und Blutrache, Heldentum und Verrat, Chaos mit politischer Zerstückelung und Vertreibung. Schon in Goethes *Faust* heißt es abschätzig: »Wenn hinten, weit, in der Türkei / Die Völker aufeinanderschlagen.« Karl Marx sprach von »ethnischem Müll«, und dem Fürsten Bismarck war diese Region »nicht die Knochen eines einzigen pommerschen Grenadiers wert«. Der Eiserne Kanzler der Deutschen, wiewohl beim Berliner Friedenskongress 1878 als »ehrlicher

Kleine Nationalstaaten für »Hammeldiebe«:
Fürst Bismarck auf dem Berliner Kongress

Makler« Geburtshelfer von Serbien, Montenegro und Rumänien,
hielt nicht viel von der Schaffung kleiner Nationalstaaten »für Hammeldiebe«.

Die Balkanvölker waren bei dieser Konferenz ohnehin nicht Be-
teiligte, sondern nur Bittsteller. Es mag deshalb durchaus sein, dass
die bulgarische Autorin Maria Todorova prinzipiell recht hat mit
dem Vorwurf, der Westen pflege diese negativen Klischees, um der
eigenen Zivilisation Selbstbestätigung zu verschaffen. Immer wieder
meldeten seriöse Politiker aus Frankreich, Deutschland oder Österreich Zweifel daran an, dass Völker, die Jahrhunderte dem byzantinischen und dann dem osmanischen Herrschaftsbereich angehörten,
Anschluss finden könnten an den abendländischen Kulturkreis. Über
derlei Hochmut notierte 1913 der journalistische Montenegro-Rei-
sende Egon Erwin Kisch aufgebracht: »Geringschätzig schaut man
auf den Balkan von jenem furchtbareren Balkan, der Europa heißt.«
Dass überhebliche Westeuropäer in der Distanz zum Balkan nur ihre
eigene verbrecherische Geschichte verdrängen und im Grunde
in einen Spiegel schauen, findet auch der rumäniendeutsche Autor
Richard Wagner: »Aus der Fremde des Balkan grinst uns ein häss-

13

liches Gesicht Europas an.«Jene jedenfalls, die heute angewidert auf die Gräuel der jugoslawischen Aufteilungskriege mit Massakern wie in Srebrenica deuten, scheinen zu verdrängen, dass der ideologisch grundierte Massenmord, von Robespierres Guillotinen bis Hitlers Holocaust, zu den Perversionen der angeblich so vorbildlichen Zivilisation Mitteleuropas zählte.

Es war die sogenannte orientalische Frage, die Sorge über Instabilität und Verfallsprozess des Osmanischen Reichs südlich von Save und Donau unter dem Druck nationaler Befreiungsbewegungen, die im Verlauf des 19. Jahrhunderts zu einer Störung des Gleichgewichts der europäischen Großmächte führte. Der Balkanraum war die Dritte Welt des alten Europa. Sie wurde zur geopolitischen Konfliktzone, zum permanenten Spannungsgebiet, insbesondere durch die Rivalität zwischen Österreich-Ungarn und Russland. Das Zarenreich verstand sich seit der Eroberung Konstantinopels (1453) durch die Osmanen als »Drittes Rom« und Schutzherr der orthodoxen Christenbrüder auf dem Balkan, suchte über seinen Vasallen Bulgarien Zugang zum Ägäischen Meer. Aber auch Deutschland, Frankreich und Großbritannien mischten hier kräftig mit, hatten ihre regionalen Satrapen und wollten Einflusszonen für ihre Interessen abgrenzen. Es bildete sich ein Aktionsmuster heraus, welches mit wechselnden Akteuren als eine Art eingefahrenes System im Grunde bis heute gilt: dass große Mächte kleine Länder auf dem Balkan für Stellvertreterkriege nutzen und wiederum die kleinen Länder auf dem Balkan gern Stellvertreterrollen für die großen Mächte übernehmen. Oder dass die Kleinen in der Kollaboration letztlich ihre einzige Chance sehen, das eigene Überleben zu sichern. Über »diese wundervolle und vom Unglück verfolgte Halbinsel« notierte während der Balkankriege 1912/1913 der journalistische Reisende und spätere Revolutionär Leo Trotzki durchaus zutreffend, die europäischen Diplomaten schauten »als die wahren Spieler« von oben auf diese Region wie auf ein Schachbrett, »und wenn das Spiel eine für sie unerwünschte Wendung nimmt, holen sie mit gepanzerter Faust zum Schlag aus«.

Den Vorreiter bei der postosmanischen Gründung der neuzeitlichen Balkanstaaten gaben 1830 die Griechen. Es folgte eine Serie

Der Balkan vor 1914

orientalischer Krisen und regionaler Kriege, die seit den siebziger Jahren den gesamteuropäischen Frieden ernsthaft bedrohte. Nur der entscheidende Funkenschlag fehlte noch. Den zögerte der von Bismarck ausgehandelte Berliner Vertrag, der die machtpolitischen Gegensätze im Kern nicht zu beseitigen vermochte, dann noch eine Generation lang hinaus. Für die deutsche Politik galt das Verdikt des Kanzlers, dass »die orientalischen Geschwüre« niemals dazu führen dürfen, »uns das Leitseil um den Hals werfen zu lassen, um uns mit Russland zu brouillieren (entzweien)«. Doch unter Bismarcks schwächlichen Nachfolgern schlitterte die Region nach Zollkriegen, der formellen Annexion Bosnien-Herzegowinas (1908) durch Wien, nach dem Gemetzel der Balkankriege von 1912/1913 um Mazedonien und ersten brutalen »ethnischen Säuberungen« auf eine Konfrontation zu, die der amerikanische Historiker und Diplomat George F. Kennan »die Urkatastrophe des 20. Jahrhunderts« nennen sollte: den Ausbruch des Ersten Weltkriegs nach der Ermordung des österreichischen Thronfolgers durch einen serbischen Nationalisten in Sarajevo am 28. Juni 1914. Ein Datum wie eine Provokation, denn dieser heilige Veitstag war der 525. Jahrestag der Schlacht vom Amselfeld. Als Vorkämpfer des Einheitsstaats der Südslawen hatten die Serben zuvor den Nationalismus unter den »unerlösten Landsleuten« in Kroatien und Bosnien-Herzegowina hemmungslos geschürt, den südöstlichen Provinzen des damals bis zur Drina reichenden Habsburgerreichs.

Die tödlichen Schüsse von Sarajevo ließen das Pulverfass Balkan hochgehen. Jetzt griff unerbittlich der Automatismus der Bündnissysteme, die Großmächte machten mobil und erklärten einander wechselseitig den Krieg. Europa bereitete sich vor auf das große Sterben. Mit den serbischen Kerls »muss aufgeräumt werden, und zwar bald«, kollerte Wilhelm II. und ermunterte den Donaumonarchen zum Dreinschlagen, obwohl er ahnte, dass der »große Kladderadatsch« auf den ganzen Kontinent übergreifen würde. Doch der deutsche Kaiser stand in diesem »Krakeel« nibelungentreu zu Österreich-Ungarn, das nach einem perfiden Ultimatum Serbien, welches auf Russlands Beistand setzte, den Krieg aufzwang. In dem Feuersturm, der vom Balkan ausging, zerbrach die Mächteordnung der

Alten Welt, verschwanden drei Kaiserreiche. Über neun Millionen Menschen kamen um, unter den Balkanvölkern zahlten die Serben den höchsten Blutzoll.

Die Neuordnung Südosteuropas mit den Pariser Vorortverträgen, darunter der Friedensvereinbarung von Trianon, verschaffte den Partnern der siegreichen Entente die beste Ausgangsposition. Rumänien verdoppelte sein Staatsgebiet, vor allem auf Kosten von Ungarn. Die Serben formten aus den Ruinen der Donaumonarchie das Kunstgebilde Jugoslawien. Kroaten und Slowenen schlossen sich mit den Königreichen Montenegro und Serbien zusammen – Katholiken mit lateinischer Schrift verbanden sich mit Orthodoxen, die die gemeinsame Sprache in kyrillischen Buchstaben schrieben, und mit Muslimen.

Doch Befriedung und Stabilität brachten die Neuordnungen dem Donau-Balkan-Raum nicht, zumal auf diesem ethnisch bunten Terrain nicht Nationalstaaten entstanden waren, sondern Vielvölkergebilde. Das Gären in der geschrumpften Türkei glaubten die Griechen, geplagt von Großmachtambitionen (»Megali Idea«), zu einem Angriff in Kleinasien nutzen zu können. Der Waffengang gegen die Verbände Kemal Atatürks endete für Athen jedoch 1922 in einem militärischen Desaster, und der Friedensvertrag von Lausanne im Juli 1923 sanktionierte zwischen den Kriegsgegnern ethnische Säuberungen, den Bevölkerungsaustausch großen Stils. Nach über zweieinhalbtausend Jahren wurden somit die Reste des Hellenentums in Kleinasien ausgelöscht, fast 1,5 Millionen griechische Siedler aus der Türkei vertrieben. Im Gegenzug mussten 400 000 Muslime den Norden Griechenlands verlassen.

Nationale Gegensätze und Integrationsprobleme verhinderten insbesondere im neuen Königreich der Südslawen ein Zusammenwachsen. Serbien, das auf Seiten der Entente mitgekämpft und fast eine halbe Million Soldaten verloren hatte, beanspruchte die Führungsrolle. Kroaten und Slowenen fühlten sich als Mitteleuropäer. Sie lehnten die Bevormundung durch den 1921 zum König ernannten Alexander aus der serbischen Dynastie der Karadjordjević brüsk ab. »Serbien möchte nicht, dass es in Jugoslawien untergeht, sondern

Jugoslawien in ihm«, hatte Nikola Pašić, letzter Premier des serbischen Königreichs noch vor Kriegsende verlauten lassen. Die Gegenposition nahm der kroatische Bauernführer Stjepan Radić ein, der seinen Widerstand gegen die serbische Hegemonie 1928 mit dem Leben bezahlte:»Wir Kroaten müssen es offen und laut sagen: Wenn die Serben einen Staat und eine serbische Regierung haben wollen, so möge Gott mit ihnen sein. Für uns Kroaten kommt nur eine föderative Republik infrage.«

Alexanders zentralistisches Regiment wandelte sich nach acht Jahren in eine Königsdiktatur. Serbisch war die Amtssprache, der Hof setzte Gouverneure ein. 95 Prozent der in Kroatien erwirtschafteten Gelder wurden auf Befehl der Regierung nach Belgrad gebracht. Unter Parteienverbot und zeitweiliger Auflösung des Parlaments, in dem die Abgeordneten auch schon mal aufeinander schossen, organisierten sich vor allem Kroaten und Mazedonier in separatistischen Geheimbünden. Polizeiterror und Militär gaben den Ton an. Zur wirtschaftlichen Entwicklung seiner heruntergekommenen Landesteile blieb dem Monarchen keine Kraft. Er starb 1934 unter den Kugeln eines kroatischen Separatisten bei einem Staatsbesuch in Marseille. An Stelle seines noch minderjährigen Sohns Peter übernahm Alexanders Vetter Paul den Thron.

Das Bürgertum stand in den rückständigen Agrargesellschaften Südosteuropas überall auf schwachen Füßen. Mehr als vom demokratischen Parlamentarismus schien eine Faszination von den faschistischen Staatsmodellen Italiens und dann auch Deutschlands auszugehen, obwohl mit der Ustascha-Bewegung und der »Legion des Erzengels Michael« nur Kroatien und Rumänien eigenständige Faschistenorganisationen entwickelten. Die Folge des Stimmungsumbruchs war eine Flucht in nationalkonservative Königsdiktaturen. Zunächst mit Ahmed Zogu im September 1928 in Albanien, vier Monate darauf mit Alexander Karadjordjević in Jugoslawien, im Januar 1935 mit Boris III. in Bulgarien und im Februar 1938 mit Carol II. in Rumänien. Auch Griechenland legte sich 1936 mit Ioannis Metaxas zwar keinen König, aber einen General als Diktator zu. Der Großraum Balkan stand unter autoritärer Herrschaft und an der Schwelle von Interventionen totalitärer Großmächte. Wieder kündigte sich ein großes Sterben an.

Erst legte sich der Schatten Hitlers, danach der von Stalin über Europas Hinterhof. Ein in der Zwischenkriegszeit von Frankreich gefördertes Sicherheitssystem der »Kleinen Entente« mit der Tschechoslowakei, Jugoslawien und Rumänien, das vornehmlich gegen territoriale Revisionsansprüche Deutschlands, Österreichs und Ungarns gerichtet war, hatte sich als handlungsunfähig erwiesen. Mit Beginn des Zweiten Weltkriegs bestimmte die Achse Berlin/Rom das Geschehen auf der Balkanhalbinsel, schlossen sich Großdeutschlands Dreimächtepakt mit Italien und Japan nacheinander auch Ungarn, Rumänien, die Slowakei wie auch Bulgarien an. Und schließlich, am 25. März 1941, nach einem Erpressungsmanöver Berlins, auch die Belgrader Regierung des Prinzregenten Paul. Dagegen putschten, wohl ermuntert von Agenten des britischen Geheimdiensts, wenige Tage darauf Belgrader Generäle, und auf den Straßen der jugoslawischen Hauptstadt skandierten Tausende »*Bolje rat nego pakt* – Lieber Krieg als Pakt«. Dazu sollte es sehr schnell kommen. Am Morgen des 6. April begann Hitlers »Strafgericht«. Zwei Tage lang attackierten deutsche Kampfflugzeuge die jugoslawische Hauptstadt, die nicht einmal Flugabwehrgeschütze besaß. Der Abwurf von Brand- und Splitterbomben kostete mindestens 15 000 Menschen das Leben, es war das Guernica des Balkans. In knapp zwei Wochen eroberten ohne jede Kriegserklärung die deutschen Truppen, die zuvor schon in Rumänien und Bulgarien aufmarschiert waren, mit italienischen, ungarischen und bulgarischen Verbänden den Vielvölkerstaat und besetzten im Anschluss auch Griechenland.

Der politische Neuzuschnitt des Balkanraums schuf ein Konglomerat aus Besatzungszonen, Vasallenstaaten, territorialen Abtretungen. Die deutsche Militärverwaltung installierte in Belgrad ein Kollaborationsregime. Italien schnappte sich aus dem zerstückelten Vielvölkerstaat die meisten Adriainseln und die Küsten Dalmatiens sowie den Südwesten Sloweniens. Ungarn sicherte sich die westliche Vojvodina mit Novi Sad. Der Achsenverbündete Bulgarien erhielt große Teile Mazedoniens. Albanien, seit 1939 italienisch, schluckte das Kosovo. In Zagreb wurde, in einem der unheilvollsten Beschlüsse, dem Ustascha-Führer Ante Pavelić, dem »Poglavnik« und Schützling Mussolinis, am Ostersonntag 1941 erlaubt, einen »Unabhängigen Staat Kroatien« auszurufen. Dessen Ideologen, die sich zu »germanischen Goten« stilisierten, betrieben sehr bald die »Endlösung der Serbenfrage«. Das Schreckensregime der Ustasche kostete Hunderttausende das Leben – Juden, Roma, Muslime, vor allem aber Serben. Noch heute stehen in der Lika oder dem Kordungebiet Ruinen orthodoxer Kirchen, in denen Serben bei lebendigem Leib verbrannt worden waren.

Die Kommunisten, geführt von dem Komintern-Agenten Josip Broz Tito, legten nach dem deutschen Einmarsch Waffenlager an. Aber organisierten Widerstand mobilisierten sie, anders als die nationalserbischen Tschetnik-Freischärler, gegen die Okkupanten entsprechend den Anordnungen Moskaus zunächst nicht, denn es galt noch der Hitler-Stalin-Pakt. Erst nach dem deutschen Angriff auf die Sowjetunion im Juni 1941, den Hitler wegen der Balkaneinsätze um mehrere Wochen verschieben musste, rief die jugoslawische KP, von Moskau dazu angewiesen, zu bewaffneten Aktionen auf gegen die »Besatzer und ihre einheimischen Helfershelfer, gegen die Henker unserer Völker«. Mit brutalen Vergeltungsmaßnahmen, Massenerschießungen von Geiseln und mehreren Offensiven versuchten die Deutschen den Partisanenaufstand zu ersticken. Es gelang ihnen nicht. Gleichzeitig tobte ein innerjugoslawischer Bürgerkrieg von kannibalischer Grausamkeit, die von den Ustasche verübten Gemetzel entsetzten selbst deutsche Militärstellen. Der Schlussoffensive der Partisanen hatten die Besatzer beim Rückzug ihrer Heeresgruppe E vom Balkan nichts mehr entgegenzusetzen. Am 20. Oktober 1944 wurde Belgrad erobert. Von Titos Truppe, gemeinsam mit den Panzern der aus Rumänien herangerückten Roten Armee.

Jugoslawien verlor in diesem Krieg, den es nicht gewollt und nicht verschuldet hatte, etwa eine Million seiner sechzehn Millionen Einwohner. Die meisten davon starben durch die Hand anderer Jugoslawen, und die Erinnerung an diese Gräuel sollte zwei Generationen später beim Auseinanderbrechen des Vielvölkerstaats unter

Titos Nachfolgern zu einem neuerlichen Totentanz der nationalistischen Dämonen führen. Gegen Ende des Zweiten Weltkriegs hatten wiederum die Großmächte im Hintergrund die Fäden gezogen für das künftige Schicksal der Balkanvölker. Der Vorwurf, das Treffen der Anti-Hitler-Koalitionäre Stalin, Churchill und Roosevelt im Februar 1945 in Jalta habe die Spaltung Südosteuropas eingeleitet, lässt sich nicht schlüssig belegen. Doch ohne Frage gab es zwischen diesen Politikern Debatten über die Kriegsziele und künftigen Einflusszonen. Das offenbarte etwa eine Anekdote aus den Memoiren Winston Churchills. Der britische Premier besuchte im Oktober 1944 Stalin in Moskau und regte nach einem Dinner im Kreml an, »unsere Angelegenheiten im Balkan zu regeln«. Man solle dort nicht in kleinlicher Weise gegeneinander arbeiten, empfahl Churchill: »Um nur von Großbritannien und Russland zu sprechen, was würden Sie dazu sagen, wenn Sie in Rumänien zu 90 Prozent das Übergewicht hätten und wir zu 90 Prozent in Griechenland, während wir uns in Jugoslawien auf halb und halb einigen?« Während der Übersetzung schrieb Churchill diesen Vorschlag auf ein halbes Blatt Papier, ergänzt noch um Bulgarien (75 zu 25 zugunsten Russlands) und Ungarn (50 zu 50), und schob den Zettel Stalin zu. Der ergriff nach einer kleinen Pause seinen Blaustift, machte einen großen Haken auf das Blatt und schob es Churchill wieder zu. Der Premier, so jedenfalls behauptet er in seinen Memoiren, will dann doch Gewissensbisse bekommen haben angesichts seiner frivolen Art, Fragen zu behandeln, die das Schicksal von Millionen Menschen berührten. Deswegen bot er an: »Wir wollen den Zettel verbrennen.« Stalin aber antwortete: »Nein, behalten Sie ihn.«

Mehr als der Zynismus Churchills muss wohl dessen einfältiger Glaube erstaunen, der Generalissimus werde sich an die Absprachen eines solchen Prozenthandels halten und nur mit Beutestücken begnügen. Stalins Truppen überrollten den Balkan bis nach Wien, die Sowjetunion wurde zur Hegemonialmacht und installierte mit dem aufkeimenden Ost-West-Konflikt ihre Satellitenregime in Bukarest, Sofia, Tirana und Budapest. Es gab nur zwei Ausnahmen: Der Westen vermochte in Griechenland, nach dem Niederringen der Kommunisten im Bürgerkrieg, einen dominierenden Einfluss zu behalten. Und das Jugoslawien des Partisanenmarschalls Tito riskierte 1948 den Bruch mit Stalin. Mit einer gemäßigten Spielart des Kommunismus und als Pionier der Blockfreiebewegung behauptete der föderative Vielvölkerstaat, gestützt auf ansehnliche Deviseneinnahmen von Gastarbeitern und Touristen, selbstbewusst seine Unabhängigkeit in der Region. Die übrigen Völker des sowjetisierten Balkans aber fühlten sich vom Westen vergessen und verkauft.

Nach Jahren widerwärtiger Repressionen gegen Andersdenkende, insbesondere gegen die vormaligen bürgerlichen Eliten, entstanden nationalkommunistisch drapierte Regierungsmodelle mit Langzeitherrschern und bizarrem Personenkult: In Rumänien mit dem paranoiden »Conducator« (Führer) Nicolae Ceauşescu, dem Altstalinisten Enver Hodscha in Albanien, Moskaus loyalem Verbündeten Todor Schiwkow in Bulgarien und dem geschmeidigen Selbstverwaltungspatriarchen Josip Broz Tito in Jugoslawien. Es setzte eine Entwicklung ein, wie sie der Ungar Paul Lendvai, herausragender Kenner der Region, schon 1969 in seinem Standardwerk *Der rote Balkan* mit der Sprengkraft des Nationalismus und den drohenden Tragödien beschrieb: »Das Streben nach nationaler Identität wird stärker sein als alle ideologischen Bindungen.« Die sich ankündigende Implosion des Sowjetimperiums 1989 führte dann auch zum Zusammenbruch der kommunistischen Regime auf dem Balkan, sie kippten nacheinander wie Dominosteine. Tito und Hodscha waren schon vorher gestorben. Ihre Erben kapitulierten bald vor den Herausforderungen der neuen Zeit. Oder sie schlüpften, so wie ihre Zuträger aus den Geheimdiensten, geschickt in ein anderes ideologisches Gewand. Schiwkow kam mit einem Prozess wegen Amtsmissbrauchs davon, Ceauşescu endete nach einem fragwürdigen Schnellgericht als einziger Ostblockführer vor dem Erschießungskommando. Das Verschwinden des Kommunismus jedoch, so analysiert der Schriftsteller Richard Wagner treffend, »wirft die Völker Südosteuropas auf ihre alten Mythen zurück«.

Der Umbruch mit den vielen neuen Freiheiten und Verlockungen traf ausgerechnet Jugoslawien am schlimmsten, den bis dahin liberalsten und wirtschaftlich am besten gestellten Staat sozialistischer Provenienz. Der charismatische Marschall Tito hatte die sechs Nationen, vierundzwanzig Nationalitäten und drei Religionsgemeinschaften noch mit kommunistischen Klammern eisern zusammengezwungen, in der Verfassung des Staatsverbands den jeweiligen Teilrepubliken und Provinzen indes weitgehende autonome Rechte eingeräumt. Hier lag der Sprengsatz zur Destabilisierung der multiethnischen Gemeinschaft durch nationalistische Zündler. Titos Erben konnten die zentrifugalen Kräfte nicht mehr bändigen. Die Nationalitäten-Balance geriet aus den Fugen, die Dynamik der Selbstzerstörung und des Hasses nahm ihren Lauf. Am Untergang Jugoslawiens 1991 mag der großserbische Größenwahn des Slobodan Milošević ebenso schuldig gewesen sein wie der spalterische Egoismus Sloweniens und Kroatiens. Der westliche Balkan jedenfalls, vor allem die Dreivölkerrepublik Bosnien-Herzegowina, wurde damit in ein Jahrzehnt der Bürgerkriege und des Leids getrieben. Das Scheitern der multikulturellen Gesellschaften führte zu Massenmorden und ethnischen Vertreibungen, wie sie Europa seit Ende des Zweiten Weltkriegs nicht erlebt hatte. Die Zerstörung des alten Jugoslawien war aber zugleich auch ein Verbrechen an der europäischen Zukunft seiner Völker. Denn sie alle wären in einem fortbestehenden Bundesstaat längst Mitglied der EU und müssten nicht in einer Beitrittsregatta miteinander wetteifern und fürchten, dass einige in der von Wirtschaftsturbulenzen aufgerauten See die Zielboje so bald kaum erreichen werden.

Ihren inneren Frieden hat diese Region auch nach dem Eingreifen der internationalen Gemeinschaft und der Investition von Milliardensummen bis heute nicht gefunden. Noch immer gelten Minderheiten vielerorts als fünfte Kolonne des Nachbarstaats. Kein einziges der ethnischen Konfliktthemen ist wirklich gelöst, auch dort nicht, wo die historische Erinnerung derzeit nicht mehr sehr lebendig zu sein scheint. Überall liegen unentschärfte Minen herum, besteht die Gefahr, dass alte Wunden neu aufbrechen. Das gilt selbst für die eher ruhige Zone der Ostbalkan-Länder Rumänien und Bulgarien, die als EU-Neulinge wegen verschleppter Reformen und

Korruption bei der Verwendung von Fördermitteln in Brüssel höchst unbeliebt sind. Beide fanden aber allein deshalb schnell Zugang zu Nato und Europäischer Union, weil es bei ihnen keine akuten Nationalitätenprobleme gab und dem Westen an einem Sicherheitsscharnier von Ungarn bis zur Türkei hinab lag, zur Abschottung gegenüber möglichen Krisenherden im Bereich von Schwarzmeer und Kaukasus.

Die Rumänen fühlen sich nach wie vor verantwortlich für ihre Landsleute im Krisenstaat Moldawien, dessen Ostteil von Separatisten unter Moskauer Kommando regiert wird. Schon vor den Unruhen des Frühjahrs 2009 in Chişinău bot Bukarest zum Entsetzen Brüssels rund einer Million Moldawiern, die als ethnische Rumänen gelten, die Staatsbürgerschaft Rumäniens und damit auch der EU an. Außerdem sieht sich Bukarest von verstärkten Autonomieforderungen seiner ungarischen Minderheit bedrängt. Und Bulgarien bleibt seinem historischen Selbstverständnis nach Hauptanwärter auf das territoriale Erbe, sollte einmal der Kleinstaat Mazedonien mit seinen 2,1 Millionen Einwohnern und sechs Ethnien zur Disposition stehen. Da gilt im Prinzip noch immer das Wort des amerikanischen Globetrotters John Reed, der im Jahr 1916 schrieb, ohne Lösung der mazedonischen Frage werde es auf dem Balkan und ringsum keinen Frieden geben: »Mazedoniens Bevölkerung besteht aus einem ethnischen Nebeneinander unvorstellbarer Sprengkraft. Türken, Albaner, Serben, Rumänen, Griechen und Bulgaren leben Seite an Seite, ohne sich zu vermischen – und so leben sie seit den Tagen des Apostels Paulus.«

Seinem griechischen Freund, dem konservativen Premier Konstantin Mitsotakis, hatte der serbische Despot Milošević während des jugoslawischen Zerfallsprozesses unumwunden die Aufteilung der kleinen Republik um Skopje im Einvernehmen mit Bulgarien angeboten. Entsetzt lehnte der Kreter ab, am Entstehen eines großserbischen Reichs wollte er nicht mitwirken: »An Grenzen darf man auf dem Balkan nicht rühren«, dozierte er damals mit Emphase, traf man ihn in seinem Athener Amtssitz, »sonst gerät hier alles ins Rutschen. Auf eine klare ethnische Trennung zu setzen, wäre Irrsinn.« Allerdings sorgen gerade die Hellenen bis heute für fortdauernde Spannungen mit ihrer Weigerung, den Namen Mazedoniens anzuerkennen. Für Athen ist dieser Staat ein ethnologischer Hermaphrodit mit großmazedonischen Ansprüchen auf Gebiete vom nordgriechischen Thessalien bis zur Ägäis. Dort gibt es noch ein paar zehntausend slawophone Bewohner. Es ist eine absurd anmutende Spiegelfechterei, mit der Athen indes Mazedoniens Beitritt zu EU und Nato und damit eine Stabilisierung im Herzen des Balkans blockiert.

Doch die Gefahr, dass die Büchse der Pandora wieder aufspringt und es in kollektiver Paranoia zu neuen ethnischen Explosionen, zu Vertreibungen, Grenzveränderungen und Völkermord kommt, dürfte eher von der Westhälfte des Balkans ausgehen – thematisch der Schwerpunkt dieses Buches. Wenn schon nationalistischer Irrationalismus selbst bei zwei Völkern, die sich wie Slowenen und Kroaten westeuropäischen Werten verbunden glauben und sich gleichwohl im Streit um die Hoheitsgewässer der Bucht von Piran erbittert beharken, die politische Vernunft zu umnebeln vermag, dann lässt sich erahnen, wie leicht es auf anderen Konfliktfeldern wieder lodern könnte. Etwa in und um das Kosovo oder zwischen den drei verfeindeten Nationen in Bosnien-Herzegowina. Beide Länder, bewacht von internationalen Militärkontingenten, darunter Einheiten der Bundeswehr, werden noch auf unabsehbare Zeit am Tropf der Weltgemeinschaft hängen. Sie sind unersättliche Protektorate. Ihre teils verbrecherischen Eliten haben sich in dieser Grauzone prächtig eingerichtet. Sie preisen offiziell die EU, der sie so schnell nicht angehören dürften, und gehen derweil, verwickelt in mafiöse Strukturen, ihren korrupten Geschäften nach. Das Netzwerk der organisierten Kriminalität, das zwischen Skopje und Sarajevo, zwischen Priština und Tirana unterdessen fest verankert ist, droht mit seinem Drogen-, Menschen- und Waffenhandel zu einer ernsten Herausforderung zu werden für die Sicherheit der Europäischen Union. »Diese Länder verlangen eine Liebe für das Obskure«, schrieb der amerikanische Autor Robert D. Kaplan Anfang der neunziger Jahre sarkastisch nach seiner Rundreise durch das Krisengebiet.

Von den traditionellen Großmächten haben sich politisch zuletzt die Russen auf dem Balkan zurückgemeldet. Ihre Parteinahme für die Serben und ihr Veto im Weltsicherheitsrat sorgen dafür, dass Kosovo der Beitritt zu internationalen Foren verwehrt bleibt. Völkerrechtlich durchaus begründbar, zementiert Moskau kühl kalkulierend die Risse in der internationalen Balkanpolitik. Auch der von der EU in der Zwergrepublik Kosovo angestrebte Aufbau funktionstüchtiger Institutionen und die Ablösung der Uno-Übergangsverwaltung kommen nicht recht voran. Behindert wird damit jeglicher wirtschaftlicher Fortschritt für die gut zwei Millionen Bewohner in Europas isoliertem Armenhaus, deren Einkommen pro Kopf niedriger ist als das von Nordkorea, mit einer Arbeitslosigkeit bei Jugendlichen von 75 Prozent. Auch in Bosnien-Herzegowina kann es durchgreifende Reformen mit der notwendigen Revision der Friedensvereinbarungen von Dayton nicht ohne Mitwirken der sperrigen Russen geben, die sich wirtschaftlich vor allem Serbien und Montenegro zuwenden. Die Küste der kleinen Adriarepublik ist Moskaus neue Riviera.

Eine eigenartige Rolle spielen auf dem Balkan bisweilen auch die Amerikaner. Sie versuchen das zwar zu verstecken und betonen offiziell ihre Wertegemeinschaft mit der Europäischen Union. Doch auf deren Interessen nehmen sie wenig Rücksicht, geht es doch langfristig um eigene strategische Ziele, um Pipelines oder Militärstützpunkte. Stoppt etwa Brüssel wegen Korruptionsverdachts Millionenzuschüsse für Sofia, um damit reinigenden Druck auszuüben, stellt Washington unbekümmert die benötigten Gelder kurze Zeit später den Bulgaren zur Verfügung. Die »speziellen Verbündeten« der Amerikaner auf dem Balkan aber sind die Albaner. Washington agiert als ihr großer Bruder. Die USA peitschten nach dem Kosovo-Krieg, in dem die CIA die Befreiungsarmee UÇK gegen die Serben munitionierte und dirigierte, die Aufnahme Albaniens in die Nato sowie die Unabhängigkeit der abtrünnigen Provinz Kosovo durch.

Womöglich setzt Washington langfristig auf den demografischen Faktor: Die Albaner, derzeit über sechs Millionen in fünf Staaten des Westbalkans, sind das am schnellsten wachsende Volk Europas und damit wohl in zwei Generationen anstelle der Serben die potenzielle Hegemonialmacht dieser Region. Dann allerdings droht ein Minenfeld neuen Zuschnitts: Denn sollten die »Söhne der Adler«, wie sie

Zeitenwende in Belgrad: Volkssturm auf das
serbische Parlament (Oktober 2000)

sich gern nennen, den gelegentlich hochwabernden Traum von der
Schaffung eines Großalbaniens ernsthaft verwirklichen wollen, dürften blutige Konflikte mit Mazedonien, Serbien, Montenegro und
Griechenland um deren albanische Minderheiten schwerlich zu vermeiden sein. Dass die Amerikaner unter ihrem neuen Präsidenten
Barack Obama durchaus mit Sorge auf diese Gegend blicken, ver-
deutlichte Mitte Mai 2009 die Reise von Vize-Präsident Joe Biden
nach Sarajevo, Belgrad und Priština. Biden zählt zu den wenigen Bal-
kankennern in der Top-Garde amerikanischer Politiker. Er machte
insbesondere den Kontrahenten in Sarajevo deutlich, dass seine Regierung im dahinsiechenden Dayton-Reformprozess von allen Beteiligten einen neuen Anschub erwartet. Ganz gewiss weiß Biden auch,
dass es politische Stabilität in der Region nicht ohne das Mitwirken
Serbiens geben kann.

Etwa fünfundzwanzig Millionen Menschen leben in den proble-
matischen Zonen des Westbalkans, das Pro-Kopf-Einkommen dort
macht gerade mal ein Fünftel des EU-Durchschnitts aus, die sozialen
Herausforderungen sind gigantisch. Verfügten sie nicht über außer-
gewöhnliche Fähigkeiten, wie etwa die besonders von Deutschland

gern importierten Fußballer, Handballer oder Basketballer, waren diese Serben, Albaner, Muslime, Mazedonier oder Montenegriner im Westen des Kontinents nicht willkommen. Unter dem Vorwand, die organisierte Kriminalität zu bekämpfen, versperrt die Schengen-Mauer eines strengen Visa-Regimes bis heute großen Teilen der Balkanjugend den begehrten Kontakt zu Westeuropa. Damit ist das schwarze Loch dieser Subregion mit ihrer kriminellen Ökonomie, die »Balkan Black Box«, noch tiefer geworden.

Eine derartige Politik ist kontraproduktiv, ihre Folgen könnten verhängnisvoll sein. Noch sind die alten Dämonen des Balkans, von denen behauptet wird, dass sie Seelen vergiften und wie im Fieberrausch die Völker packen, nicht verschwunden. Die zivilisatorische Decke dort ist dünn. Perspektivlosigkeit, weitere wirtschaftliche Rückschläge bis hin zu einer allgemeinen Katastrophenstimmung, vor allem aber Enttäuschungen über eine Europäische Union, die sich abschottet und an Strahlkraft verliert, drohen extremistischen Rattenfängern wieder mehr Gehör zu verschaffen. Es mag sich durchaus einmal als historischer Fehler erweisen, wie dies der Schriftsteller und zeitweilige Präsident von Rest-Jugoslawien Dobrica Ćosić glaubt, »dass nicht alle Nachfolgestaaten Jugoslawiens in einem Rutsch in die EU integriert worden sind«.

Der Balkan bleibt Europas Achillesferse. Zeitweilige Ruhe, dies lehrt die historische Erfahrung, bedeutet in dieser instabilen Region meist nur eine Atempause.

2
Blockfrei im Kalten Krieg: Tito, der rote Habsburger

Wer weiß, wie Europa heute aussähe, hätte es im Frühjahr 1948 nicht die erfolgreiche Rebellion der jugoslawischen Kommunisten gegen den sowjetischen Hegemonialanspruch gegeben. Wäre wohl die Souveränität des besetzten Österreichs zu erreichen gewesen? Oder die dauerhafte Bindung von Italien und Griechenland an den Westen, wenn mit der Übernahme Jugoslawiens russische Soldaten an den Grenzen bei Klagenfurt und Triest aufmarschiert wären oder nur eine Panzerstunde nördlich von Saloniki? Und wenn die Rote Flotte sich mit einem Marinestützpunkt in der Bucht von Kotor hätte festsetzen können, womit ein riesiger kommunistischer Block entstanden wäre, von der Adria bis zum Japanischen Meer?

Die Häresie der Belgrader Partisanenrevolutionäre um den Marschall Josip Broz Tito und ihre Weigerung, sich zu einem Moskauer Satellitenstaat machen zu lassen, war ein wagemutiges Unternehmen. »Ich werde den kleinen Finger bewegen, und es wird keinen Tito mehr geben«, spottete Stalin, als er mit dem Ausschluss der jugoslawischen KP aus der Kommunistische Internationale (Kominform) im Juni 1948 den Bannstrahl gegen die Belgrader Führung schleuderte und sie als »Faschisten, imperialistische Agenten und Mörder« für vogelfrei erklären ließ.

Vom ersten Tage ihres Kampfes gegen die deutschen Besatzer hatten sich die jugoslawischen Kommunisten nicht so ohne Weiteres den Anordnungen des Kremls gefügt. Moskau war zutiefst verärgert über die eigenmächtigen Verhandlungen der Tito-Truppe mit der Wehrmacht. Bei diesen Kontakten im Frühjahr 1943 ging es den bedrängten Partisanen hauptsächlich um einen Gefangenenaustausch, um eine Atempause, aber auch um die Anerkennung als »kriegsführende Partei«. Verbittert wiederum waren die jugoslawischen Genossen über das politische Doppelspiel des Kremls während des Krieges. Stalin, der lange Zeit enge Kontakte zur Exilregierung des jugoslawischen Königs in London unterhielt, benutzte den Vielvölkerstaat als Schachbauern in der Partie mit den Westalliierten. Für das größte Balkanland hatte der Generalissimus mit Churchill eine Fünfzig-zu-fünfzig-Teilung in west-östliche Einflussbereiche abgesprochen. »Schreckt die Engländer nicht mit roten Sternen«, verlangte der sowjetische Diktator, und Tito befand: »Die Entwicklung der Revolution bei uns kümmerte ihn wenig.«

Als ein sowjetisches Armeekorps den Partisanen bei der Befreiung Belgrads half, warfen die Einwohner aus Dankbarkeit Teppiche vor die russischen Panzer. Doch die Freude schlug bald in Hass um, als die Befreier und Verbündeten in den fünf Monaten ihres Aufenthalts im Nordosten Jugoslawiens sich wie Besatzer in Feindesland benahmen. Sie schleusten Agenten ein und waren verantwortlich für nahezu dreitausend Fälle von Vergewaltigung, Mord und Raub. Titos Politbüro protestierte heftig und erregte damit Stalins Zorn. Mit tragischem Pathos und Tränen in den Augen warf er jugoslawischen Spitzenfunktionären bei einer Begegnung vor, die Rote Armee beleidigt zu haben: »Kann man nicht verstehen, wenn ein Soldat, der durch Blut, Feuer und Tod gegangen ist, sich mit einer Frau vergnügen will?«

Den Unwillen der Sowjets erregte in den ersten Nachkriegsjahren dann die abenteuerlich anmutende Außenpolitik Jugoslawiens. Die neue Belgrader Regierung riskierte über die Triest-Frage eine Auseinandersetzung mit dem Westen, sie ließ zwei amerikanische Transportmaschinen abschießen, plante die Einverleibung des kleinen Albanien und unterstützte offen den Kommunistenaufstand in Griechenland. Als auch noch die ehrgeizigen Pläne Titos und des Bulgaren Georgi Dimitrov für eine Konföderation der Balkan- und Donauländer ruchbar wurden, begann in Stalins Augen das Fass der jugoslawischen Soloaktionen überzulaufen, zumal sich Belgrad dem Aufbau eines sowjetischen Bespitzelungs- und Kontrollsystems strikt widersetzte. Im Februar 1948 wurden die Belgrader Parteiführer ultimativ zur Aussprache in den Kreml zitiert. Dort sprang Stalin tobend mit ihnen um wie mit kleinen Komsomolzen. Er verlangte für die Zukunft absolute außenpolitische Unterordnung. Eingeschüchtert unterschrieb daraufhin für die jugoslawische Delegation – Tito war bewusst nicht nach Moskau mitgereist – der damalige Außenminister Edvard Kardelj einen von Wjatscheslaw Michailowitsch Molotow vorgelegten neuen »Konsultationsvertrag«.

Doch der moskowitische Herrscher hatte sich verrechnet. Tito, »der größenwahnsinnige Zwerg« (Stalin), ließ sich nicht einschüchtern und widerstand dem sowjetischen Diktat. Er nahm die Herausforderung an, die Konfrontation war unvermeidlich geworden. In den folgenden Monaten verstärkte sich der Druck auf das jugoslawische Sechzehn-Millionen-Volk. Der Osten verhängte eine Wirtschaftsblockade, schickte Diversanten-Trupps, traf Vorbereitungen für eine Invasion. Die wurde von Stalin im letzten Augenblick abgeblasen. Wahrscheinlich sah der Generalissimus ein, dass solch ein Einmarsch kein Spaziergang geworden wäre und die Gefahr einer größeren kriegerischen Verwicklung in Europa heraufbeschworen hätte. Tito setzte insgeheim darauf, die Amerikaner würden es schon nicht zulassen, »dass die Russen an die Adria kommen«.

Der Bruch zwischen Stalin und Jugoslawien wurde zu einer der wichtigsten Wegmarken der Weltpolitik: Denn mit Belgrads Ketzerei gegen Moskaus ideologischen Alleinvertretungsanspruch begann das große Schisma im Weltkommunismus, schlug die Geburtsstunde eines außenpolitisch unabhängigen National- und Reformkommunismus.

Tito war knapp sechsundfünfzig Jahre alt, als er den Kreml herausforderte und alsbald 15 000 Stalin-Anhänger »zur Umerziehung« in die Steinbrüche von Goli Otok schickte, der »Kahlen Insel« vor der Adriaküste südlich von Krk. Wie man Gegner bekämpft, hatte er als Komintern-Agent während der Stalinschen Säuberungen in Sowjetrussland gesehen, wo er insgesamt sieben Jahre verbrachte. Auch Jugoslawiens Kommunisten unterhielten einen eigenen Gulag, in dem zunächst die Parteigänger Moskaus, die *informbirovci*, später überdies andere Regimegegner Folter und grauenhaften Torturen,

Schwerstarbeit und Psychoterror unterworfen wurden. Der Montenegriner Milovan Djilas, damals als Titos Weggefährte noch ein gläubiger Heißsporn, später nach seinem Bruch mit dem kommunistischen Regime (»Die neue Klasse«) Jugoslawiens prominentester Dissident und deswegen neun Jahre in Haft, beschrieb die Methoden der Erniedrigung gegenüber den »Unverbesserlichen«, wie sie nur dogmatischer Wahnsinn gebären kann: »Man steckte ihre Köpfe in Nachtgeschirre, sie mussten Aufschriften wie ›Verräter‹ mit sich herumtragen und Ähnliches, vor dem Kollektiv sogar unpolitische Sünden beichten. Methodisch geplant und erdacht.«

Dabei hatte Tito auf der Plenarsitzung des Zentralkomitees, die im April 1948 die Antwort auf einen Anklagebrief Stalins beschloss, noch in einem dramatischen Auftritt ausgerufen: »Unsere Revolution ist anständig – unsere Revolution frisst ihre Kinder nicht.« Schätzungen sprechen von insgesamt etwa 50 000 inhaftierten Männern und Frauen, keiner kam unversehrt aus diesem Lagersystem zurück. Ein »schierer Wahnsinn«, so Djilas, waren zudem unmittelbar nach Kriegsende die aus Rache verübten Massenabschlachtungen antikommunistischer Gegner gewesen. Hingerichtet wurden die jugoslawischen Kollaborateure der Deutschen, kroatische Ustasche und slowenische Heimwehr-Milizionäre der Domobranzen, die sich teilweise auf österreichisches Territorium geflüchtet hatten und von den Engländern beim Grenzort Bleiburg an die Partisanen ausgeliefert worden waren. Zehntausende, womöglich weit über hunderttausend kamen bei diesen Massakern um, und bis heute werden zwischen Ljubljana und Belgrad noch Killing Fields dieser mörderischen Nachkriegszeit gefunden. Für die unlängst wieder aufgetauchte Behauptung, auch Milovan Djilas selbst sei an diesen blutigen Abrechnungen mit politischen Gegnern beteiligt gewesen, gibt es indes keinen Beweis. Er sei durchaus »ein harter Hund« gewesen, suchte Djilas in Gesprächen immer wieder sein seinerzeitiges Engagement keineswegs zu beschönigen. Mit Massenmord und Racheexzessen jedoch habe er nichts zu tun gehabt.

Djilas' oberster Verbündeter über Jahrzehnte, Josip Broz, der sich den Decknamen Tito erst während seiner illegalen Kampfzeit zulegte, wird am 7. Mai 1892 in dem Dörfchen Kumrovec geboren, das in der kroatischen Hügellandschaft Zagorje liegt und damals als Bestandteil Ungarns zur Habsburger Doppelmonarchie gehörte. Seine Mutter ist Slowenin; er hat vierzehn Geschwister in der katholischen Kleinbauernfamilie. Nach Volksschule und Schlosserlehre zwingt die Arbeitslosigkeit in seiner Heimat den jungen Metallarbeiter, auf Wanderschaft zu gehen, zu Großbetrieben und Werkstätten in Böhmen, Wien, München, bei der Motorenfabrik Benz in Mannheim und dann im Ruhrgebiet. Josip Broz ist also einer der ersten Gastarbeiter des Balkans in Deutschland. Dann landet er wieder in Wien. Er schlägt sich als Kellner und Tagelöhner durch, hält Kontakt zur sozialistischen Arbeiterbewegung, verdingt sich bei Austro-Daimler als Probefahrer, treibt viel Sport und erlernt, angeblich glänzend, das Fechten sowie das Tanzen. Am liebsten Walzer und Quadrille.

Der Erste Weltkrieg sieht ihn in der k.u.k.-Armee als Korporal des Agramer Landwehrregiments bei Kämpfen gegen die Russen an der Karpatenfront. Dort wird er beim Angriff einer Reiterdivision durch eine Tscherkessenlanze schwer verwundet, gerät in russische Gefangenschaft. In Petersburg erlebt Josip Broz die Oktoberrevolution, schließt sich den Bolschewiken an, heiratet eine Russin und entscheidet sich fortan für den Part des kommunistischen Untergrundkämpfers. Das kostet ihn im königlichen Jugoslawien fünf Jahre Gefängnis und im Zweiten Weltkrieg beinahe das Leben, als die Deutschen den Partisanenchef in der bosnischen Bergwelt jagen und auf seinen Kopf 100 000 Reichsmark in Gold aussetzen.

Nach dem Bruch mit Stalin sucht Jugoslawien sich während des Kalten Krieges in einer Sonderrolle zu profilieren und von dem bürokratisch verkrusteten Sowjetsystem abzusetzen. Dazu dient dem Marschall Tito, der Reformen und liberalem Gedankengut nie sonderlich zugetan war, eine utopische Idee: die Arbeiterselbstverwaltung. Dieser »dritte Weg«, so glauben es lange Zeit auch viele westeuropäische Linke, sollte die Chance bieten zum Aufbau eines authentischen Sozialismus mit menschlichem Antlitz. Ein schöner Schein. Zwar darf der Chefideologe Edvard Kardelj, ein listiger Slowene, auf Parteitagen über den »Pluralismus der selbstverwalteten Interessen« phantasieren, aber Tito denkt gar nicht daran, auf Regulativeingriffe des weiterhin nach dem Leninschen Prinzip des »demokratischen Zentralismus« operierenden »Bundes der Kommunisten« zu verzichten. Das Einparteienmonopol und das auf den autokratischen Führungsstil Titos zugeschnittene Machtsystem bleiben unangetastet, allerdings fördern marktwirtschaftliche Ansätze den freien Handel und Tourismus. Seinen Einwohnern bietet Jugoslawien mit einer Politik der offenen Grenzen weit mehr Freiheiten und Alltagsfreuden als jeder andere der Staaten, die sich sozialistisch nennen. Wer das Land verlassen will, kann gehen ohne große Schwierigkeiten. Das gilt auch für viele Bürger der DDR, sofern ihnen über Ungarn oder Rumänien die Flucht nach Belgrad gelingt. Die bundesdeutsche Botschaft darf sie mit neuem Pass ausschleusen, wenn darüber Stillschweigen gewahrt bleibt. Vergeblich protestieren wütend die Ostberliner Genossen.

Kein Zweifel, Titos Jugoslawien war ein geschickter Profiteur des Ost-West-Konflikts, und das geradezu »schamlos«, wie seinerzeit der amerikanische Außenminister John Foster Dulles fand. Dessen Unmut bezog sich vor allem auf Belgrads Politik der Blockfreiheit. Tito hatte neben dem Ägypter Gamal Abdel Nasser, dem Inder Jawaharlal Nehru und dem Indonesier Achmed Sukarno zu den Pionieren jener fünfundzwanzig Staats- und Regierungschefs gehört, die 1961 mit ihrem Belgrader Treffen die Dritte Welt gegen eine bipolare Ordnung als dritte Kraft zu organisieren versuchten. Der Marschall liebte es, Staatsempfänge zu zelebrieren, dazu gab es in den sechziger und siebziger Jahren Anlass genug. Die jugoslawische Hauptstadt wurde zur Pilgerstätte von Präsidenten und Premiers, die zwei Drittel der Weltbevölkerung und, so ein Lieblingssatz Titos, »das Gewissen der gesamten Menschheit« vertraten. Allerdings gehörten auch viele Diktatoren und Schurken zu den Führern dieser Bewegung. Geltungsdrang, Selbstüberschätzung, vor allem aber eine antiwestliche Schlagseite infolge der ideologischen Infiltration durch Moskaus Gehilfen Kuba, Vietnam und Algerien machten die Blockfreien als unabhängigen Weltfaktor zunehmend unglaubwürdig.

Der späte Tito besaß nicht mehr die Vitalität, sich gegen diese

»Prototyp des charismatischen Führers«:
Marschall Tito (um 1978)

Unterwanderung zu stemmen. Überdies hatte er sich nach Stalins Tod mit Moskau arrangiert, niemals im Ostblock zu Subversion ermuntert. Und er hatte nach dem gescheiterten Ungarnaufstand 1956 den in die Jugoslawische Botschaft geflohenen Ministerpräsidenten Imre Nagy an die Sowjettruppen Nikita Chruschtschows ausliefern lassen, damit der Hinrichtung überantwortet. Auf Lebenszeit in sein Amt als Präsident des jugoslawischen Vielvölkerstaats gewählt, fühlte Tito sich weiter als Teil des sozialistischen Lagers, allerdings auf einem »eigenen Weg«, und er wusste sich der Zudringlichkeiten und kumpelhaften Penetranz von Kremlführern wie Leonid Breschnew stets zu erwehren.

Sein sozialistisches Credo hinderte den Berufsrevolutionär gleichwohl nicht, einen Personenkult mit monarchischen Ausschweifungen zu pflegen, der Ruhmsucht und Lügensucht sowie der Modebesessenheit des Parvenüs zu erliegen. Tito genoss Luxus und Pomp, für ihn wurden fünfundzwanzig Villen zwischen Bled und Ohrid bewirtschaftet. Wer etwa Gelegenheit erhielt, ihn zu Ostern 1973 während des Staatsbesuchs von Bundeskanzler Willy Brandt in seiner

Lieblingsresidenz auf dem Brioni-Archipel zu beobachten, der erlebte einen Gastgeber in blendender Laune und voller Stolz auf sein exklusives Domizil. In das subtropische Naturparadies der winzigen Adriainsel Vanga zog sich der Marschall gern zurück, wenn er ganz allein sein, in Ruhe nachdenken oder sich bei Hobbyarbeiten entspannen wollte. Dafür gab es Spalierobstgärten, Weinfelder, Vogelhäuser, eine Badebucht und einen asphaltierten Rundkurs für die Fahrt im Elektroauto. Dem gelernten Schlosser stand eine komplett eingerichtete Werkstatt auf Parkettfußboden mit Teppich zur Verfügung, dem passionierten Amateurfotografen ein kleines Labor. »Wir haben auf Vanga alle notwendigen Kräfte in einer Person: Gärtner, Chauffeur, Weinbauer, Schlosser und Restaurator«, spöttelte Titos Berater Edvard Kardelj über den Marschall, der seinen Besuchern im Gewölbe eines Weinkellers selbstgezogenen Roten in gläsernen Weinstiefeln kredenzte. Eine Steinplatte an der Wand zierte der Sinnspruch:»Ehre jedem, aber Kredit keinem!«

Bisweilen operettenhaft gestaltete der Marschall seine öffentlichen Auftritte in einer blütenweißen Prunkuniform. Er trug schon früh ein Toupet und liebte es, mit Jagdtrophäen, Limousinen, Motorjachten abgebildet zu werden. Oder, ein Whiskyglas in der Hand, mit Filmstars wie Sophia Loren, Liz Taylor und jenem Richard Burton zu posieren, der in dem Partisanenepos *Sutjeska* Tito verkörperte. Zur Filmmusik von Mikis Theodorakis, auch das passte.»Nicht ohne Banalität und Vulgarität« sei dieser Lebensstil gewesen, rügte der asketisch veranlagte Djilas. Wirklich verübelt wurde dieser Luxus dem Alten indes nur von wenigen im Lande. Noch auf dem Sterbelager in der Klinik von Ljubljana, wenige Wochen bevor er achtundachtzig geworden wäre, präsentierte sich der beinamputierte Marschall mit Sonnenbrille und schwerer Havanna als grienender Grandseigneur.

Außer dem Serbokroatischen beherrschte Tito Russisch und Englisch sowie Deutsch, leicht Wienerisch eingefärbt. Er heiratete viermal. Alle seine Frauen seien schön und viel jünger als er gewesen, registrierte Djilas ein wenig neidisch. Die Russin Pelagija verließ ihn, als er im Gefängnis saß. Die von der Ustascha-Bewegung in ein Lager gesperrte Hertha Haas, eine Volksdeutsche aus Maribor, ließ er gegen deutsche Kriegsgefangene austauschen, war zu diesem Zeitpunkt aber bereits mit seiner Kriegsbraut Zdenka liiert, einer hysterischen, ihre Umgebung terrorisierenden Sekretärin aus Belgrad. Am bekanntesten wurde an seiner Seite die vierte Frau Jovanka Budisavljević, anfangs bildhübsch, später eine recht kompakte Partisanin aus einer serbischen Bauernfamilie in der kroatischen Lika. Macht und Ruhm hätten ihr leicht den Verstand verdreht, meinte Djilas und resümierte: »Jovanka brannte neben Tito aus und erlosch.« Als Tito sich dann noch im Alter von sechsundachtzig Jahren von ihr trennte, waberten alle möglichen Verschwörungsgeschichten durch das Land. Er selbst sagte, Jovanka habe ihn »genervt«.

Politisch war Tito für den Belgrader Soziologen Svetozar Stojanović gleichsam der Prototyp des »charismatischen Führers«, der Krisen bewusst schafft und schürt, um dann selbst als der alleinige Retter aufzutreten. Genauso hat der Autokrat agiert, stets die Wahrung seiner persönlichen Macht im Auge behalten und dabei Partei, Armee und Polizei als seine übergreifenden Herrschaftsinstrumente benutzt. Er spielte politische Strömungen und Volksgruppen beliebig gegeneinander aus, ließ einer »nationalistischen« Krise in Kroatien ein »liberalistisches« Komplott in Serbien folgen und war jeweils der oberste Schiedsrichter. Die Taktik des wechselseitigen Ausbalancierens der Nationen und Nationalitäten im Vielvölkerstaat Jugoslawien war Titos innenpolitische Kunst. Eine durchaus machiavellistische, wie sich Kroatiens einstige KP-Chefin Savka Dabčević-Kučar, neben Miko Tripalo 1971 Star des »Kroatischen Frühlings«, in ihren Memoiren erinnert: »Die Mazedonier ermutigte er in ihrer Abwehr gegen die Serben, aber nur bis zu einer bestimmten Grenze … Die Bosnier unterstützte er wiederum gegen die Mazedonier … Den Slowenen und auch den Bosniern setzte er den Floh ins Ohr, dass sich die Kroaten und Serben vielleicht auf Kosten der Slowenen verständigen könnten. Den Bosniern schmeichelte er mit der These, sie seien der wichtigste Gleichgewichtsfaktor in Jugoslawien.«

Man hat ihn mit Blick auf seine Nationalitätenpolitik »den letzten Habsburger« genannt. Das ist kein absurder Vergleich. Nach den Gräueltaten, die sich Kroaten, Serben, Muslime und Albaner in zwei

Weltkriegen angetan hatten, wusste Tito, dass nur rigoroses Vorgehen gegen jegliche Art von nationalistischen Umtrieben eine erneute Barbarei zu verhindern vermochte. »Brüderlichkeit und Einheit« lautete die Staatsparole. Wer dagegen verstieß, konnte schon wegen Lappalien in den Knast wandern. Strukturell suchte Tito die multiethnische Balance mit einem föderativen Bund aus sechs gleichberechtigten Teilrepubliken (Serbien, Kroatien, Slowenien, Bosnien-Herzegowina, Montenegro, Mazedonien) sowie den beiden autonomen Provinzen Vojvodina und Kosovo zu bewahren. Dieses schwerfällige Konstrukt schwächte vor allem die hegemonialen Ansprüche der Serben, der größten südslawischen Nation. Und dass diese unter Kontrolle gehalten werden musste, zeigte nach dem Auseinanderbrechen Jugoslawiens die Dekade der postkommunistischen Kriege, die den westlichen Balkan in eine Katastrophe stürzte.

Titos Erben, überwiegend politische Pygmäen, verhedderten sich in Machtkämpfen, wirtschaftlichen und sozialen Verwerfungen. Sie konnten schließlich die zentrifugalen Kräfte, die in der Geschichte verkapselten Furien des ethnischen Hasses, nicht länger bändigen. Um in der Zeitenwende nach dem weltweiten Kollaps des Kommunismus als multinationales Staatsgefüge überleben zu können, hätte der Bundesstaat in eine pluralistische Konföderation umgewandelt werden müssen. Doch dafür fehlte der Steuermann.

Es ist müßig, darüber zu spekulieren, ob dem roten Habsburger diese Umstellung noch gelungen wäre. Oder ob sein Eingehen auf die demokratischen Reformwünsche der serbischen KP-Liberalen um Marko Nikezić das spätere Abgleiten in den nationalistischen Exzess womöglich verhindert hätte. Josip Broz Tito war kein Doktrinär, aber auch kein aufklärerischer Geist. Er hielt sich nie ohne Repressionen an der Macht, und womöglich ahnte er auch, dass ein ernst gemeinter Versuch, den Sozialismus mit demokratischen Elementen auszugestalten, unweigerlich mit der Auflösung des Systems hätte enden müssen. Bei seiner letzten Amerikareise 1978 vertraute er einem Professor an, sein größter politischer Misserfolg sei wohl gewesen, dass es ihm nicht gelungen war, »die Völker Jugoslawiens zu einer wirklichen Gemeinschaft zusammenzuschließen«. Es klang wie die Vorahnung, dass sein Lebenswerk ihn nicht lange überdauern würde.

»Tito ist tot«, hieß es nach schier endloser Agonie am Abend des 4. Mai 1980 in einer Erklärung des Zentralkomitees des Bundes der Kommunisten,»der Schöpfer des neuen Jugoslawiens, der Sieger über Hitler und Stalin.« Bald darauf starb auch Jugoslawien.

Es gab nach dem kriegerischen Auseinanderbrechen des Vielvölkerstaats vereinzelt Stimmen, die den Rückfall in nationalistische Kleinstaaterei und den Verlust einer universalistischen Perspektive bitter beklagten. Von»Balkanfaschismus« sprach Milovan Djilas kurz vor seinem Tod. Zu den prominenten Kritikern des liberalen Lagers gehörte auch Mihajlo Mihajlov, einst drangsalierter Opponent des roten Autokraten. Auf Titos erlernten Beruf anspielend, grollte der antikommunistische Dissident:»Der Schlosser war besser«, und er grämte sich insbesondere über Serbiens Zukunftsaussichten:»Alles ist dunkel, ich sehe keinen Ausweg.«

Früher zog es Parteimitglieder, Schüler und Soldaten, aber auch einschmeichlerische Staatsgäste, täglich zu Hunderten nach Kumrovec, in die liebliche Hügellandschaft bei Zagreb, unweit der slowenischen Grenze. Neben dem weiß getünchten Geburtshaus mit den Primelkästen vor den Fenstern zeigt die wuchtige Bronzestatue auf einem Marmorsockel Tito in der Pose des Partisanenführers. Es gibt ein Freilichtmuseum, eine»Disko Marshal« und einen Souvenirladen mit Titos Konterfei auf T-Shirts, Weinflaschen, Feuerzeugen. Doch es kommen keine Busladungen mit Besuchern mehr. Die asphaltierten Parkplätze hinter der Rotbuchenallee stehen leer, werden von Unkraut überwuchert. Allein am Wochenende bewirtet die Schankstätte ein paar Touristen. Die Legende Tito, sie lebt nicht mehr.

3
Serbien: Gefangen im Volksmythos

Der Wind spielt mit den Ähren des wogenden Korns auf den sanft
gewellten Hängen des Amselfelds, dem mythischen Golgatha der
Serben seit ihrer verlorenen Entscheidungsschlacht gegen die Türken
vor 620 Jahren. Über die Hochebene nordwestlich von Kosovos
Hauptstadt Priština wölbt sich strahlend ein weißblauer Himmel. In
der Ferne, nach Peć und Montenegro zu, sind graue Bergrücken auszumachen und davor die hässliche Silhouette zweier Kohlekraft-
werke mit sechs Schornsteinen, aus denen gelbbraune Schwaden
quellen. Eine Stimmung von Verlassenheit und erhabener Ruhe liegt
über dieser Landschaft des »Kosovo Polje«, das einst Wiege war des
mittelalterlichen Serbentums und nach Heldenmut, Verrat und Opfertod dann auch zu dessen Totengruft wurde. Kein Mensch, kein
Tier, kein Fahrzeug stört diese eindringliche Stille.

Hier verblutete 1389 als Märtyrerschar des orthodoxen Christentums das serbische Ritterheer. Hier schwor sechshundert Jahre später
der Großserbe Slobodan Milošević in einer flammenden Rede vor
dem Nationaldenkmal »ewige Erinnerung« und rief gut eine Million
seiner Landsleute auf zu »neuen Kämpfen« mit dem Versprechen:
»Die Zeit der Erniedrigungen ist vorüber.« Es war der Auftakt eines
Abenteuers, an dem der Vielvölkerstaat Jugoslawien zerbrach, das
Hunderttausende zu Grunde richtete und dazu führte, dass von dem
erstrebten Großserbien nur noch ein Torso übrig blieb. »Kosovo ist
das Verhängnis des serbischen Volkes«, schrieb einmal Ivo Andrić,
der mit dem Serbentum sympathisierende Kroate und Literaturnobelpreisträger.

Heute gibt es keine Serben mehr direkt am Amselfeld. Sie flohen
nach dem Kosovokrieg oder wurden von den Albanern aus ihrer

ehemaligen Hochburg vertrieben. Gitterzäune, Erdwälle und eine Panzersperre riegeln das »Gazimestan« ab, die Gedenkstätte des Schlachtfelds mit dem steinernen Turm. Seit albanische Anwohner versuchten, die gesamte Anlage in die Luft zu sprengen, wacht hier ein Regiment slowakischer Soldaten mit grünen Baretten von der internationalen Kfor-Friedenstruppe und regelt den Zutritt. Einer von ihnen hält von der obersten Plattform des Turms Ausschau nach verdächtigen Elementen – nur, da ist nichts. Abgesehen von ein paar Elstern, die keckernd auf den Ruinen eines serbischen Hauses herumturnen, wirkt die Gegend wie ausgestorben.

Doch von allen Seiten um die einstige Schlachtstätte kriechen albanische Siedlungen heran, als wollten sie die Kornfelder und damit die historische Erinnerung baldmöglichst verschlingen. Mehrgeschossige Rohbauten wuchern zwischen den alten flachen Häusern der Serben mit ihren üppigen Bauerngärten. Wer noch nicht weg ist, war zumeist nur mit dem Preis nicht zufrieden, der ihm für Haus und Hof geboten wurde. »*Kuća na prodaju*«, schreiben sie jetzt überall an ihre Gartenzäune – »Haus zum Verkauf«. Bis zu 10 000 Euro pro Hektar Land bieten Albaner den Serben in Dörfern wie Brešje, nahe beim Flughafen von Priština. Miodrag Jovanović, Oberhaupt einer achtzehnköpfigen Familie, hat für seine hundert Hektar Land eine Million Euro geboten bekommen. Er zögert noch, doch dass er gehen wird, nach Kraljevo in Altserbien, das steht für ihn fest: »Wir sind seit Generationen hier«, sagt er, »schon der Urgroßvater hat die Felder bestellt, aber wir haben im Kosovo keine Zukunft mehr.«

Die Heldenlieder und Zyklen von Balladen zum Schicksalstag der Serben auf dem Amselfeld, wo dem Volksmund nach aus dem Blut der Gefallenen wilde Rosen sprossen, wurden während der Jahrhunderte türkischer Herrschaft mündlich überliefert, gut 70 000 Verszeilen sollen es insgesamt sein. Fahrende Sänger trugen sie vor zum Klang ihres einsaitigen Streichinstruments, der Gusla. So wurde der Mythos wachgehalten in einer überwiegend analphabetischen Bauerngesellschaft. Erst Vuk Stefanović Karadžić, Vater der serbischen Volksliteratur, trug die Gesänge zusammen, deren dichterische Kraft einen Jacob Grimm ebenso begeisterte wie Johann Wolfgang von Goethe und auch Friedrich Engels: Serbien gegen den Rest der Welt, Kampf zwischen Himmel und Erde, Sieg oder Tod, die Legende vom gedemütigten Heldenvolk. Dabei ist das Epos, das die serbische Psyche prägte, vor allem die Geschichte einer verheerenden Niederlage – der gegen die osmanischen Eroberer des Balkans.

Dort hatte im 14. Jahrhundert der serbische Fürst Stefan Dušan der Mächtige aus dem Geschlecht der Nemanjiden ein Territorialreich geschaffen, das sich von der südlichen Adriaküste über Montenegro, Serbien, Kosovo und Mazedonien bis nach Griechenland erstreckte hinunter an den Golf von Korinth. Ohne Zustimmung des von osmanischen Sturmwellen umspülten Byzanz kürte Dušan sich Ostern 1346 in Skopje zum Kaiser als »Zar aller Serben, Griechen, Albaner und der Küstenländer«, der serbische Erzbischof wurde zum Patriarchen erhoben. Kein Zweifel, hier meldete ein Serbe seinen Anspruch an auf die Nachfolge des zerbröckelnden Oströmischen Reichs. Es war Serbiens Goldenes Zeitalter, machtpolitisch wie kulturell. Mit prachtvoll ausgemalten, im byzantinischen Stil gebauten Freskenklöstern wie etwa dem von Visoki Dečani oder Gračanica im Kosovo. Aber Dušan starb zu früh, die Serben zerstritten sich, und die osmanischen Türken rückten mit ihren Heeren unbesiegt weiter vor.

Um diesen Vormarsch zu stoppen, mobilisierte der sechzigjährige Fürst Lazar am 28. Juni 1389, dem »Vidovdan«, Namenstag des heiligen Veit, auf dem Amselfeld eine christliche Streitmacht, angeblich über 30 000 Krieger, gegen den Türkensultan Murad mit der doppelten Zahl von Bewaffneten. »Wer ein Serbe ist, von serbischem Geschlecht, und kommt nicht zum Kampf auf Kosovo, der soll keinen Spross vom Herzen haben, weder männlich noch weiblich«, lautete Lazars Sammelruf. Die serbische Geschichtsschreibung unterschlägt gern, dass auch bosnische, bulgarische und albanische Kontingente mitfochten; richtig indes ist, dass keine Macht der westeuropäischen Christen den Serben zu Hilfe kam. Laut Volksüberlieferung, hier beginnt das Labyrinth der Mythen, gab es am Vorabend der Schlacht Streit unter Lazars Gefolgschaft, Zank insbesondere zwischen den Frauen seiner beiden Schwiegersöhne Vuk Branković und Miloš Obilić. Angeblich wurde Obilić des bevorstehenden Verrats bezichtigt. Um seine Ehre zu wahren, verschaffte er sich im Morgengrauen als vermeintlicher Überläufer Zutritt zum Zelt des Sultans, erstach Murad und büßte dafür mit dem Opfertod. Der getreue Branković aber verriet den Fürsten, indem er mit seinen Einheiten zu spät auf dem Schlachtfeld erschien – die serbische Dolchstoßlegende.

Über das Ende dieses Waffengangs, das scheint historisch wiederum verbürgt, gab es zunächst unterschiedliche Darstellungen. Nach dem Tod des Osmanenherrschers preschten Boten los, um der Welt den serbischen Sieg zu verkünden. In Paris läuteten ob der frohen Kunde vom Triumph des christlichen Abendlands über die Ungläubigen die Glocken von Notre Dame. Serbien, so schien es, hatte Europa gerettet. Doch in Wirklichkeit war Serbiens Schicksal längst besiegelt. Murads Sohn hatte das Christenheer noch am gleichen Tag vernichtet und Lazar köpfen lassen. Der, postum von der orthodoxen Kirche zum Zaren erhoben und heilig gesprochen, habe statt der Kapitulation »das Königreich des Himmels« gewählt, lernen serbische Schulkinder bis zum heutigen Tag – und auch, dass die Serben sich für das christliche Europa aufgeopfert hätten. Das Kitschbildnis des Mädchens vom Amselfeld, das einem Engel gleich einen sterbenden Helden mit Wasser aus einem goldenen Kelch labt, schmückt serbische Wohnungen und Dorfstuben ebenso wie die Residenzen von Politikern und Generälen.

Für die Serben, schrieb die britische Journalistin Rebecca West in *Schwarzes Lamm und grauer Falke*, die kurz vor dem Zweiten Weltkrieg bei ihrer Jugoslawienreise das Amselfeld aufsuchte, sei die Katastrophe von Kosovo Polje »die totale Niederlage, die Auslöschung des Gemeinschaftswillens und des individuellen Willens« gewesen. Kirche und Volksüberlieferung verwandelten die Niederlage, die das Ende des mittelalterlichen Serbenreichs bedeutete und danach fünf Jahrhunderte türkisches Joch, gleichwohl in einen transzendenten Sieg. Der Südosteuropa-Wissenschaftler

Das »Königreich des Himmels« gewählt:
Historienbild des Mädchens vom Amselfeld

Holm Sundhaussen hat in seinem kenntnisreichen Werk *Geschichte Serbiens* die verschiedenen Komponenten und Deutungen des Kosovomythos durchbuchstabiert: Er stehe »für Tod und Untergang, für das Strafgericht Gottes, für das Leid des Volkes auf der einen sowie für Ruhm, Opferbereitschaft, Katharsis, Hoffnung auf ›Auferstehung‹ des irdischen Reiches und Rache für das erlittene Unrecht auf der anderen Seite«. Ein ehrenvoller Tod im Kampf gegen eine Übermacht, so die gleichsam ideologische Überhöhung des Geschehens auf dem Amselfeld, sei einem Leben in Schande vorzuziehen; Märtyrertum und Opferbereitschaft ebneten den Weg zum »himmlischen Reich«.

Der Legende nach erscheint dem Fürsten Lazar am Vorabend der Schlacht der heilige Elias und stellt ihn vor die Wahl: Er kann die Türken im Feld besiegen und sein irdisches Reich retten oder er kann eine Kirche bauen und die Schlacht wie sein eigenes Leben verlieren, um dafür das himmlische Zarenreich zu erringen. In einem der Heldenlieder heißt es:

45

Es flog auf ein Falke, ein grauer Vogel,
Von dem heiligen Ort, von Jerusalem,
Er trägt einen Vogel, eine Schwalbe.
Doch kein Falke war es, kein grauer Vogel,
Vielmehr war es der heilige Elias;
Und er trägt keinen Vogel, keine Schwalbe,
Einen Brief trägt er von der Mutter Gottes.

In dem Brief wird der Fürst vor die Wahl zwischen irdischem oder
himmlischem Reich gestellt. Lazar entscheidet sich in einem Gelübde
für das himmlische, das in alle Ewigkeit währt, während das irdische
doch nur von kurzer Dauer sein kann. Dann beschreibt das Helden-
lied die Schlacht und den Märtyrertod des Serbenfürsten mit seinem
gesamten Heer. Es schließt mit den Zeilen:

Heilig war alles und wundervoll,
Und dem Lieben Gott ein Wohlgefallen.

Auf die Tragödie von Kosovo Polje folgte das große Wandern *(velika
seoba)* der Serben nach Norden, in mehreren Schüben und nach weiteren Schlachten. Bei den Habsburgern waren diese Migranten aus
dem kämpferischsten Volk der Südslawen höchst willkommen. Sie
wurden als freie Wehrbauern mit besonderen Privilegien – erblicher
Landbesitz, eigene Gerichtsbarkeit, Religionsfreiheit – in eine Militärgrenze integriert, die von der Adria durch das slawonische Kroatien und die Vojvodina bis zu den Karpaten neue Angriffe der Osmanen abwehren sollte. 1453 fiel Byzanz, das Heer des Sultans stand
zweimal vor Wien, 1529 und 1683, konnte aber von den kaiserlichen
Truppen zurückgeschlagen werden. Auch dieser Exodus der Serben
über die Jahrhunderte wurde Teil des Nationalmythos, besonders die
Flucht der letzten, angeblich 37 000 Familien aus dem Kosovo 1690
nach Südungarn unter dem Patriarchen Arsenije III., der als Reliquie
aus dem Kloster Ravenica den abgetrennten Kopf und Rumpf Lazars
mitschleppen ließ. Die verlassenen Gebiete, vor allem die fruchtba-
ren Felder des Kosovo, wurden von islamisierten Albanern besiedelt,

die als »Arnauten« die neue Führungsschicht im südwestlichen Balkan bildeten. Von jenen Serben aber, die als Untertanen im Osmanenreich blieben, konvertierten nur wenige zum Islam. In den Bergwäldern hielten sich Widerstandsnester von Haiducken, einer romantisierten Mischung aus Räubern und Aufständischen, denen immerhin der Historiker Leopold von Ranke in seiner *Geschichte der serbischen Revolution* die Gloriole von Freiheitskämpfern zumaß, »weil sie ihren Krieg wider den Oberherrn einer anderen Religion führten«. Eric Hobsbawm, der englische Universalgelehrte, sprach da lieber von »Sozialbanditentum«, einem »Racheschrei gegen die Reichen und die Unterdrücker«.

In den Wäldern der Šumadija formierte sich das Bündnis der serbischen Rebellen, die dann 1804 einen Aufstand entfesselten insbesondere gegen die Terrorherrschaft der Janitscharen, des Elitekorps der »Hohen Pforte«. Anführer der Erhebung war der frühere Viehhändler Karadjordje (Schwarzer Georg). Es gelang den Aufständischen, den Pašaluk Belgrad und das umliegende Land vorübergehend zu befreien, doch die Türken eroberten die Gebiete zurück. Erst in einer zweiten Revolte nach dem Ende der Napoleonischen Kriege setzte 1815 der Vojvode Miloš Obrenović, ein Analphabet, die Teilautonomie eines serbischen Fürstentums unter der Oberhoheit von Konstantinopel durch. Der Berliner Kongress sanktionierte schließlich 1878 dessen volle Souveränität. Die Serben hatten sich als erstes Balkanvolk von der Osmanenherrschaft selbst befreit. Unter welch grausamen Umständen dies geschah, verdeutlichen noch heute die Reste des »Schädelturms« unweit der Autobahn bei Niš: Der türkische Pascha hatte hier die Köpfe von über tausend serbischen Gefallenen in ein schauerliches Siegesmonument einmauern lassen.

Zwar war von den Großmächten im Berliner Vertrag auch der »Schutz« religiöser Minderheiten verfügt worden, doch daran hielten sich die Sieger der staatlichen Neuordnung Südosteuropas keineswegs. Schon gar nicht die Serben. Für sie war es selbstverständlich, dass aus den ihnen zugefallenen Gebieten Albaner und Türken weichen mussten, Moscheen zerstört werden durften. Typisches Beispiel für solch ethnische Homogenisierung war die sogenannte »Säuberung« der multiethnischen Stadt Niš, in der die Serben etwa die Hälfte der Bevölkerung stellten, die Türken 30 Prozent sowie Griechen, Albaner, Juden und Roma den Rest. Zur Einführung von »bürgerlicher Kultur, staatlicher Ordnung und nationaler Aufklärung« rechtfertigte Fürst Milan Obrenović eine Verdrängungspolitik der Serbisierung mit dem Ergebnis, dass es bis zur Jahrhundertwende im gesamten Kreis Niš nur noch sechsundneunzig Türken und sechsunddreißig Albaner gab. Die sich zuspitzenden nationalistischen Gegensätze im Balkanraum führten 1912/1913 dann zu zwei Kriegen, in deren Verlauf Serbien den »heiligen Boden« im Kosovo zurückgewann, wobei mehrere tausend Albaner abgeschlachtet wurden. Territorial erreichte der Staat, von Belgrad bis zum mazedonischen Ochridsee, die größte Ausdehnung seiner neueren Geschichte.

Volkstumsforscher und Rassisten hatten zu Beginn des 20. Jahrhunderts Konjunktur, nicht nur in der Mitte Europas, sondern auch in seinem Hinterhof. Was für Hitlers Nationalsozialisten die Juden waren, waren für Teile der bürgerlichen Elite Serbiens die Albaner: verabscheuungswürdige Volksfeinde. So schrieb etwa der in Wien promovierte Arzt und Historiker Vladan Djordjević, knapp drei Jahre gar Serbiens Regierungschef, in seiner 1913 in Leipzig veröffentlichten Broschüre *Die Albanesen und die Großmächte* allen Ernstes über die »Volkssubstanz« der Albaner: »Sie erinnern an die Urmenschen, welche auf den Bäumen schliefen, an denen sie sich mit ihren Schweifen festhielten. Durch die späteren Jahrtausende, in denen der menschliche Schweif nicht mehr gebraucht wurde, verkümmerte derselbe … bloß unter den Albanesen scheint es noch geschwänzte Menschen im 19. Jahrhundert gegeben zu haben.«

Der St. Veitstag blieb das Schicksalsdatum der Serben. Am 28. Juni 1914 erschoss ihr späterer Nationalheld, der serbische Bosnier Gavrilo Princip, in Sarajevo den österreichischen Thronfolger und löste damit den Ersten Weltkrieg aus. Am St. Veitstag des Jahres 1921 wurde in Belgrad dem neuen Königreich der Südslawen eine zentralistisch-großserbische Verfassung verkündet, welche Kroaten, Mazedonier, Slowenen und Bosniaken niemals akzeptierten. Am 28. Juni 1948 belegte der sowjetische Diktator Stalin den nationalkommunistischen Ketzer Tito mit seinem Bannfluch. Und am 28. Juni 1989, zur 600-Jahr-Feier der Schlacht auf dem Amselfeld, fuhr Slobodan Milošević schweres Geschütz auf mit der Herrenvolk-Ambition, aus Jugoslawien ein neues »Serboslawien« zu machen oder den Vielvölkerstaat zu zerstören.

Mit dem Hubschrauber eingeschwebt, stimmte der neue großserbische Prophet an der Gedenkstätte Gazimestan die Riesenmasse seiner geschichtsseligen Landsleute darauf ein, nach Zwietracht, Verrat und Agonie unter dem Kosovosymbol des Heldentums neue Schlachten zu schlagen: »Sie werden nicht mit Waffen ausgetragen, obwohl auch das nicht auszuschließen ist.« Zwei Jahre später fielen in Slowenien, das mit solchen Serben nichts mehr zu tun haben wollte, die ersten Schüsse der neuen Balkankriege.

Vorausgegangen war diesen Ereignissen nach Titos Tod ein Jahrzehnt, in dem Wirtschaftskrisen, nationalistisches Zündeln und politisches Unvermögen den Zerfallsprozess Jugoslawiens beschleunigten. Eine besonders unheilvolle Rolle im Befeuern ethnischer Spannungen und nationalistischer Indoktrinierung spielten dabei Belgrader Intellektuelle, Wissenschaftler, Künstler, Journalisten und orthodoxe Priester, von denen viele zuvor in Opposition zu den kommunistischen Regenten gestanden hatten. Einer dieser Dissidenten war der Schriftsteller Dobrica Ćosić, dessen dreißig Romane und Novellen um das Leiden des serbischen Volkes kreisen. Stets seien die Serben »Sieger im Krieg und Verlierer im Frieden« gewesen, pflegte der von seinen Anhängern als »Solschenizyn des Balkans« verehrte Poet über die jüngere Balkangeschichte gern zu lamentieren. Aus dem bäuerlichen Herzen Serbiens, der Šumadija, stammend, hatte sich Ćosić im Zweiten Weltkrieg den Partisanen angeschlossen und war danach zu einem der Vorzeigedichter des kommunistischen Regimes aufgestiegen. Ende der sechziger Jahre kam es jedoch zum Bruch. Ćosić kritisierte den Mangel an Demokratie, gründete das erste Menschenrechtskomitee in Südosteuropa, setzte sich für inhaftierte Nationalisten ein und beschuldigte Tito, die Serben extrem zu benachteiligen.

An diesem Vorwurf ist manches richtig. Hauptärgernis aus serbischer Sicht war die von Tito und Edvard Kardelj 1974 durchgepaukte Verfassungsänderung und Neugliederung des kommunistischen Jugoslawien, inszeniert mit dem Hintergedanken, in der Föderation vor allem die stärkste Nation des Vielvölkerstaats in Schach zu halten. Deshalb kam es zur faktischen Dreiteilung Serbiens. Sein Kernland erhielt wie Slowenien, Kroatien, Bosnien-Herzegowina, Montenegro und Mazedonien den Status einer Teilrepublik. Seine Territorien Vojvodina und Kosovo aber wurden zu autonomen Provinzen erhoben mit weitestgehender politischer Eigenständigkeit und als gleichberechtigte »konstitutive Faktoren« mit jeweils einem Sitz im achtköpfigen jugoslawischen Staatspräsidium bedacht. Die Benachteiligung durch eine derartige Asymmetrie hat gestandene Serben tief verletzt. Nur mehr 60 Prozent der gut acht Millionen in Jugoslawien ansässigen Serben lebten jetzt in ihrem eigenen Staat, die übrigen 3,3 Millionen »Volksserben« als Minderheit in den benachbarten Teilrepubliken und Provinzen.

Belgrads Widerstand entzündete sich vor allem an der Aufwertung des Kosovo. Im Land ihrer Ahnen waren die Serben wegen der hohen Geburtenrate der Albaner demografisch hoffnungslos in eine Minderheitenposition geraten, deshalb wanderten viele aus. Von biologischem »Genozid« sprach Anfang 1986 eine von Ćosić und 216 Intellektuellen unterzeichnete Petition an das Belgrader Parlament. Ähnliche Thesen vertrat wenig später ein »Memorandum der Serbischen Akademie der Wissenschaften« zu aktuellen gesellschaftlichen Fragen in Jugoslawien und Serbien. Dass er der »geistige Vater« dieses Memorandums gewesen sei, weist Ćosić heute im Gespräch ganz entrüstet von sich, »das waren doch alles Kommunisten in diesem Komitee, ich aber bin Patriot und Humanist«. Dem Komitee gehörte der Schriftsteller in der Tat nicht an, aber einen Text steuerte er damals schon bei.

Das Memorandum ist von Kritikern gleichsam zum ideologischen Brevier späterer »ethnischer Säuberungen« erhoben worden. Das ist gewiss überzogen, doch ein die Gemüter aufputschendes nationalistisches Pamphlet voll völkischem Selbstmitleid bleibt dieses Manifest allemal. Von der »konsequenten Diskriminierung« Serbiens sowie der wirtschaftlichen und politischen »Dominanz« Sloweniens und Kroatiens ist darin die Rede, von der fehlenden Gleichberechtigung im Bundesverband:»Eine Nation, die nach langen und blutigen Kriegen ihren Staat wiedererlangt hatte, die sich eine bürgerliche Demokratie erkämpft hatte und die in zwei Kriegen 2,5 Millionen Angehörige ihres Volkes verloren hat, musste erleben, wie ihr gegenüber eine aus Apparatschiks zusammengesetzte Parteiorganisation durchsetzte, dass nach vier Jahrzehnten im neuen Jugoslawien einzig und allein sie keinen Staat besitzt. Eine schlimmere historische Niederlage mitten im Frieden lässt sich nicht vorstellen.« Als besonders schmerzlich gilt die Entwicklung im Stammland Kosovo. Den Albanern wird»der physische, politische, rechtliche und kulturelle Genozid an der serbischen Bevölkerung« angelastet, die große Vertreibung setze sich fort. Der»allerletzte Rest des serbischen Volkes« bereite sich auf einen endgültigen Exodus vor,»getrieben durch tyrannische Ungerechtigkeit und physischen, moralischen und psychologischen Terror«. In weniger als zehn Jahren, so prophezeit das Memorandum,»wird es keine Serben mehr in Kosovo geben«.

Erstaunlich die Fähigkeit der Autoren dieser Brandschrift, die serbische Schuld an der Vergiftung der Seelen im Kosovo schlicht zu verdrängen. Etwa die Kolonisationspolitik nach beiden Weltkriegen, die brutale Unterdrückung mit der Liquidierung Tausender aufrührerischer Albaner unter Titos großserbischem Innenminister und Geheimdienstchef Aleksandar Ranković bis zu dessen Sturz im Jahr 1966. Erst die Aufwertung zur autonomen Provinz nach 1974 sorgte für einen Umschwung. Die weitgehende Selbstverwaltung verschaffte der albanischen Bevölkerungsmehrheit politische Rechte und soziale Aufstiegschancen. Nun hatten die Serben unter dem Nationalismus der Albaner zu leiden, deren Radikale für das Kosovo den Status einer siebten Republik in Jugoslawien forderten oder gleich den Anschluss an das Mutterland Albanien anstrebten. Rund 200 000 Serben verließen die Region um das Amselfeld, in den serbischen Medien kursierten hysterische Geschichten über Vergewaltigungen und gewaltsame Vertreibungen. In Demonstrationen verlangten wütende Serben das Eingreifen Belgrads, auch am Abend des 24. April 1987 vor dem»Haus der Kultur« in Priština. Dort traf sich Serbiens neuer

Parteichef Slobodan Milošević, bis dahin ein blasser kommunistischer Apparatschik, mit der albanischen Parteiführung und musste mit ansehen, wie albanische Polizisten rücksichtslos auf die Demonstranten einprügelten. Bleich trat der Besucher vor die tobende Menge und rief ihr über Megaphon zu:»Niemand darf euch schlagen.« Die Kosovoserben jubelten, schrien begeistert:»Slobo, Slobo.« Sie hatten ihren neuen Messias gefunden, und der seine nationale Mission.

Slobodan Milošević und seine Gefährtin Mira Marković wurden während des Zweiten Weltkriegs südöstlich von Belgrad in der Industriestadt Požarevac geboren. Beide stammten aus kleinbürgerlich-proletarischen Familien mit tragischem Hintergrund. Slobodans Vater war ein gläubiger Christ und orthodoxer Religionslehrer aus Montenegro, der seine Familie verließ und sich 1962 mit einer Pistole erschoss. Auch die Mutter, die zwei Söhne in der kargen Nachkriegszeit alleine aufzog, beging elf Jahre danach Selbstmord. Sie hängte sich auf. Die Eltern von Mira Marković kämpften bei Titos»Volksbefreiungsarmee«. Anfang 1943 geriet die Mutter in die Hände der Gestapo und soll unter Folter ein Versteck der Partisanen preisgegeben haben. Vermutlich wurde sie von ihren eigenen Genossen als Verräterin hingerichtet.

Schon mit siebzehn Jahren war Milošević überzeugter Kommunist (Spitzname:»Bolschewik«) und ein glühender Bewunderer Titos, seine spätere Frau Mira lernte er in der Gymnasialzeit kennen. Gemeinsam gingen beide nach Belgrad. Dort studierte sie Soziologie, trat als marxistische Eiferin hervor. Milošević verlegte sich auf Jura, reüssierte als Manager bei der Beogradska Banka, erlernte als deren Repräsentant in New York ein ausgezeichnetes Englisch. Dann stieg er zielstrebig und linientreu die Kadertreppe im Bund der Kommunisten empor und brachte es mithilfe prominenter Förderer im Mai 1986 zum serbischen Parteichef. Eine Berufung, welche Miras Onkel Draža Marković, Freund Titos und in den Siebzigern serbischer Regierungschef, als fatale Fehlentscheidung wertete:»Die Geschichte wird uns diese Wahl niemals verzeihen, Milošević wird alles zerstören.«

Genauso kam es. Die Begegnung mit den verprügelten Serben in

Priština wurde zu Miloševićs nationalem Erweckungserlebnis. Von da an setzte der kommunistische Populist auf die großserbische Karte, versprach seinen Landsleuten die Rückführung der von Tito abgetrennten Gebiete. »Serbien wird groß sein oder es wird nicht sein«, verkündete er im Agitationsjargon eines Hitler. Und auch, schon vor der pompösen 600-Jahr-Feier auf dem Amselfeld: »Wir werden die Schlacht um Kosovo gewinnen, ungeachtet aller Hindernisse, mit denen wir innerhalb und außerhalb unseres Landes konfrontiert sind.« Die Vojvodina holte er heim, indem er die Führung in Novi Sad durch serbentreue Funktionäre ersetzte. Weil ihm das gleiche Manöver im Kosovo nicht auf Anhieb gelang, ließ Milošević, seit 1989 auch Serbiens Präsident, die Armee mit Panzern in die albanische Provinz einrücken – mit stillschweigender Duldung des gesamten Staatspräsidiums und der Regierung Jugoslawiens. Als ihm der Kroate Stipe Mesić, Zagrebs letzter Vertreter im Kollektiv der gemeinsamen Staatsführung, vorhielt: »Du kannst doch nicht den Albanern die gleichen Rechte verwehren, die du für die Serben in unserer Krajina verlangst«, fing er sich vom obersten Serbenchef die flapsige Antwort ein: »Du kennst die Skipetaren nicht; die reagieren nur, wenn sie eins auf den Kopf kriegen.«

Milošević habe im Gegensatz zu den alten Kommunisten »eine neue, frische Sprache in die Politik gebracht«, rechtfertigt noch heute der Belgrader Philosoph Mihailo Marković sein seinerzeitiges Einschwenken auf die Linie dieses Volkstribuns. In der Ära Tito hatte Marković zu jenen oppositionellen Philosophen und Sozialwissenschaftlern gehört, die sich um die Zeitschrift *Praxis* scharten und für einen humanen, undogmatischen Marxismus warben, was sie dann ihre Hochschulposten kostete. »Ich bin als Jugoslawe groß geworden, nicht als Serbe«, sagt der nunmehr dreiundachtzigjährige Gelehrte im Gewölbe seiner Studierstube am Rande von Belgrads Prominentenviertel Dedinje. Nachdem seit Mitte der achtziger Jahre absehbar gewesen sei, dass sich aus diesem Jugoslawien die Slowenen wie die Kroaten davonmachen wollten, habe dies zu einer Gegenreaktion der Serben geführt: »Der Separatismus der einen beflügelte den Patriotismus der anderen.« Marković gehörte zu den Verfassern des umstrittenen Akademie-Memorandums, wurde der Vordenker von Milošević und sein Stellvertreter in der »Sozialistischen Partei Serbiens«, um dann während der Bürgerkriege mit dem Herrscherclan zu brechen, frustriert über Korruptionserscheinungen und einen Patriotismus, der zum chauvinistischen Exzess entartet war. Zwei Jahre bevor der Krieg in Jugoslawien ausbrach, so lautete auch der Befund des serbischen Schriftstellers und Diplomaten Dragan Velikić mit Blick auf die Verstrickung renommierter Intellektueller in die nationalistische Wende, habe sich die Sprache des Hasses verbreitet, »und an den Bürgern Serbiens wurde eine sukzessive Lobotomie vorgenommen«. Dass es dieselben Prozesse in einigen anderen jugoslawischen Republiken ebenfalls gegeben habe, sei kaum ein Trost.

Ähnlich wie in der Sowjetunion ist das Auseinanderbrechen des Vielvölkerstaats Jugoslawien zu Beginn der neunziger Jahre ein schwärender, schmerzhafter Prozess mit wechselseitigen Schuldzuweisungen. Von den drei Klammern, die das größte Balkanland zusammengehalten hatten, war der charismatische Marschall Tito verschwunden, die Kommunistische Partei auseinandergefallen und nur noch die Volksarmee übrig geblieben. Titos Credo »Brüderlichkeit und Einheit« galt nichts mehr, nationalistische Parolen gewannen überall die Oberhand – neben Serbien vor allem in den wohlhabenderen Teilrepubliken Slowenien und Kroatien, wo bei den ersten freien Wahlen sich bürgerlich-nationale Kräfte durchsetzten. Alle Versuche, den Fortbestand Jugoslawiens als multinationale Gemeinschaft durch Umwandlung des Bundesstaats in einen demokratisch reformierten Staatenbund doch noch zu retten, scheiterten am Widerstand Serbiens. So auch das von Mesić 1990 vorgeschlagene konföderative Modell für eine Übergangszeit von drei bis fünf Jahren, in der die jeweiligen Kompetenzen und Finanzzuständigkeiten von Bund und selbstständigen Republiken festgelegt werden sollten. »Milošević war gegen jede politische Vereinbarung«, erinnert sich der Kroate, »er wollte weder eine Föderation noch eine Konföderation. Er setzte von Anfang an auf die Option Krieg, sein Ziel war Großserbien.«

Dieses Großserbien war nach der Sezession Sloweniens und

Der große Puppenspieler des Balkans:
Serbenführer Milošević mit Ehefrau Mira
und Sohn Marko

Kroatiens für Belgrad strategisch nur mit bewaffneter Rebellion im
serbischen Siedlungsgürtel Kroatiens, in der Dreivölkerrepublik Bosnien-Herzegowina sowie in der Zuspitzung des Konflikts mit den
Albanern im Kosovo zu gewinnen. Einheiten der Bundesarmee, die
in Milošević ihren neuen Sponsor fand, und paramilitärische Banden
unterstützten die serbischen Aufständischen erfolgreich. Zunächst in
Kroatien und danach in Bosnien, wo die Großserben des Generals
Ratko Mladić nach »ethnischen Säuberungsaktionen« und Massenmorden an Muslimen im Sommer 1992 zwei Drittel des Republik-
Territoriums kontrollierten (siehe Seite 98). Dass Milošević und der
von Großkroatien träumende Zagreber Präsident Franjo Tudjman
insgeheim in einer unheiligen Allianz die Aufteilung Bosniens verabredet hatten, gilt unterdessen als historisch gesicherte Erkenntnis.
Holm Sundhaussen führt die Tragödie der postjugoslawischen Kriege
mit Hunderttausenden Opfern und über vier Millionen Flüchtlingen
wohl zu Recht auf die »kollektive Paranoia« der Nationalisten aller
Konfliktparteien zurück, geeint in der Vorstellung, »dass sie alle im

55

Kampf um Überleben und Zukunft ausschließlich einen Verteidigungskrieg geführt, dass sie getan haben, was angesichts der Bedrohung durch ihre Gegner getan werden ›musste‹ und was jeder ›anständige‹ Mensch in dieser Situation getan hätte«.

Dies seien Kriege zur Bildung neuer Nationalstaaten, in denen für Minderheiten nach präzise geplanten »ethnischen Säuberungen« kein Platz bleibe, mahnte Milovan Djilas kurz vor seinem Tod im April 1995 und rief die internationale Gemeinschaft zum Eingreifen auf. Denn wenn die Entwicklung »den Völkern des Balkans überlassen bleibt, dann fließt noch viel Blut«. Die internationale Gemeinschaft versagte als Schlichter erbärmlich, solange die Europäer das Sagen hatten. Erst mit dem Engagement der lange desinteressierten Amerikaner und mit dem Einsatz ihres Turbo-Diplomaten Richard Holbrooke gelang es vier Monate nach dem Massaker von Srebrenica, den Krieg in Bosnien zu beenden. Im November 1995 wurden die Hauptbeteiligten auf das Friedensabkommen von Dayton eingeschworen. Wichtigster Garant und von den Amerikanern wie Westeuropäern hofierter Partner war der in westlichen Medien als »Schlächter des Balkans« und oberster Kriegstreiber dämonisierte Despot aus Belgrad, über den so mancher Politiker nach einer Begegnung dann überrascht sagte: »Der Mann ist nicht halb so schlimm, wie ich dachte!« Anders dagegen das Urteil des US-Senators Joe Biden, heute Barack Obamas Stellvertreter. Er nannte Milošević damals einen »Kriegsverbrecher« und forderte von Präsident Bill Clinton ein militärisches Vorgehen gegen das Belgrader Regime.

Mit der Salbung von Dayton war Milošević der internationalen Ächtung und Isolation entronnen, akzeptiert jetzt auch im Kreis der westlichen Regierungschefs als Schlüsselfigur der künftigen Entwicklung auf dem Balkan. Der Herr der Serben konnte als Friedensbringer für Bosnien posieren, der dort die Monster Karadžić und Mladić an die Kette gelegt hatte. Milošević spreizte sich auf dem Höhepunkt seiner Macht. Das große Pokerspiel um Jugoslawien, dessen Restgebilde nur mehr aus Serbien und Montenegro bestand, schien sich zu seinen Gunsten zu wenden.

Bei Begegnungen konnte dieser Mann charmant und gewinnend

wirken, mit einer Fülle von Fakten imponieren, aber auch mit seiner Kälte und offenkundigen Skrupellosigkeit abstoßen. Nur selten stellte sich Serbiens Präsident einem Interview, er mied den Umgang mit ausländischen Journalisten, die seiner Herrschaft entzogen waren. Machte er dennoch eine Ausnahme, solche »Desinformanten« in seinem Belgrader Palais zu empfangen, waren dies Vorstellungen von byzantinischer Prozedur und trotz Birnenschnaps in frostiger Atmosphäre. So beim *Spiegel*-Gespräch im Juni 1996, dessen autorisierte Version er noch kurz vor dem Abdruck durch das Streichen sämtlicher mündlicher Antworten auf Verlautbarungsniveau zu reduzieren suchte. Vergeblich intervenierte er deshalb beim damaligen Bonner Außenminister Klaus Kinkel und beschwerte sich: »Ich bin noch nie so behandelt worden.«

»Ich tue alles, was ich kann, um zum Frieden beizutragen«, versicherte Serbiens Staatschef, überzeugt davon, dass »der Krieg vorüber ist, das ist doch jedem klar, die Menschen wollen den Frieden.« Er beharrte darauf, bis zuletzt für das Fortbestehen des multinationalen Jugoslawien gestritten zu haben, während andere – dieser Pfeil galt auch den Deutschen – dessen Desintegration betrieben hätten: »Wir wurden brutalen Sanktionen der internationalen Gemeinschaft ausgesetzt. Jene aber, die mit aggressivem Nationalismus auf Sezession und Schaffung ethnisch gesäuberter Ministaaten aus waren, wurden zu Demokraten gemacht und erhielten internationale Anerkennung und Unterstützung. Europa hat in der jugoslawischen Krise gegen sich selbst gewirkt.« Er war schon ein begnadeter Rabulist, dieser politische Puppenspieler aus Belgrad, um keine Antwort verlegen, und sei sie noch so verdreht. Massenmorde und Kriegsverbrechen in Bosnien? Kühl dozierte da Milošević, knapp ein Jahr nach dem internationalen Aufschrei über die Untat von Srebrenica, in aller Chuzpe: »In der Tradition des serbischen Volkes gilt die Ermordung von Kriegsgefangenen und Zivilisten, insbesondere von Frauen und Kindern, als schändlichste Tat überhaupt. Sie werden niemanden bei uns treffen, der auch nur ein Wort der Rechtfertigung für solche Verbrechen findet, egal wer sie begangen hat.«

Auch die Frage, ob er denn den Albanern im Kosovo mehr

demokratische Selbstbestimmung gewähren werde, konnte ihn kaum aus der Ruhe bringen. »Ich glaube nicht, dass irgendwo auf der Welt eine nationale Minderheit so viele Rechte genießt wie die albanische in Serbien«, antwortete er. Und auf den Vorhalt, die Albaner seien im Kosovo nun mal keine Minderheit, sondern mit 90 Prozent die überwältigende Bevölkerungsmehrheit, lautete die schnippische Replik: »Die Albaner sind in Jugoslawien ohne Zweifel eine klare Minderheit. Da könnten ja dann auch die in Südtexas lebenden Mexikaner daherkommen und den Anschluss an Mexiko fordern. Nein, dies ist unsere eigene Angelegenheit, es wird zu keiner Internationalisierung des Themas Kosovo kommen.« Im Übrigen sei der Herr Kinkel, seien Briten und Amerikaner der gleichen Meinung, schob er belehrend noch nach.

Starke Worte, kein Zweifel. Dieser Mann glühte nur so von Selbstbewusstsein und schien das meiste, was er vortrug, als ureigenes Credo verinnerlicht zu haben. Das mag dann auch erklären, warum er sich später mit dem Kosovo total verrannte, einen Waffengang mit dem mächtigsten Militärbündnis der Welt riskierte und durch die Niederlage den eigenen Sturz beschleunigte. Nicht der Nationalismus sei der Sündenfall von Milošević gewesen, der ihm die Unbill der internationalen Staatengemeinschaft einbrachte, glaubt der Schriftsteller Velikić und verweist mit Recht darauf, dass Politiker wie Tudjman oder Bosniens Izetbegović im damaligen Jugoslawien auch keine Demokraten und womöglich größere Nationalisten waren als der Serbenchef. Miloševićs Problem sei vielmehr sein Autismus, seine Unfähigkeit gewesen, zu begreifen, dass es für Politiker in kleinen Ländern von entscheidender Bedeutung ist, mit der Welt in Einklang zu stehen: »Es war ebendiese Inkompatibilität mit der Welt, die Serbien zum Bösewicht in der internationalen Gemeinschaft gemacht hat – einmal Bösewicht, immer Bösewicht.«

Freischärlerverbände, die in Kroatien und Bosnien Massaker als legitimes Mittel zur »Sicherung serbischen Lebensraumes« propagiert hatten, forderten nun ein »albanerfreies Kosovo«. Auch die Kosovo-Albaner radikalisierten sich. Unter der Führung des Literaten Ibrahim Rugova beanspruchten sie »ein begrenztes Selbstbestimmungsrecht«. In Priština wurde eine Art Schattenstaat gegründet, die selbst ernannte »Republik Kosovo« – illegal und von niemandem außer einigen Parteien im Mutterland Albanien anerkannt, aber von Belgrad zunächst geduldet. Die Kosovaren boykottierten fortan die serbischen Institutionen, errichteten eigene Krankenhäuser, gründeten Schulen, sogar eine Universität. Der Unterricht fand in Privatwohnungen statt. Auch eigene Steuern erhoben die Albaner, um ihre Selbstverwaltung zu finanzieren. So glaubten sie den Verlust der von Milošević aufgehobenen Autonomie kompensieren zu können. Doch diese Politik brachte sie dem heimlichen Ziel einer staatlichen Unabhängigkeit nicht näher, die Serben verschärften ihre Schikanen. Zehntausende Albaner, die als politisch unzuverlässig galten, verloren ihren Job. Das Regime verurteilte Widerständler in Schnellverfahren zu langen Haftstrafen wegen »separatistischer Umtriebe«.

Der gewaltfreie Protest richtete gegen den serbischen Staat nichts aus und ermunterte den Westen, das Problem jahrelang zu ignorieren – bis Kämpfer der albanischen Befreiungsbewegung UÇK 1997 die ersten Bomben warfen. Das änderte die Lage mit einem Schlag. Gelder und Waffen erhielt diese Untergrundarmee vornehmlich von Exil-Albanern in Westeuropa, und einer ihrer Aktivisten war Hashim Thaçi, Geschöpf des vom CIA dirigierten albanischen Geheimdiensts in Tirana. Der hoch aufgeschossene Mann mit dem Charisma eines Büroboten gehörte ursprünglich einer obskuren marxistisch-leninistischen Gruppe an und schmuggelte nun aus der Schweiz Waffen zu den Partisanen ins Kosovo. Plötzlich machten Amerikaner und Westeuropäer das smarte Findelkind zur Nummer eins unter den Albanern, weil sie an dem Pazifisten Rugova wenig Gefallen fanden. Kosovos nomineller Präsident galt ihnen als politikfremd und verbraucht.

Wie andere Befreiungsbewegungen auch, provozierten die albanischen Rebellen die Übermacht mit terroristischen Attacken, was wiederum zu unverhältnismäßigen Vergeltungsschlägen serbischer Militär- und Polizeiorgane führte, in einem Teufelskreis von Gewalt und Gegengewalt. Sehr spät erkannte die internationale Gemeinschaft, dass es abermals auf dem Balkan loderte und sie wiederum

»Das Morden muss aufhören«:
Albanischer Flüchtlingstreck

tatenloser Zeuge von Barbareien zu werden drohte, wie sie das
geschundene Bosnien durchlitten hatte. Massive Menschenrechts-
verletzungen ließen den Ruf lauter werden nach einer humanitären
Intervention auf Kosten des Respekts vor der absoluten Staatssou-
veränität. Erneut pilgerte im Oktober 1998 der US-Sonderemissär
Holbrooke nach Belgrad. Es gelang ihm, dem nunmehr zum Präsidenten von Rest-Jugoslawien avancierten Milošević unter Androhung von Bombardements der Nato ein Waffenstillstandsabkommen
auszuhandeln, wonach sich seine Truppen in die Kasernen zurück-
zuziehen hatten und internationale Beobachter der Organisation für
Sicherheit und Zusammenarbeit in Europa (OSZE) im Kosovo zu
einer Überwachungsmission stationiert werden durften. Doch die
Eskalation der bürgerkriegsähnlichen Zustände setzte sich fort.

Dann kam es Mitte Januar 1999 zu der Bluttat von Račak, einem
Dorf südöstlich von Priština, die Urheberschaft des angeblichen
Massakers ist bis heute nicht zweifelsfrei geklärt (siehe Seite 81). Die
Horrormeldungen aus Račak aber lösten weltweite Empörung aus,

die Kosovokrise stand an einem Wendepunkt. Jetzt machte sich die Nato bereit zu Luftschlägen gegen serbische Stellungen, Milošević ließ wieder die Panzer durch die Kosovogemeinden rattern. Tausende Albaner flohen aus Angst vor serbischen Repressalien nach Süden in die Bergwälder zu Mazedonien und Albanien. Bundeskanzler Gerhard Schröder, frisch im Amt und zugleich EU-Ratspräsident, gab intern die Weisung aus, sich auf ein militärisches Eingreifen vorzubereiten:»Das Morden muss aufhören, es geht hier auch um die Glaubwürdigkeit der Staatengemeinschaft.«

Als die Friedensverhandlungen zwischen Albanern und Serben im französischen Rambouillet an der Unnachgiebigkeit beider Seiten scheiterten, setzte die Nato Belgrad mit einem Ultimatum unter Druck. Es musste die Serben an ein ähnliches des Habsburgerreichs an der Schwelle des Ersten Weltkriegs erinnern, das ebenfalls eine ausländische Militärpräsenz verlangt hatte. Er werde niemals, nach der Okkupation des Landes durch Türken und Nazis, wieder die Stationierung fremder Truppen auf serbischem Boden zulassen, ließ Milošević diplomatische Vermittler abblitzen. Der Serbenregent erwartete, dass Russland und China einem Uno-Mandat zum Eingreifen nicht zustimmen würden und die Westallianz dann einen Alleingang doch nicht riskieren könnte. Die Rechnung mit Russland und China ging auf, die mit der Nato aber nicht. Um eine »humanitäre Katastrophe zu verhindern«, bombardierten vom 24. März an Flugzeuge der Amerikaner und ihrer Verbündeten achtundsiebzig Tage lang militärische und zivile Ziele in Kosovo, Serbien und Montenegro. Den Hightech-Waffen hatten die Serben außer ihrem Mut wenig entgegenzusetzen. Die Auswirkungen dieser Angriffe waren beträchtlich, da sah sich ein Land systematisch in die Steinzeit zurückgebombt. »*Nato deeply regrets*«, lautete die Standardentschuldigung für erschreckende »Kollateralschäden«, wie die Militärs beschönigend eine Unzahl Treffer auf unbeteiligte Zivilisten, auf Krankenhäuser und Wohnblocks, auf Züge und Flüchtlingskonvois nannten. Im Kosovo aber waren unterdessen über eine Million Albaner ziellos und traumatisiert auf der Flucht, Tausende wurden Opfer von Morden und Vergewaltigungen einer entfesselten serbischen Soldateska.

Mit einer Zweiteilung des Kosovo und dem Anschluss seiner Nordregion an den zusammengeschrumpften Staatsblock Jugoslawien hätte sich der Belgrader Autokrat wohl arrangieren können. Ein entsprechender Vorschlag des Romanciers Dobrica Ćosić, um »das Krebsgeschwür Kosovo« dauerhaft zu beseitigen, war schon in Rambouillet ventiliert worden, allerdings ohne Resonanz. In diesen Gebieten, etwa 30 Prozent des Provinzterritoriums, hätten dann die aus der kroatischen Krajina und Bosnien vertriebenen Serben angesiedelt werden können. Bis zuletzt rechnete der Serbenherrscher mit dem Beistand des großen Slawenbruders. Aber das Russland des Boris Jelzin kniff. Zu sehr mit eigenen Querelen beschäftigt, verurteilte Moskau zwar die Intervention der Nato ohne Uno-Mandat entschieden, mochte sich aber mit dem Westen nicht ernsthaft anlegen und war bald darum bemüht, Vermittlerdienste zu leisten. In unbeirrter Selbstüberschätzung hoffte Milošević darauf, er werde vom Westen im Chaos um das Kosovo und die Destabilisierung Mazedoniens und Albaniens durch die Flüchtlingsströme abermals als Ordnungsfaktor gebraucht. Doch diesmal hatte sich der Pokerspieler verkalkuliert. Für die Amerikaner war dieser Präsident Jugoslawiens kein akzeptabler Partner mehr. Bill Clinton hatte die Parole »Regimewechsel« ausgegeben.

Die Nato beendete am 10. Juni ihren Krieg für die Menschenrechte und hinterließ nach 35 000 Lufteinsätzen ein zertrümmertes Land. Das Kosovo, völkerrechtlich weiter Bestandteil Serbiens, wurde zum Uno-Protektorat und nach Abzug der serbischen Sicherheitskräfte fortan von 38 000 Soldaten der internationalen Kfor-Truppe beschützt. Sie sollten zudem die Region um das Amselfeld vor neuen blutigen Eruptionen bewahren, denn von den über 800 000 heimgekehrten albanischen Flüchtlingen, vor allem den Extremisten der UÇK, waren viele auf Rache aus. Die Hoffnung auf Aussöhnung, auf das Aufkeimen einer multiethnischen Demokratie, wurde rasch von Ausbrüchen des Hasses und des Rassismus erstickt. Nun waren über 150 000 Serben und Roma auf der Flucht.

Der großserbische Aufbruch des Slobodan Milošević hatte den Vielvölkerstaat zerstört und die größte südslawische Nation in vier

Schlachten und in den Hegemonialrausch getrieben. Das Abenteuer endet für die Serben mit einer Katastrophe, für die Nachbarn in Blutbädern und Massengräbern. Aus dem einst so stolzen Jugoslawien des Marschall Tito war ein Rumpfgebilde aus Serbien und der kleinen Bergrepublik Montenegro geworden, Europas Armenhaus. Die Arbeitslosenquote lag bei 50 Prozent, das monatliche Durchschnittseinkommen bei umgerechnet 45 Euro. Milošević war nun Europas Paria. Auf seine Ergreifung als mutmaßlicher Kriegsverbrecher, der sich vor dem Internationalen Tribunal in Den Haag verantworten sollte, setzte Washington ein Kopfgeld von fünf Millionen Dollar aus. Der Westen schwor, Jugoslawien keinerlei Wiederaufbauhilfe zu gewähren, solange der Despot in Belgrad regierte.

Der suchte in der Stunde der tiefsten Demütigung ungerührt seine Kapitulation im Kosovo zum heldenhaften Triumph zu verklären. »Wir haben gezeigt, dass wir eine unbeugsame Armee besitzen«, verkündete Jugoslawiens Präsident seinen Landsleuten. Offenbar spürte er nicht, dass ihm mit dem Rückzug der Truppen vom Amselfeld machtpolitisch seine wichtigste Stütze abhanden gekommen war: das Vertrauen der Militärs. Nun war er zum Untergang verurteilt, obwohl er sich trotz aller Rückschläge zunächst am Ruder zu halten vermochte. Vor allem das in der Schattenwirtschaft der Sanktionsjahre entstandene kriminelle Mafia-System stand seinem Clan weiter bei, mit Geldern und einer alles zersetzenden Korruption, nicht selten auch mit Morden an Abtrünnigen und Feinden. In die Bredouille geriet Milošević erst, als er sich auf vorgezogene Präsidenten- und Parlamentswahlen einließ. Er unterlag seinem Herausforderer Vojislav Koštunica, dem nationalliberalen Rechtsprofessor und Verlegenheitskandidaten des oppositionellen Wahlbündnisses DOS, das vom Westen, besonders Amerikanern und Deutschen, subversiv unterstützt wurde. Mit Tricks und Manipulationen versuchte der Autokrat, sich im darauffolgenden Machtkampf zu retten. Schließlich fegte ihn am 5. Oktober 2000 in Belgrad ein Volksaufstand hinweg. Gesteuert wurde er vom agilsten Politiker der Demokratiebewegung und nachfolgenden Premier, Zoran Djindjić. Dies in Absprache mit opportunistischen Sicherheitsleuten, die zweieinviertel Jahre darauf ein Mordkomplott gegen Djindjić organisierten.

Es war der St. Veitstag des Jahres 2001, an dem der einstige Herrscher der Serben auf Anweisung von Djindjić dem Kriegsverbrechertribunal im holländischen Scheveningen überstellt wurde. »Lebend kriegt ihr mich nicht«, hatte er zuvor den neuen, demokratischen Regenten bei der dramatischen Belagerung seiner Residenz gedroht. Niemals werde er sich an das »Nato-Gericht« ausliefern lassen, eher werde er Gift nehmen. Als sie ihn dann doch abholten, ließ er sich widerstandslos wegfahren. »Erschieß dich doch, bitte, erschieß dich«, jammerte seine Tochter Marija und ballerte mit einer Pistole herum.

»Weil das Wohl des Volkes über dem Recht des Einzelnen steht«, focht Djindjić den Coup der Auslieferung durch, denn er stand dabei unter massivem internationalen Druck. US-Außenminister Colin Powell hatte dem Premier zuvor telefonisch die Folgen einer weiteren Verzögerung bei der Zusammenarbeit mit dem Haager Tribunal ultimativ klargemacht. Es werde für sein ruiniertes Land kein Geld zum Neuaufbau und zur Tilgung seiner immensen Schulden geben. Ähnliche Signale kamen aus Berlin. Den Staatsbankrott vor Augen, entschied sich Djindjić zur Kooperation und wurde dafür von den Sozialisten und Radikalkonservativen, aber auch von seinem Rivalen Koštunica als »Verräter« gebrandmarkt. Ein Urteil mit tödlichen Folgen. Die Teilnehmer der Brüsseler Geberkonferenz aus zweiundvierzig Ländern aber seien nunmehr »motiviert«, Jugoslawien mit Milliardenspritzen beizustehen, verkündete der für den Balkan-Stabilitätspakt zuständige deutsche Koordinator Bodo Hombach einen Tag nach der Auslieferung von Milošević wohlwollend. Diese Zusicherung erwies sich schnell als Augenwischerei. Denn in einem grotesken Blockademanöver sorgten Brüsseler Bürokraten auch zum Zorn von Hombach dafür, dass von den zugesagten Hilfen zunächst einmal die Altschulden und Strafzinsen teilweise noch aus der Tito-Zeit beglichen wurden. An frischem Geld für Reformen und Wiederaufbau kam bei der um ihr Überleben kämpfenden demokratischen Regierung von Djindjić wenig an.

Als erster ehemaliger Staatschef musste sich Milošević vor einem

Weltgericht wegen Kriegsverbrechen und Völkermords im Amte rechtfertigen, und der Chefanklägerin Carla Del Ponte gelang es in vier Jahren nicht, ihm dafür in der Befehlskette die direkte Verantwortung nachzuweisen. Bis zu seinem tödlichen Herzinfarkt im März 2006 gab der vormalige Balkanpotentat in Den Haag den blendenden Verteidiger in eigener Sache. Demagogisch, arrogant, unbeugsam und viele Zeugen der Anklage genüsslich zerpflückend. Zur Freude seiner Anhänger daheim, die das Spektakel in TV-Übertragungen genossen, machte der Angeklagte sich zum Ankläger und beschuldigte »Deutschland, den Vatikan, die Vereinigten Staaten und die Europäische Union«, für den Kosovokrieg und die Massenflucht der Albaner nach Beginn der Bombardements verantwortlich gewesen zu sein. Er selbst habe lediglich immer alles getan, um sein Volk zu schützen. Dafür veranstalte man mit ihm nun einen »Lynchprozess«.

Den demokratischen Nachfolgern gelang es nicht, einen grundsätzlichen Neuanfang zu wagen und die Lehren aus Serbiens verlorenen Schlachten zu ziehen. Gesuchte Kriegsverbrecher wie Karadžić und Mladić waren im kollektiven Bewusstsein als Heldenfiguren verankert. Gefangen in den alten Mythen und im Selbstmitleid, wurde auch die Realität der sich abzeichnenden Unabhängigkeit des Kosovo verdrängt. Belgrads neue Regierung suchte keinen Verbündeten unter den zwei Millionen Albanern im Kosovo, klagte ausschließlich über das – gewiss schwere – Los der 150 000 dort noch lebenden Serben. Man hätte, um miteinander wieder ins Gespräch zu kommen, der Provinz offiziell die Autonomie zurückgeben können, die ihr Milošević entrissen hatte. Man hätte Strafverfahren gegen Kriegsverbrecher einleiten und die Schuldigen aus dem Regime Milošević ins Gefängnis schicken können. Womöglich wären einige auf der albanischen Seite von dem Wandel in Belgrad überzeugt worden und zu Verhandlungen bereit gewesen, ermuntert dazu dann auch von den Europäern. Doch nichts dergleichen geschah, es gab keine einlenkenden Gesten.

Aus der politischen Elite war es insbesondere der zunehmend nationalistischer auftretende Premier Koštunica, der die Illusionen

Ausbrechen aus der Isolation: Serbenpräsident Tadić
mit EU-Kommissionspräsident Barroso

in eine Verfassungsergänzung gießen ließ, die Provinz bleibe ein »untrennbarer Teil Serbiens«. Selbst der pro-westliche Präsident Boris Tadić, Sohn des angesehenen *Praxis*-Philosophen Ljubomir Tadić, mochte da nicht ausscheren. Aber auch ein Willy Brandt brauchte seinerzeit lange, ehe er den deutschen Vertriebenenverbänden reinen Wein einschenkte über den Verlust der Ostgebiete. Zwar brachte Serbiens Staatschef den Gedanken einer Gebietsteilung ins Spiel, verwarf diese Option aber schnell, zumal die Mehrheit der Uno-Generalversammlung einer Resolution seines Landes zustimmte, die Rechtmäßigkeit von Kosovos Unabhängigkeitserklärung vom Internationalen Gerichtshof in Den Haag überprüfen zu lassen. Beim Gedenken zum zehnten Jahrestag der Nato-Angriffe von 1999 jedenfalls warf Tadić den »ethnisch-albanischen Behörden unserer südlichen Provinz Kosovo« üble Drangsalierung der serbischen Mitbürger vor.

Die Enttäuschung über den vermeintlich feindseligen Westen gab im Belgrader Politestablishment jenen Kräften Auftrieb, die von jeher für einen Sonderweg Serbiens an der Seite Russlands plädierten, weil sie sich vor allem von Europa beleidigt und betrogen fühlten. Nicht nur im Fall Kosovo. Auch mit dem diskriminierenden Visa-Regime, das bis Ende 2009 nahezu die gesamte Jugend von Besuchen in der EU aussperrte. Oder in Den Haag mit einem Übermaß an serbischen Angeklagten, während etwa gegen den Kroaten Tudjman oder den Bosnier Izetbegović nie ein Verfahren eingeleitet wurde. »Europa braucht und will Serbien nicht«, sagt Aleksa Djilas, Historiker und Sohn des einstigen Dissidenten, und er kann nachvollziehen, dass es bei vielen seiner Landsleute die Sehnsucht nach einer Allianz mit dem orthodoxem Bruder gibt. Dabei hatte sich der Joker Russland in Krisenzeiten stets als unbrauchbar erwiesen. In den jugoslawischen Zerfallskriegen und dem Kosovokonflikt brachten »die erstaunlichen Bocksprünge des Kreml«, wie der österreichische EU-Sondergesandte Wolfgang Petritsch Moskaus konfuses Agieren insbesondere während der Jelzin-Ära beschrieb, die traditionellen Freunde auf dem Balkan schier zur Verzweifelung. Miloševićs Generäle pflegten Kontakte zu den russischen Nationalisten und warteten sehnsüchtig auf einen Sturz Jelzins. Dessen Diplomaten wiederum waren als Vermittler im Kosovokonflikt aufgebracht über die Sturheit des serbischen Autokraten. Gleichwohl stand Moskau als wichtigster Verbündeter an Belgrads Seite bei dem hoffnungslosen Unternehmen, die von Washington betriebene Unabhängigkeit des Kosovo durch Blockade in den internationalen Gremien zu verhindern. Gegen die Prinzipien der staatlichen Souveränität und territorialen Integrität dürfe nicht verstoßen werden, lautete das gemeinsame Mantra, verbunden mit der Warnung vor einer Kettenreaktion bei der Gründung weiterer nicht existenzfähiger Zwergstaaten. Als es im Februar 2008 doch zur einseitigen Unabhängigkeitserklärung des Kosovo kam, sprach Wladimir Putin von einem »schrecklichen Präzedenzfall«. Das hinderte den Kreml freilich nicht, im Kaukasuskonflikt dann mit der Anerkennung der beiden georgischen Provinzen Südossetien und Abchasien eben solch einen Bruch des Völkerrechts unbekümmert zum eigenen Vorteil zu nutzen.

In Belgrad brachte dieses Verhalten die Anhänger Moskaus in Erklärungsnöte, zumal den abgewählten Premier Koštunica, der sich auch für eine stärkere wirtschaftliche Bindung an Russland eingesetzt hatte. Umstrittenes Paradestück dafür war ein Energieabkommen mit dem Verkauf des serbischen Erdölkonzerns NIS an die russische Gazprom für 400 Millionen Euro gewesen, nach Meinung internationaler Experten das Verscherbeln von Tafelsilber zu einem Spottpreis. Dafür verpflichtete sich der große Bruder, im Gegenzug vierhundert Kilometer seiner geplanten Erdgasröhre »South Stream«, ein Konkurrenzprojekt zur EU-Pipeline »Nabucco«, von Bulgarien über serbisches Territorium nach Mitteleuropa zu führen. 90 Prozent des serbischen Gasbedarfs kommen aus Russland, das mit »South Stream« ein Gasmonopol in mehreren Balkanstaaten erringen und damit sein fortbestehendes strategisches Interesse an Europas Hinterhof verdeutlichen würde. Zwar ratifizierte das serbische Parlament unterdessen nicht nur die Energievereinbarung mit den Russen, sondern auch ein Assoziierungsabkommen mit der EU. Das indes lag bis zur Auslieferung des gesuchten Kriegsverbrechers Mladić auf Eis, und es bremste damit jene Kräfte in der Belgrader Koalitionsregierung, die für eine konsequente Hinwendung zur EU plädierten, um dem ausgepowerten Land auch Brüsseler Finanzhilfen zu verschaffen. Nur von dort werde sich fremdes Kapital anlocken lassen, warb der pro-westliche Präsident Boris Tadić für ein Ausbrechen aus der Isolation und einen grundlegenden Kurswechsel. Bei 360 Euro lag das Durchschnittseinkommen der 7,5 Millionen Serben im Jahr 2008, ein Fünftel der Erwerbsfähigen war ohne Beschäftigung. In einigen Regionen, wie der um Novi Pazar im Sandschak, stecken 40 Prozent der Einwohner im Zustand »fortschreitender Verarmung«. Eines der Haupthindernisse für den baldigen EU-Beitritt dürfte indes wie in anderen Staaten des Westbalkans die Verwurzelung der organisierten Kriminalität bleiben. Trotz manch spektakulärer Polizeiaktion tummeln sich allein im weit verzweigten Mafia-System Serbiens an die zweihundert Verbrecherbanden.

Im »Schriftstellerclub«, noch immer lohnende kulinarische Anlaufstelle im Zentrum der Millionenmetropole Belgrad, der »weißen Stadt« mit ihrem eher tristen Ambiente, hängt als Wandschmuck ein großflächiger Stich, der die Festung Kalemegdan Anfang des 18. Jahrhunderts zur österreichischen Besatzungszeit zeigt, nachdem Prinz Eugen die Osmanen vorübergehend vertrieben hatte. Unter der Zeichnung steht: »Prospect von Belgrad gegen Morgen von einem Kaiserl. Ingenieur gezeichnet.« Zu sehen ist das gewaltige Fort auf einem Hügelrücken, der sich gegen den Zusammenfluss von Donau und Save stemmt und wegen seiner strategischen Lage inmitten des Balkans über zwei Jahrtausende umkämpft war: von Kelten und Römern, den Goten, Hunnen, Byzantinern, Osmanen, Ungarn, Österreichern und zuletzt Hitlers Deutschen. Kein Flecken in dieser Region wechselte so oft seinen Besitzer, kein Platz in Belgrad vermittelt mehr Gefühl für Serbiens wechselvolle und blutige Geschichte als der Ausblick vom Festungskamm des Kalemegdan oberhalb der sich heranwälzenden Wassermassen der beiden Ströme. Links das Panorama mit den Wohnmaschinen von Neu-Belgrad bis nach Zemun hinüber, das als Semlin einst Grenzstadt war von Österreich-Ungarn. Nach rechts schweift der Blick weit über die sattgrüne Pannonische Tiefebene der Vojvodina. Von dort griffen österreichische Truppen nach der Kriegserklärung von 1914 in den ersten Gefechten Belgrad an, und der Feldmarschall August von Mackensen eroberte die Stadt. Die Ausstellung des Kriegsmuseums in den Unterständen der Zitadelle mit ihren Waffen und Geschützen erinnert an die Heimsuchungen zweier Weltkriege.

Ein Plateau ganz vorne auf der Feste Kalemegdan trägt ein Siegerdenkmal, mit dem der Bildhauer Ivan Meštrović die Standfestigkeit Belgrads zu symbolisieren trachtete. Auf einer vierzehn Meter hohen Säule steht ein nackter junger Held. Sein rechter Arm stützt sich auf ein Schwert, die ausgestreckte Linke hält einen Falken – den mythischen Vogel des Fürsten Lazar aus dem Kosovo. Der Blick des Helden geht nach Westen, stolz und fordernd.

4
Europas Sündenfall: Die Unabhängigkeit des Kosovo

Bajram Rexhepi träumt von einer besseren Zukunft für das Kosovo. Von einem modernen, friedlichen Staat. Dabei sitzt der albanische Bürgermeister von Mitrovica an diesem Nachmittag noch mittendrin in den Kulissen des alten, zerborstenen Jugoslawien. Rechts von seinem Haus im Vorort Donji Suvi Dol – Untertrockental – gibt's in Brankos Krämerladen weiter Hirschenbier wie in sozialistischer Zeit, Vranac-Wein und serbische Schweinswurst mit Knoblauch. Links, in Richtung Stadtzentrum, liegt am Zeitungskiosk für ein paar Dinar die Belgrader *Politika* aus, das Zentralorgan der Tito-Ära.

Den Bürgermeister von Mitrovica aber kümmert das wenig. Er will nichts mehr wissen vom alten Jugoslawien. Er ist Albaner und also, seit Februar 2008, stolzer Angehöriger des Mehrheitsvolks im jüngsten Staat Europas, dem Kosovo. Dummerweise steht sein Haus auf der vorwiegend serbisch bewohnten Seite der Republik. Dort, wo sie die Unabhängigkeit des Kosovo nicht zur Kenntnis nehmen wollen. Und wo sie, wie auch in verstreuten serbischen Siedlungen südlich des Ibarflusses, weiter die Antennen in Richtung Belgrad drehen.

Von seinem Bürgermeisterbüro aus kann Rexhepi deshalb auch nur den albanischen Teil der Stadt verwalten. Zweimal am Tag quert der Grenzgänger die von Soldaten der Nato im Kosovoeinsatz (Kfor) bewachte Demarkationslinie zwischen den Volksgruppen. Furcht kenne er keine, sagt er und fingert eine kroatische 9-Millimeter-Pistole aus dem Innenfutter seines Jacketts. Er wisse sich zu wehren, außerdem sei er im Notfall nicht allein: »Als UÇK-Veteran könnte ich jederzeit fünftausend Mann in Stellung bringen.«

Rexhepi, fünfundfünfzig Jahre alt, drahtig und dynamisch, ist von Haus aus kein Heißsporn. Er war angesehener Mediziner in Mitrovica zu jugoslawischer Zeit; er diente dann im Krieg gegen die Serben als Leibarzt des legendären Mitbegründers der Guerillabewegung UÇK, Adem Jashari; und stieg schließlich 2002 sogar auf zum Premierminister des Kosovo, das damals noch serbische Provinz war. Als einziger Politiker von Rang verurteilte er öffentlich die Pogrome 2004, in deren Verlauf ein randalierender albanischer Mob neunzehn Menschen tötete und mehr als zwei Dutzend serbisch-orthodoxer Kirchen und Klöster zerstörte.

Auch heute noch, mehr als zehn Jahre nachdem die erste Nato-Bombe auf Stellungen der Jugoslawischen Volksarmee fiel und Europa sich ins Kosovoabenteuer stürzte, ist nicht sicher, ob die Dinge auf dem Amselfeld sich zum Besseren gewendet haben. Es ging ja beim ersten Einsatz ohne völkerrechtliches Mandat in der Nato-Geschichte um nicht weniger als die Pflicht,»ein neues Auschwitz« auf europäischem Boden zu verhindern, wie Verteidigungsminister Rudolf Scharping 1999 behauptete. Die Intervention zum Schutz der albanischen Bevölkerung in der Serbenprovinz dauerte dann achtundsiebzig Tage. Und trieb, neben den Truppen Jugoslawiens, auch fast die Hälfte aller Einwohner in die Flucht. An die zehntausend Menschen ließen ihr Leben.

Dem massiven Militärschlag folgte mit der Uno-Mission im Kosovo (UNMIK) die gewaltigste Kraftanstrengung in der Geschichte der Vereinten Nationen, teurer und größer als jene in Afghanistan oder in der sudanesischen Region Darfur. Seit November 2008 läuft außerdem mit der EU-Mission Eulex ein weiteres, bis dato einmaliges Projekt: der Versuch, die vom Gros der Weltgemeinschaft bisher nicht anerkannte und von Ex-Guerilla-Größen regierte Republik Kosovo in einen Rechtsstaat nach europäischem Muster zu verwandeln.

Wer Bajram Rexhepis Haus über dem Flussufer verlässt, der sieht, im Sommer 2009, ein Stück Balkanwelt, das aus den Fugen geraten ist. Durch das ehemals ethnisch gemischte Mitrovica verläuft nun eine Trennlinie. Am serbischen Ufer sind in Wohnwaben aus der Tito-Zeit geschätzte 25 000 Serben verblieben. Die meisten, die hier, im Norden der geteilten Zechenstadt, noch Lohn beziehen, werden von der Belgrader Regierung mit überdurchschnittlichen Gehältern fürs Ausharren entschädigt. Für ihre Bereitschaft, als Speerspitzen herzuhalten im Gefecht um eine Provinz, auf die zwei Staaten unverändert Anspruch erheben.

Nur in bewachten Konvois kommen die Menschen noch dreimal im Jahr zu den Gräbern ihrer Ahnen. Denn der alte Friedhof der Muslime von Mitrovica liegt nun abgeschnitten auf der serbischen Seite. Und auf dem Gottesacker der Orthodoxen, der am albanischen Ufer verwildert, säumen umgestürzte Grabsteine den Weg zur geschändeten und geplünderten Kapelle. Gespenstische Ruhe herrscht vielerorts, auch in den verlassenen Blei- und Zinkminen von Trepča.

Auf verseuchter Abraumhalde hausen Roma-Familien im Schatten des Bahndamms – der Akropolis-Express von München nach Athen, dem sie hier eine Schneise durchs Amselfeld schlugen, fährt schon lange nicht mehr. Eine Reise noch höher hinauf in den Norden des Kosovo gleicht einer Expedition im rechtsfreien Raum. Es gibt abgebrannte Zollbaracken zu sehen, Autos ohne Nummernschilder, die mit billigem Schmuggelsprit betankt werden, und Nato-Soldaten, die am Rand des bunten Treibens freundlich Spalier stehen. Ihr Auftrag, sagen sie zur Begründung, beschränke sich auf »Low-Level-Monitoring« – »unverbindliche Kontrollen«. Auf 12 000 Quadratkilometern Fläche im Norden, bis hinauf zur Passhöhe hinter Lešak, wo die Grenze zu Kernserbien verläuft, leben 70 000 Menschen, die sich von der albanisch dominierten Regierung in der Hauptstadt Priština keine Vorschriften machen lassen wollen. Sie leben hier wie eh und je, in bäuerlicher Kulturlandschaft an der Pforte zum wilden Sandschak, zwischen Äckern, Weiden, Bienenstöcken, und pochen auf ihre Zugehörigkeit zu Serbien.

Der Republik Kosovo fehlen bisher Argumente, um bei der nicht-albanischen Bevölkerung für sich zu werben: Rechtssicherheit etwa und die Aussicht auf ein Leben in Wohlstand. Wer könnte sie liefern? Mitarbeiter der Vereinten Nationen etwa, deren Sicherheitsrat die Unabhängigkeit des Kosovo auf Druck Russlands und Chinas selbst nicht anerkennt? Oder Beamte der Europäischen Union, die in der gleichen Frage gespalten ist? Spanien, Griechenland, Rumänien,

Slowakei und Zypern weigern sich noch im Sommer 2009, der neuen Zwergrepublik auf dem Balkan ihren Segen zu geben. Den EU-Abweichlern mit ihren ethnischen Minderheiten im eigenen Land mag in den Ohren klingen, was Russlands Präsident Dmitrij Medwedew nach abgeschlossenem Georgienfeldzug und Anerkennung der Separatistenrepubliken Abchasien und Südossetien als Alibi preisgab: dass es nach der einseitigen Unabhängigkeitserklärung Prištinas »unmöglich sein würde, den Abchasen und Osseten und Dutzenden anderen Gruppen in der Welt zu sagen, dass das, was für die Kosovoalbaner gut war, für sie nicht gut genug sein soll«.

Das widersprüchliche internationale Vorgehen im Kosovo hat mehrere Säulen der europäischen Nachkriegsordnung erschüttert: Die Nato griff ohne Beschluss des Weltsicherheitsrats ein; mit der diplomatischen Anerkennung Kosovos, unter anderem durch die USA und zweiundzwanzig EU-Staaten, wurde die per Uno-Resolution 1244 aus dem Juni 1999 garantierte »territoriale Unversehrtheit der Bundesrepublik Jugoslawien« verletzt; und dazu der Geist der KSZE-Schlussakte von Helsinki, die für Grenzveränderungen einvernehmliches Vorgehen fordert. Was als Krieg im Namen europäischer Werte begann, könnte als kostspielige Fehlkonstruktion enden – ein »Bantustan« drohe im Kosovo, schreibt der Balkankenner Norbert Mappes-Niediek, ein Marionettenstaat und Milliardengrab unter EU-Aufsicht. Schon jetzt ist die Geburt des siebenundvierzigsten europäischen Staates als sündteure Angelegenheit verbucht. 33 Milliarden Euro hat die Weltgemeinschaft fürs Kosovo aufgewendet in den ersten neun Jahren nach dem durch Bomben erzwungenen Abzug von Slobodan Miloševićs mordenden und plündernden Truppen. Das entspricht pro Einwohner und Jahr einer Zuwendung von 1750 Euro und übertrifft die durchschnittliche Hilfe für Entwicklungsländer weltweit um das Zweihundertfache.

Verwaltung, Polizei, Justiz, Zoll, Wirtschaft – alles wurde internationaler Aufsicht unterstellt. Bis zu hunderttausend Ausländer sind phasenweise im Kosovoeinsatz, darunter mit gewaltigen Bataillonen Nato, Uno, EU und OSZE, aber auch mehrere hundert Nicht-Regierungsorganisationen. Wie Elefanten vor dem Wasserloch drängen

Randalierende Albaner in der geteilten Stadt Mitrovica:
»Kosovo, das ist ein Scherz der Weltgemeinschaft.«

sich die Kolosse des globalen Friedensstiftungsgewerbes auf dem historischen Amselfeld. Und kommen sich dabei, naturgemäß, in die Quere.

Da wird, zwischen Franzosen, Amerikanern und Deutschen vor allem, um Spitzenposten in der Verwaltung und um Milliardenaufträge beim Wiederaufbau des Landes gerungen, um Einfluss auch auf die kosovarischen Parteien und Clanführer. Es tummeln sich auf der balkanischen Experimentierbühne Geheimdienstler und Glücksritter, Idealisten und Berufsabenteurer mit fetter Auslandszulage – im Branchenjargon »Buschgeld« genannt. Was Einheimische in einem Monat verdienen, darf ein westeuropäischer Beamter pro Tag als Dreingabe erwarten. Den harten kosovarischen Alltag verpacken die Helfer aus aller Welt in Bürokratenkauderwelsch: Da werden Missionen »rekonfiguriert«, da wird »Transition Planning« und »Nation Building« betrieben, während allfälliger Fortschritt Niederschlag findet in »Progress Reports«, abzusenden an die Schaltzentralen in New York oder Brüssel. Die »Internationalen« bewegen sich übers Amselfeld wie in einem Raumschiff, von jeder Schwerkraft befreit. Fehlermeldungen des Bodenpersonals nehmen sie kaum zur Kenntnis.

»Von ›Papiertiger‹ über ›bürokratisches Monster‹ bis hin zu ›Kolonialverwaltung‹« reiche die Palette der Meinungen über UNMIK, stellen Experten vom Europäischen Institut für Politik (IEP) im Auftrag der Bundeswehr fest,»wohingegen das internationale Personal mehrheitlich in dem Ruf steht, im Kosovo entweder Abenteurertum oder individuelle Bereicherung zu betreiben«. Zusammengefasst, heißt es in der Studie von 2007, ergebe sich der Eindruck, die»groteske Realitätsverweigerung« der ausländischen Helfer sei bedingt durch»politisch verordneten Erfolgsdruck«.

Bis heute blüht die Schattenwirtschaft im Kosovo, und die offizielle Arbeitslosigkeit liegt bei 44 Prozent. Der schlechtesten Handelsbilanz weltweit steht die höchste Fruchtbarkeitsrate Europas gegenüber. Beinahe jeder zweite Einwohner lebt von weniger als 45 Euro pro Monat. Das Bruttosozialprodukt unterschreitet jenes Papua-Neuguineas. Während die Hälfte des Ackerlands brachliegt, ist Metallschrott, gewonnen vor allem durch das Ausweiden importierter Gebrauchtwagen, weiter Exportartikel Nummer eins. Der einzig florierende Wirtschaftszweig im Kosovo, so spotten Einheimische, sei die Helfer-Industrie. Das Heer zugereister Beamter aus aller Herren Länder setzt ortsansässige Akademiker als Dolmetscher oder Fahrer ins Brot genauso wie Café-Betreiber oder Restaurantbesitzer, die international konkurrenzfähige Küche zu bieten wissen. Die unansehnliche, im titoistischen Siebziger-Jahre-Stil zubetonierte Provinzhauptstadt Priština hat sich so zu einer Stadt mit kulinarischen Wohlfühlinseln für die Zeit nach Büroschluss entwickelt.

Die Zahl der Ausländer im Fronteinsatz allerdings ist inzwischen rückläufig. Die Nato will ihre Truppenstärke bis Ende 2009 von ehemals 50 000 auf 10 000 vermindert haben. Und die UN-Vertretung ist durch klammheimliche Schrumpfung im Vorfeld des Machttransfers an die EU bereits in eine Containersiedlung am Stadtrand von Priština abgedrängt worden. Von dort aus sendet sie nur noch vereinzelt Lebenssignale – »wie eine Henne, der der Kopf abgehackt wurde und die dann kurz weiterzappelt«, heißt es unter Beobachtern. Zu ihren besten Zeiten war die UNMIK Arbeitsplatz für Tausende Beamte aus bis zu fünf Dutzend Ländern. Darunter fanden sich, wie ein deutscher Ermittler sagt,»Polizisten ohne Führerschein und Waffenerfahrung«, dazu radebrechende nepalesische Grenzschützer und pakistanische Ordnungshüter aus General Musharrafs harter Schule – zu den Kosovaren entsandt, um ihnen ein Gefühl für den Rechtsstaat beizubiegen. So multinational wie die UNMIK-Truppe war, so soll das Kosovo nach dem Willen seiner internationalen Aufseher werden.

Sechs Sterne zieren jetzt die neue Fahne der Republik. Je einer für Albaner, Serben, Roma, Bosnjaken, Türken und Aschkali im Land. Die meisten der gut 90 Prozent Albaner hätten es zwar vorgezogen, mit ihrer eigentlichen Lieblingsfahne weiterzuleben, dem schwarzen Doppeladler auf rotem Grund, wie er im Inneren ihrer Häuser und staatsoffiziell im benachbarten Albanien zu sehen ist. Aber die Geburtshelfer des unabhängigen Kosovo, allen voran US-Botschafterin Tina Kaidanow, wollten ein Zeichen auch an die Nicht-Albaner senden. Die neue Hymne der Zwei-Millionen-Republik trägt gar den richtungsweisenden Namen »Europa«.

Hat nicht EU-Kommissionspräsident Barroso dem jungen Staat bereits eine EU-Perspektive eröffnet? Natürlich müsste der vorher erst einmal sein ganzes Territorium – nicht größer als der Regierungsbezirk Stuttgart – unter Kontrolle bringen und dafür sorgen, dass Flagge und Hymne künftig auch in mehrheitlich serbisch bewohnten Gemeinden angenommen werden. In jenen Dörfern und Städten, deren Bewohner nun mit dem Versprechen weitgehender Selbstverwaltung für die Idee des neuen Kosovo gewonnen werden sollen. In Metochien aber, im Land der Kirchen und Klöster südlich des Ibarflusses, das serbienweit als Wiege frühmittelalterlicher Blüte verehrt wird, ist der Exodus der orthodoxen Bevölkerung bereits fortgeschritten. Dutzendweise packen die Dörfler in ihren schlichten Bauernhäusern dort jetzt die Koffer und verkaufen Haus und Grund – nicht selten zu stattlichen Preisen an Angehörige der albanischen Minderheit, die aus dem Südwesten Serbiens, dem Preševotal vor allem, übersiedeln. Es ist eine lautlose ethnische Flurbereinigung im Nachgang zum Krieg.

Ein paar Bastionen werden bleiben, nichtsdestotrotz. Hinter den ehrwürdigen Mauern des Klosters von Dečani im Westen etwa wird das Erbe der serbischen Vorväter seit dem 14. Jahrhundert in Ehren gehalten. Die Klosterkirche Christus Pankrator mit ihren vollständig erhaltenen Freskenensembles aus dem Mittelalter ist ein Schrein byzantinischer Kunst. Schlag sieben donnerstags öffnet der Abt hier, unter Ikonen aus dem 14. Jahrhundert und flackerndem Kerzenlicht, den Deckel zum Sarg von König Stefan Uroš III. Der Herrscher aus der Nemanjiden-Dynastie war Wegbereiter der serbischen Glanzzeit vor der Ankunft der Osmanen auf dem Amselfeld. Feierliche Stille und Weihrauchduft umgeben die Klosterbrüder am Sarg, aus dem, feingliedrig und mit Goldring verziert, unter einer dicken Lage Brokat die Hand des toten Königs ragt. Wenn hier, im Kloster am Fuß des Prokletije-Massivs, der Verfluchten Berge, die Hand von Stefan Uroš III. den Gesetzen der Vergänglichkeit auf wundersame Weise widersteht, kann es dann nicht auch für die Serben der Gegend Zukunft geben? »Wir würden gern Teil der neuen Gesellschaft sein, aber wie sie aussehen soll, das wissen wir nicht«, sagt Vater Sava, der Stellvertreter des Abts, in der Klosterbibliothek, »im Kosovo wird alles über Stammeskanäle gelöst, das Recht zählt nichts.«

Einer, der mit seinem Clan im Westen Kosovos eigene Gesetze schreibt, ist Ramush Haradinaj, der Bauernsohn aus dem nahen Dorf Glodjane. Vom Türsteher in einem Schweizer Nachtclub hat er sich zum UÇK-Kommandanten im Krieg gegen die Serben hochgearbeitet und schließlich zum Ministerpräsidenten des Kosovo, ehe er vors Kriegsverbrechergericht in Den Haag zitiert wurde. Die Anklage lautete auf Verbrechen gegen die Menschlichkeit in siebenunddreißig Fällen, darunter Mord, Verschleppung und Folter im Kriegsjahr 1998. Haradinaj wurde freigesprochen im April 2008, aus Mangel an Beweisen. Wesentliche Belastungszeugen waren noch vor Verhandlungsbeginn abgesprungen oder plötzlich aus dem Leben geschieden. Im Kloster Dečani konnten die Mönche Minuten nach der Urteilsverkündung Pistolenschüsse und Triumphgeheul der Albaner im Stadtkern hören – die Jugend feierte, was ihr als Sieg der Gerechtigkeit erschien, als verdientes Urteil für einen Helden des Befreiungskampfs.

In Wahrheit war der Richterspruch von Den Haag die logische Folge vorhergehender, beispielloser Kumpanei internationaler Kosovo-Verwalter mit einem Mann, der nach Aktenlage schon früher die Gerichte hätte beschäftigen müssen. In einem Bericht des Bundesnachrichtendiensts (BND) von 2005 heißt es über Haradinaj und seine Clique, sie betätige sich »im gesamten Spektrum krimineller, politischer und militärischer Aktivitäten, die die Sicherheitsverhältnisse im gesamten Kosovo erheblich beeinflussen. Die Gruppe zählt rund hundert Mitglieder und betätigt sich im Drogen- und Waffenschmuggel und im illegalen Handel mit zollpflichtigen Waren.«

Kannte Joachim Rücker, ranghöchster Vertreter der Vereinten Nationen im Kosovo, den BND-Bericht? Kannte er die Anklageschrift des Kriegsverbrechertribunals, als er sich entschloss, Haradinaj vor dessen Abflug nach Den Haag persönlich das Geleit zu geben? Rücker windet sich bei dieser Frage, er habe, sagt er, nur »ausgewählte Dossiers« zu sehen bekommen; außerdem gehöre es zum normalen Geschäft, einen Spitzenpolitiker, einen der für Stabilität im Kosovo bürgt, zu verabschieden, »bevor er sich auf eine längere Reise begibt«.

Rückers Amtsvorgänger, der Däne Søren Jessen-Petersen, schickte dem »engen Partner und Freund« Haradinaj sogar noch tränenreiche Dankesworte hinterher. Und die Amerikaner hatten ihrer Zuneigung zum Waffengenossen aus Kriegstagen schon früher Ausdruck verliehen: Nach einer Schießerei, in der es einem Bericht des UN-Nachrichtendiensts CIU (Central Intelligence Unit) zufolge um Revierstreitigkeiten im Drogenhandel ging, wurde der verletzte Haradinaj auf einen US-Militärstützpunkt ausgeflogen und so möglicher Strafverfolgung entzogen. Der UNMIK-Vize Steven Schook, immerhin US-Brigadegeneral a. D. und Ex-Stabschef der Nato-Truppen im Kosovo, setzte auf offener Bühne in Priština als Haradinajs Zechkumpan zusätzliche Signale – warum hätten Zeugen noch gegen einen Mann aussagen sollen, der so augenfällig unter höchstem Schutz stand?

Die Uno-Chefanklägerin Carla Del Ponte immerhin nennt den Angeklagten bei seiner Ankunft in Den Haag einen »Gangster in

Uniform« – ein mutiger, wiewohl sinnloser Akt, weil ohne juristischen Belang. Kaum freigesprochen, mischt Haradinaj wieder munter mit in den politischen Zirkeln und Nachtclubs von Priština. Und zieht als Vorsitzender der Oppositionspartei AAK (»Allianz für die Zukunft des Kosovo«) Fäden beim Kampf gegen seine alten Kampfgenossen aus UÇK-Kommandeurszeiten: Ministerpräsident Hashim Thaçi und Ex-Premier Agim Çeku. Auf dem Spiel steht nun die Verteilung der Kriegsbeute. Millionenschwere Immobilien im Kosovo und an der albanischen Küste, in Monte Carlo und Dubai habe sich Haradinaj unter den Nagel gerissen, klagt im Juli 2009 kein Geringerer als der kosovarische Vize-Transportminister in einem Offenen Brief. »Im Namen des Kriegs« habe sich der einstige UÇK-Held um Immobilien, Land und Tankstellen bereichert. Verdacht auf Waffenschmuggel durch den Norden Kosovos bestehe zudem. Haradinaj hat die Anschuldigungen nicht kommentiert.

Inzwischen geht es für ihn, unter den Augen der internationalen Verwalter, um noch größere Geschäfte. Die Privatisierung von staatlichem und zu jugoslawischer Zeit vergesellschaftetem Eigentum steht an. Haradinaj hat sich dafür wieder mit seinem alten Gefährten Schook zusammengespannt, dem Ex-UNMIK-Vize, dessen Vertrag 2007, wie es offiziell hieß, »nicht verlängert« wurde – nachdem Uno-Fahnder gegen ihn ermittelt hatten. Nun ist Schook zurück in Priština, verblüfft abends die Gäste im »Amadeus«, wenn er samt Leibwächtern wie ein Cowboy in den Saloon schreitet, und wartet auf seine Chance beim bevorstehenden Bonanza auf dem Amselfeld.

Als Jackpot gilt der seit langem geplante Bau des 3,5 Milliarden Euro teuren Braunkohlekraftwerks »Kosovo C«. Trotz bislang mehr als einer Milliarde Euro an Investitionen ins Netz, der Großteil davon mit EU-Geldern bestritten, bricht die tägliche Stromversorgung im Kosovo noch immer zusammen. Um den Kraftwerksneubau rangeln vier Konsortien. Die Deutschen sind durch die Energiemultis RWE und EnBW vertreten, die Italiener durch Enel und die Amerikaner im Mischkonsortium CEZ/AES.

Als Berater beim Mitbieter AES fungiert dabei, ausgerechnet, der

Ex-Diplomat William Walker. Der Mann, der bereits eine Schlüssel-
rolle spielte in den Tagen vor dem Eingreifen der Nato in den Kosovokrieg. Für die Albaner ist Walker seither ein Volksheld, verewigt
sogar auf einer eigenen Briefmarke. Als er am 17. Februar 2008, dem
Tag der Unabhängigkeitserklärung, im Grand Hotel von Priština entdeckt und mit Sprechchören gefeiert wird wie der Vater der jungen
Republik, sagt Walker trocken: »Ein bisschen spät, das Ganze; das
hätte 1999 passieren sollen.«

Damals, als alles anfing, am 16. Januar 1999, wird William Walker
zu einem Hohlweg am Rand des Dorfes Račak geführt. Erbitterte
Kämpfe von Miloševićs Armee- und Polizeieinheiten gegen Rebellen
der UÇK, aber auch brutale Übergriffe gegen albanische Zivilisten
sind zu dieser Zeit an der Tagesordnung. Die Amerikaner drängen
bei ihren Verbündeten seit Monaten auf einen Militärschlag. Und
nun liegen da plötzlich, am Rand eines Dorfes aufgereiht, fünfundvierzig Leichen.

William Walker, ein in heiklen Mittelamerika-Missionen gestähl-
ter Haudegen der US-Diplomatie, dient im Kosovo als OSZE-Chef-
beobachter. Und er sagt vor einem Tross Journalisten, die er zum
Tatort mitgebracht hat, über den verstümmelten Körpern der Albaner dann Sätze, die um die Welt gehen: Dies sei das schrecklichste
Massaker, das er jemals gesehen habe, es handle sich nach seinem
Eindruck um die Hinrichtung von Zivilisten.

An dieser Version der Ereignisse sind massive, bis heute nicht
verstummte Zweifel geäußert worden – von französischen Journalisten, die zeitiger am Ort waren, von finnischen Forensikern und US-
kritischen Geistern, nicht nur in Belgrad. Die Wahrheit über Račak
kam nie letztgültig ans Licht, die Folgen des Leichenfunds hingegen
sind weitgehend unstrittig: Die Weichen für den Nato-Krieg wurden
an diesem Tag gestellt.

Nach Walkers Auftritt in Račak geht alles ganz schnell. Im US-
Außenministerium, das die albanischen Guerilleros von der UÇK
noch Anfang 1998 als »terroristische Organisation« führt, werden
nun die Hebel endgültig umgelegt – zugunsten offener Parteinahme
für die »Befreiungskämpfer«. Der von Washington seit längerem

angestrebten neuen Nato-Doktrin, die Militäreinsätze außerhalb des Bündnisgebiets auch ohne Mandat des UN-Sicherheitsrats vorsieht, eröffnet sich nun eine Probebühne – Kosovo.

Zwei Verhandlungsrunden auf französischem Boden werden Albanern und Serben noch angeboten. Die dabei formulierten Bedingungen an Belgrad kommen einer Aufforderung zur politischen Selbstentleibung an Slobodan Milošević gleich. Das bringt den Drehbuchschreibern im US-Außenministerium zwar einen Ordnungsruf von Amtsvorgänger Henry Kissinger ein, aber am Ende auch ein Alibi, um loszuschlagen: Belgrad weigert sich, das sogenannte Kommuniqué von Rambouillet zu unterzeichnen. Sechs Tage später fällt die erste Nato-Bombe.

»Um eine Fehlentscheidung von General Eisenhower aus dem Zweiten Weltkrieg zu revidieren«, die Preisgabe des Westbalkans also, sei dieser Krieg gegen Jugoslawien geführt worden – so die rückwirkende Begründung führender amerikanischer Politiker für den Militärschlag, sagt Willy Wimmer, lang gedienter CDU-Bundestagsabgeordneter und Staatssekretär im Verteidigungsministerium. In Anwesenheit der republikanischen Hardliner Richard Perle, Daniel Fried, John Bolton und Ex-Nato-Botschafter William Taft sei dies auf einer Konferenz in Bratislava im Mai 2000 unverblümt zum Ausdruck gebracht worden.

In einem Offenen Brief an Bundeskanzler Gerhard Schröder hat Ex-Staatssekretär Wimmer damals seiner Sorge Ausdruck verliehen, die USA seien offensichtlich bereit, »zur Durchsetzung ihrer Ziele« die als Ergebnis von zwei Weltkriegen entwickelte internationale Rechtsordnung auszuhebeln: »Als eine ähnliche Entwicklung den Völkerbund traf, war der Zweite Weltkrieg nicht mehr fern.«

Vom ersten Luftangriff bis zur Unabhängigkeit Kosovos dauert es dann keine neun Jahre mehr. Die Amerikaner lassen, kaum haben sie auf dem Amselfeld ihren größten ausländischen Militärstützpunkt seit dem Vietnamkrieg aufgebaut, wenig Zweifel daran aufkommen, dass Serben in dieser Gegend, Völkerrecht hin oder her, künftig nichts mehr zu bestellen haben werden. Und die US-Verbündeten? Haben lange keine hörbare Meinung zum völkerrechtlichen

Status der Provinz, und irgendwann keine Wahl mehr. Javier Solana, während der Militärintervention Nato-Generalsekretär und seither EU-Chefdiplomat, fällt seiner Neigung gehorchend den atlantischen Alliierten lieber um den Hals als in den Arm.

Nach den März-Pogromen 2004 gegen serbische Siedler und ihre Kulturgüter, aber auch gegen Roma und andersdenkende Albaner wächst der Druck – nicht auf die Randalierer und ihre geistigen Anstifter, sondern auf die internationalen Gremien. Eine Lösung soll nun endlich her in der Statusfrage, eine »überwachte Unabhängigkeit« fürs Kosovo wird zur Option. Die zweifelhafte Ehre, den Plan zu Papier zu bringen, fällt dem späteren Friedensnobelpreisträger Martti Ahtisaari zu.

Kaum liegt der Plan des Finnen vor, lässt sich im April 2007 der stellvertretende US-Außenminister Nicholas Burns vernehmen, ein Uno-Sicherheitsratsbeschluss sei zur Anerkennung eines unabhängigen Kosovo nicht nötig. Zwei Monate später beklagt US-Präsident George W. Bush in Tirana unter dem Jubel seiner Zuhörer den »endlosen Dialog« über die Zukunft des Kosovo und verkündet: »Unabhängigkeit ist das Ziel.« Bushs Unterhändler Frank Wisner, Sohn der CIA-Legende gleichen Namens, darf danach noch an symbolischen Schlichtungsversuchen gemeinsam mit Vertretern Russlands und der EU teilnehmen. Am 17. Februar 2008 schließlich ruft Premier Hashim Thaçi einseitig die Republik aus.

Thaçi, Ex-UÇK-Kommandant unter dem Kampfnamen »Schlange«, gilt seit den ersten Verhandlungen in Rambouillet als verlässlichster Ansprechpartner der Amerikaner. Er, der von sich sagt, er sei stolz darauf, Premier des pro-amerikanischsten Lands der Welt zu sein, erledigt dienstliche Anweisungen, die ihn regelmäßig aus der US-Botschaft erreichen, ohne das geringste Anzeichen von Kränkung.

»Maximale Unterwerfung« bescheinigen Intellektuelle in Priština dem Warlord von einst – Thaçis Auftreten erinnert sie ans späte 19. Jahrhundert, an den Tonfall, in dem die Albaner damals per Ansuchen beim »gnädigen Sultan« so höflich wie vergeblich Autonomie erbaten.

Thaçis Anschmiegsamkeit auf der politischen Bühne steht in erheblichem Kontrast zu dem Bild, das in einem BND-Bericht aus dem Jahr 2005 von ihm entworfen wird: Schon 1999, zum Zeitpunkt der Friedensverhandlungen in Rambouillet, habe der Albanerführer »ein im gesamten Kosovo aktives kriminelles Netzwerk« kontrolliert. Er sei außerdem als Auftraggeber eines »Profikillers« in Erscheinung getreten. Von Thaçi selbst ist zu solchen Vorwürfen keine Stellungnahme zu erhalten. Der Premier ist beschäftigt. Er muss regieren, um Anerkennung in der Restwelt werben und sich nebenher noch um seine Partei PDK (Demokratische Partei des Kosovo) kümmern, die er mit Hilfe der SPD-nahen Friedrich-Ebert-Stiftung im linken Parteienspektrum verankert hat. Den BND hindert das nicht, Thaçi weiter im Auge zu behalten. Drei vorübergehend verhaftete Nachrichtendienstler in Priština, die 2008 öffentlich vorgeführt wurden, hatten dem Vernehmen nach den Auftrag, die deutsche Datensammlung über Kosovos Regierungschef zu erweitern.

Interesse daran hätte Berlin: Solange angenommen werden muss, dass im Kosovo »hinter jeder politischen Partei eine Unternehmensstruktur des organisierten Verbrechens und der Korruption existiert«, wie es in einem Bericht von Uno-Experten für Kriminalitätsbekämpfung heißt, bleibt das für kein Nachbarland folgenlos. Zuallerletzt für Deutschland, wo zwischen 200 000 und 300 000 Kosovoalbaner dauerhaft leben.

40 Prozent des Heroinhandels in Westeuropa, heißt es bei Europol, würden von albanischstämmigen Gruppen kontrolliert. Die UÇK selbst hat nach Schätzungen des United States Institute of Peace ihren Kampf in den Neunzigern beinahe zur Hälfte durch Drogenhandel finanziert. Inzwischen sind ihre Führer an den Schalthebeln der politischen Macht angelangt. In einem Fachaufsatz der *Südosteuropa-Mitteilungen* von 2008 wird eine verheerende Bilanz gezogen: »Kosovo ist nach Erkenntnissen von Strafverfolgungsbehörden die wichtigste Depotdestination für Opiate und Heroin aus Afghanistan. So sollen bis zu vier oder gar fünf Tonnen Heroin monatlich über die Grenzen des Kosovo gehandelt werden. In die Staaten der EU gelangt dann das Suchtgift über albanische Verteilerringe.«

Dass die zentrale Balkanroute für den Rauschgiftschmuggel seit 1999 direkt unter den Augen der Weltpolizei verläuft, sorgt bei den Hauptgeldgebern des Kosovoeinsatzes, den EU-Staaten, bisher nur vereinzelt für lautstarken Protest. In einer Anfrage des italienischen EU-Abgeordneten Roberto Fiore vom November 2008 heißt es immerhin:»Im Umkreis von dreißig Kilometern von der amerikanischen Militärbasis Bondsteel befinden sich drei Labors, in denen Drogen hergestellt werden und die Rohware verfeinert wird.« Wie die minimalen Fahndungserfolge zu erklären seien? Karg antwortet darauf der EU-Erweiterungskommissar Olli Rehn: Der Drogenhandel sei in der Tat ein »schwerwiegendes Problem«, dem weiter entschlossen begegnet werden müsse.

»Wir kämpfen hier gewissermaßen mit Holzschwertern gegen einen hochgerüsteten Gegner«, sagt ein deutscher Sonderermittler von der Uno-Abteilung Organisierte Kriminalität. Gestrandet in einem Büro-Blechcontainer, wenige Tage vor der Rückkehr in die Heimat, trägt er im Gesicht wie Grauschleier den Zweifel am Sinn dieses Auftrags:»Als erste Einheimische in die Kosovo-Polizei aufgenommen wurden, haben wir mit einem Schlag kein Gramm Heroin mehr gefunden. Unsere verdeckten Ermittler und Informanten sind abgesprungen.« Länder- und Geschlechterproporz bei den UN täten ein Übriges:»Wenn du in dieser Gegend ermitteln willst und tauchst dann mit strohblonden Nordeuropäern auf, eine flotte Schwedin mittendrin, dann kannst du genauso gut vorher einen Leuchtturm aufstellen.«

Es ist dies das alte Lied, das sie überall dort singen, wo Friedensstifter aus aller Welt zum Out-of-Area-Einsatz angerollt sind: Gut gemeint allein genügt nicht. Es ist, im Kern, auch das Dilemma der gesamten deutschen Kosovopolitik. Sie bedient Reflexe des Wahlvolks und schert sich wenig um den Ertrag. Wenn Rudolf Scharping – wahrheitswidrig, wie sich später herausstellt – 1999 behauptet, albanischen »schwangeren Frauen wurden nach ihrer Ermordung die Bäuche aufgeschlitzt und die Föten gegrillt«: Wer wollte da nein sagen zum Einsatz der Bundeswehr? Was aber, wenn dann, wie 2004 geschehen, die Truppen Berlins beiseitestehen während albanischer

Pogrome und als »Hasen vom Amselfeld« verspottet werden – Grund genug, sie schnell und kostensparend wieder abzuziehen? Nein, die Truppen bleiben, sie weichen nicht und wachen nun hinter cool verspiegelten Sonnenbrillen über den Wiederaufbau des vor ihren Augen niedergebrannten Erzengelklosters von Prizren.

Deutschland, zurück auf der politischen Weltbühne seit 1999, duckt sich in den Schatten des großen amerikanischen Bruders und versucht wenigstens dort mit den Muskeln zu spielen. Dabei fallen Ämter ab, an der Spitze von UNMIK, Kfor oder EU-Polizei. Es fallen auch Aufträge ab, für deutsche Großunternehmen. Aber es fällt, und das ist das Schlimmste, vor allem reichlich Spott und Tadel ab bei jenen jungen Kosovaren, die es ursprünglich ernst gemeint haben mit der Freiheit, der Demokratie und dem Glauben an Europa.

Avni Zogiani ist so einer, ein hagerer Bursche mit Brille, der als Vorsitzender der Vereinigung »ÇOHU« – »Wach auf« – kosovarische Kriminelle wie ihre internationalen Steigbügelhalter unerbittlich an die Öffentlichkeit zerrt. Über die Deutschen und andere Missionare im Kosovo sagt er: »Sie machen hier ihre eigenen Gesetze. Sie führen sich auf, als gehörte ihnen dieses Land. Sie haben alle Macht, doch was tun sie? Beschuldigen vor allem uns der Kriminalität und Korruption. Kosovo, das ist ein Scherz der Weltgemeinschaft.«

Zogiani und seine Mitstreiter kämpfen, unter Gefahr für Leib und Leben, mit anderen gleichsinnten Kosovaren für Veränderung in ihrem Land. Einem Land, in dem als Spätfolge der Milošević-Diktatur 20 Prozent der Bewohner Analphabeten sind, nicht einmal jeder zehnte Bewohner über den minimalen Schulabschluss verfügt und der meistgenannte Berufswunsch von Kindern einer Studie zu- folge »Mafia-Boss« lautet. Zogiani und die anderen aber treten ein für Bürgersinn, politische Teilhabe, öffentliche Kontrolle. Deshalb flöhen sie Akten, erstellen Dossiers und fallen der schweigenden Mehrheit im Land auf die Nerven.

Wie kann es sein, fragen sie, dass der amtierende Generalstaats- anwalt des Jahres 2009 in jugoslawischer Zeit junge Männer zu zehn Jahren Haft und mehr verurteilt hat, nur weil sie »Republik Kosovo« an eine Wand sprühten? Wie kann es sein, dass der Gouverneur der

Nationalbank dazu schweigt, wenn zwei seiner Söhne nach Schießereien in Haft sind und ihre Mutter dazu – weil sie den Sprösslingen Drogen in den Knast bringen wollte? Und warum haben US-Senatoren, die in Priština vom Vorsitzenden des Parlamentsausschusses für Sicherheit empfangen werden, keine Ahnung davon, dass gegen ihren Gastgeber eine Mordanklage anhängig ist?

Das Wesen der Demokratie, sagt der gestrenge Avni Zogiani und nippt an seinem Espresso, sei im Kosovo gleich zu Anfang von Demokratiebotschaftern aus dem Westen verraten worden. »Sie haben mit Kriminellen zusammengearbeitet, mit dem Teufel paktiert.« Die frühe Festlegung auf den UÇK-Veteranen Hashim Thaçi als die Stimme aller Kosovoalbaner sei aus Sicht der westlichen Kolonialverwalter so logisch wie zynisch: »Demokratie, das hieße ja, du bekommst es mit mindestens sieben Leuten und sieben verschiedenen Meinungen zu tun. Sie haben sich anders entschieden und gesagt – dann lieber einen, und zwar einen, der spurt.«

Die Lage sei düster, sagt einer von Zogianis Freunden zum Abschied, aber nicht so düster, dass allen Kosovaren gleich die Lust am Spott verginge. Die neueste Prognose in den Cafés von Priština laute: »Fürs Kosovo kommt es demnächst noch schlimmer. Durch den Klimawandel. Nauru, Palau und die Malediven werden verschwinden. Das macht drei Länder weniger, die offiziell anerkannt haben, dass es uns als Republik überhaupt gibt.«

5
Bosnische Tragödien

Niemand hat so drastisch den ewigen Fluch beschrieben, der auf seiner Heimat Bosnien und Herzegowina zu lasten scheint, wie der jugoslawische Literaturnobelpreisträger Ivo Andrić, zum Serbentum übergewechselter Sohn eines kroatischen Handwerkers:»Bosnien ist das Land der Angst, das Land des Hasses«, heißt es in einer Erzählung des aus Travnik stammenden Schriftstellers aus der Zeit nach dem Ersten Weltkrieg. Ein Hass, der zwischen den vier verschiedenen Konfessionen dieser Vielvölkerregion in der Mitte des Balkans – Muslimen, orthodoxen Serben, katholischen Kroaten und den sephardischen Juden von Sarajevo – Instrument sei des Vernichtungswillens und des Selbstvernichtungstriebs. Der wie Krebs in einem Organismus alles um sich herum zerstöre. Nirgendwo gebe es »mehr Menschen, die aus verschiedenen Motiven und mit den verschiedensten Ausreden in den Ausbrüchen dieses unbewussten Hasses bereit sind, zu töten und sich töten zu lassen«.

Was für ein beklemmendes Urteil. Ivo Andrić, Ende der dreißiger Jahre Gesandter des Königreichs Jugoslawien in Hitlers Berlin, wusste nur zu genau, welche Katastrophen Hass auszulösen vermag. Als Student gehörte er jener revolutionär-nationalistischen Jugendbewegung »Mlada Bosna« (»Junges Bosnien«) an, deren Hass auf die Herrschaft der österreichisch-ungarischen Doppelmonarchie einen Brand entzündete, der als Feuersturm vom Balkan auf ganz Europa übergriff und die Mächteordnung der Alten Welt zerstörte. Am 28. Juni 1914, dem St. Veitstag und Schicksalsdatum der Serben, erschoss in Sarajevo der serbische Gymnasiast Gavrilo Princip den österreichischen Thronfolger Franz Ferdinand samt Gemahlin Sophie und löste damit den Ersten Weltkrieg aus.

Der achtzehn Jahre alte Attentäter gehörte wie Andrić dem Verschwörertrupp »Junges Bosnien« an, einem Ableger der von serbischen Offizieren organisierten Terroristenvereinigung »Schwarze Hand«. Princip wurde zu zwanzig Jahren Zwangsarbeit verurteilt und starb 1918 in der Festung Theresienstadt. Andrić kostete sein subversives Engagement nur mehrere Monate Haft. Darüber redete der Feingeist nicht gern, besuchte man ihn Anfang der siebziger Jahre in seiner großbürgerlichen Etagenwohnung an der Belgrader Straße Proleterskih Brigada. Auch vom »grässlichen Fatalismus der Geschichte« in seiner Heimat, der seine wichtigsten Werke galten, wollte der Schriftsteller nicht mehr viel erzählen. Denn dort hatte während des Zweiten Weltkriegs nach der Annexion Bosniens durch das kroatische Ustascha-Regime der Hass sich erneut ausgetobt an Serben und Muslimen in Massakern von archaischer Grausamkeit.

Und es sollte noch schlimmer kommen. Europa im Hitzesommer des Jahres 1992: Bilder, wie es sie inmitten des Kontinents lange nicht mehr gegeben hat. Der Balkan ist wieder einmal in Aufruhr, nach dem Auseinanderbrechen Jugoslawiens sind die Serben im bosnischen Bürgerkrieg, unterstützt von Belgrads mächtigem Militärapparat, an allen Fronten auf dem Vormarsch. Flüchtlingsströme quälen sich von Engpass zu Engpass, dem Treck gewaltiger Völkerwanderungen gleich. Mehr als zwei Millionen Menschen, überwiegend Muslime, irren durch die Trümmer des zerborstenen Tito-Reichs. Die von den großserbischen Strategen in den eroberten Gebieten forcierten Terroraktionen der »ethnischen Säuberung« lassen die Kolonnen des Elends anschwellen. Auf der Suche nach Rettung vor dem Völkermord gilt für die Fliehenden nur eine Devise: überall hin, aber bloß nicht zurück. Hunderttausende branden auf die Wohlstandsfeste Westeuropa zu. Doch die sucht sich gegen den Ansturm der Entwurzelten abzuschotten. Mit Visa-Sperren, Grenzblockaden, bürokratischen Schikanen und Feilschen um Aufnahmekontingente liefern viele Begüterte des gemeinsamen europäischen Hauses ein beschämendes Beispiel im größten Flüchtlingsdrama seit den Zwangsumsiedlungen nach dem Zweiten Weltkrieg. Nur

Einen Weltenbrand
ausgelöst: Attentat
von Sarajevo (1914)

Deutschland, das mit 400 000 Menschen weitaus mehr Vertriebene aufnimmt als die übrigen EG-Staaten zusammen, sowie Österreich und Ungarn sind da positive Ausnahmen. Vier Jahre dauert die bosnische Tragödie mit monströsen Kriegsverbrechen, am Ende steht eine verheerende Bilanz. Nach Angaben des unabhängigen Forschungs- und Dokumentationszentrums (IDC) in Sarajevo sind nahezu 100 000 Menschen ums Leben gekommen, über zwei Drittel davon Muslime, rund 40 000 der Kriegsopfer waren Zivilisten. Der bosnische Präsident Alija Izetbegović spricht gar von 200 000 Toten – Land der Angst, Land des Hasses.

Schon im Mittelalter hatten religiöse Gegensätze im slawischen Königreich Bosnien zu blutigen Konflikten geführt, zunächst auf Seiten der Christen, zwischen Orthodoxen und Katholiken. Dann flohen aus Mazedonien und Bulgarien die verfolgten Anhänger einer häretischen Sekte, die Bogomilen, in die Bergwelt hinter der

Adriaküste. Ihre antifeudale und antihierarchische Kirche fand viele Anhänger. Seine größte Ausdehnung und Macht erreichte der bosnische Staat Ende des 14. Jahrhunderts unter dem Ban Stjepan Tvrtko I., der sich am Grab des serbischen Nationalheiligen Sava im orthodoxen Kloser Mileševa zum »König der Serben und von ganz Bosnien« krönen ließ. Zu seinem kurzlebigen Reich gehörten auch Slawonien sowie Teile Serbiens, Dalmatiens und das heutige Montenegro. Tvrtkos Ritter hielten 1389 mit am längsten stand bei der Schlacht auf dem Amselfeld, die den Vormarsch der Osmanen auf dem Balkan nicht zu stoppen vermochte. Ein halbes Jahrhundert danach war auch Bosnien von den Türken unterworfen, die Bogomilen liefen kampflos über und ließen sich islamisieren; Bosniens letzter König Stjepan Tomašević wurde am Fuße seiner Burg in Jajce enthauptet.

Die religiösen Konvertiten erhielten von den Osmanen sämtliche Privilegien. Sie gebärdeten sich bald türkischer als die Türken selbst. Die Christen genossen zwar Religionsfreiheit, hatten aber als leibeigene *rajah* keinerlei Rechte und wurden mit hohen Abgaben sowie einer »Schutzsteuer« belegt. Aus dieser Zeit rührt der tiefe Hass von Orthodoxen und Katholiken auf die Oberschicht der bosnischen Muslime. Deren Großgrundbesitzer, die Begs, prassten in den Städten und pressten während der vierhundert Jahre dauernden osmanischen Herrschaft neben dem Tribut für den Sultan brutal das Letzte aus den rechtlosen Bauern heraus, schlugen die Aufstände ihrer slawischen Brüder nieder. Dabei bedienten sie sich der besonders grausamen Janitscharen, einer Elitetruppe, die sich zunächst auf christliche Kriegsgefangene stützte, dann aber aus zum Islam bekehrten Jungen aufgefüllt wurde, die als Opfer der »Knabenlese« ein Blutzoll der Balkanvölker an die »Hohe Pforte« waren. Einige dieser »Auserwählten« brachten es am Hofe der Osmanen zu höchsten Positionen. So der aus einem ostbosnischen Bergdorf bei Višegrad stammende Mehmed Pascha Sokoli, Großwesir und Schwiegersohn des Sultans. Gegen Ende seines Lebens machte er der Heimat ein Geschenk mit dem Bau einer Brücke über die Drina, die auch ein Monument dafür sein sollte, dass die beiden verfeindeten Kulturen hier zueinander finden. Das Schicksal dieser Brücke schildert Ivo Andrić in seinem bekanntesten Roman *Die Brücke über die Drina*.

Über die Jahrhunderte entwickelten sich die islamisierten Slawen als »Bosniaken« zu einer eigenständigen ethnischen Gruppe und gaben dem Land mit Pluderhosen und Fes, mit Moscheen und Karawansereien, mit den Ess- wie Trinkgewohnheiten ein zunehmend orientalisches Gepräge. Doch zugleich beherbergte dieses Bosnien eine der tolerantesten Gesellschaften Europas. Sarajevo nahm geflüchtete Juden aus Spanien auf. Sie hatten die gleichen Rechte wie Christen, durften auch Immobilien besitzen. Nie gab es Ghettos in Bosnien. Die Muslime in dieser großen türkischen Verwaltungsprovinz, dem »bosnischen Pašaluk«, wohnten meist in den Städten, die Christen überwiegend auf dem Land. Daran änderte sich auch nicht sonderlich viel, als Bosnien-Herzegowina mit dem Zerfall der osmanischen Herrschaft auf dem Balkan durch das Verdikt des Berliner Kongresses 1878 unter das Protektorat Habsburgs kam und von der Doppelmonarchie 1908 offiziell annektiert wurde. Das Kaiserreich, seinerzeit der fortschrittlichste multiethnische und multikulturelle Staat Europas, hatte sich damit eine zusätzliche Last aufgebürdet, unter der es schließlich kollabierte. Vier Jahrzehnte nach dem Berliner Kongress erfüllte sich somit die Prophezeiung des russischen Delegierten, Fürst Alexander Gortschakow, dass Österreich-Ungarn »in Bosnien sein Grab finden wird«. Nach dem Weltenbrand wurde bei der geopolitischen Neuordnung Europas Bosnien-Herzegowina Teil des von Belgrad bevormundeten »Königreichs der Serben, Kroaten und Slowenen«, wobei den Muslimen der Rang eines »konstitutiven Faktors« verwehrt blieb, der ihnen die Gleichheit mit ihren serbischen und kroatischen Nachbarn verschafft hätte. Die waren sich im Prinzip bereits 1939 über die Aufteilung des Landes einig. Erst im föderativen Jugoslawien des kommunistischen Marschalls Tito, dessen Partisanen während des Zweiten Weltkriegs in Bosnien wichtige Stützpunkte besaßen und die Deutschen schon Ende 1943 von dort weitgehend vertrieben, wurden die Muslime zu einer der drei Völkerschaften der Teilrepublik aufgewertet, später sogar mit dem Status einer eigenständigen Nation. Bosnien mit seinen Rohstoffvorkommen war das industrielle Prunkstück des Selbstverwaltungssozialismus, vollgestopft mit Rüstungsbetrieben und militärischen Depots; und in seiner innenpolitischen Orientierung war es stets dogmatisch-repressiv. Ansätze von Opposition bei Studenten und Intellektuellen wurden harsch unterbunden. Nie wehte ein liberaler Frühlingshauch durch dieses Land. Seine 4,3 Millionen Einwohner ließen sich 1991 in einer Volkszählung zu 43 Prozent als Muslime, zu knapp 32 Prozent als Serben, zu 18 Prozent als Kroaten und der Rest als »Jugoslawen« registrieren. Die Dreivölkerrepublik war ein Jugoslawien im Kleinen. Die gewalttätige Auflösung des großen Staatsverbands wegen der ethnonationalistischen Gegensätze musste deshalb in der Teilrepublik mit ihren überwiegend gemischten Siedlungsgebieten zu den gleichen Fehden führen. »Wenn Serbien und Kroatien sich trennen«, so warnte Milovan Djilas Anfang 1991, »dann wird das eigentliche Schlachtfeld Bosnien sein.« Genauso sollte es dann kommen. Dass diese Trennung auf Kosten Bosniens indessen zwischen zwei der Hauptakteure in den jugoslawischen Erbfolgekriegen längst verabredet war, wusste seinerzeit kaum jemand. Und auch nicht, dass für die großkroatischen wie großserbischen Ambitionen die jeweiligen Landsleute in der todgeweihten Teilrepublik rücksichtslos geopfert werden sollten.

Am 25. März 1991, ein Jahr vor dem vollständigen Auseinanderbrechen des Vielvölkerstaats und noch vor der Abtrennung Sloweniens und Kroatiens, empfing Serbiens Präsident Slobodan Milošević unter höchster Geheimhaltung den kroatischen Präsidenten Franjo Tudjman im Jagdschloss Karadjordjevo bei Belgrad. Ausgerechnet hier hatte zwanzig Jahre zuvor Marschall Tito den »Kroatischen Frühling« politisch beendet. Es war ein schöner Vorfrühlingstag, und die beiden Republiksfürsten verschwanden schnell zu einem Spaziergang im Park. Als sie nach zwei Stunden zurückkamen, habe Tudjman seine Euphorie kaum verbergen können, erinnert sich dessen seinerzeitiger Kabinettschef Hrvoje Sarinić. Auf der Rückreise habe er von der historischen Vereinbarung mit »Slobo« geschwärmt. Kein Wunder, denn Milošević meldete nur Ansprüche auf den Großteil Bosniens an und beteuerte, an den serbischen Gebieten in Kroatien keinerlei Interesse zu haben. Internen Vorhaltungen, solche Absprachen seien ein Betrug an den Muslimen, begegnete Tudjman feurig: »Ich werde ein solches Kroatien schaffen, wie es noch niemals war.« Auch Ante Marković, damals noch jugoslawischer Premier, bestätigte den beabsichtigten Deal. Vor dem Haager Tribunal schilderte er, beide Präsidenten gefragt zu haben, wie sie die Aufteilung Bosniens ohne Blutbad bewerkstelligen wollten. Tudjman habe geantwortet: »Bosnien wird augenblicklich fallen.« Und Milošević habe abgewiegelt: »Wir werden den Muslimen eine Enklave zugestehen.« Beide Staatschefs treffen sich auch in der Folgezeit mehrmals heimlich, um den Fortgang ihres Projekts zu besprechen. Parallel dazu kommen der bosnische Kroatenführer Mate Boban und Bosniens Serbenchef Radovan Karadžić einige Male im österreichischen Graz zusammen; Karadžić spricht schon mal gern davon, die Muslime gemeinsam »ins Meer zu werfen«.

An diesen Kontakten ändert weder der Krieg Kroatiens gegen die von Serbien dirigierte jugoslawische Armee etwas noch die Zerstörung der kroatischen Stadt Vukovar. Dies seien »periphere Episoden« gewesen im Hinblick auf das, was Tudjman in Bosnien erhalten sollte, vermutet Marković: »Menschen starben, Dörfer fielen – all das sollte mit der Teilung Bosniens kompensiert werden.« Westlichen Diplomaten gegenüber betont Tudjman recht bald, dass Bosnien seine Bewährungsprobe als Staat nicht bestanden habe. Aufgebracht weist er während des Kampfes um die Rückeroberung der von serbischen Freischärlern besetzten Gebiete im Hinterland Dalmatiens Anfang 1993 Gerüchte über ein heimliches Zusammenspiel, gar ein Geheimabkommen zwischen Zagreb und Belgrad zurück. Es habe lediglich Gespräche mit dem Ziel gegeben, einen Kriegsausbruch zu verhindern, beteuert der Präsident bei einem Interview in der einstigen Tito-Villa Zagorje und behauptet: »Nur unserem Beistand hat Bosnien zu verdanken, dass es nicht einem Großserbien zufiel.«

Was für eine Verlogenheit! Sie agieren alle mit Masken und unter falschen Flaggen, die Politiker des zerberstenden Jugoslawien. Aber das gilt auch für viele Staatsmänner und Sendboten der internationalen Gemeinschaft, die noch mit dem ersten Golfkrieg, den Umbrüchen in Osteuropa wie der Sowjetunion beschäftigt ist und vom Balkankonflikt wenig weiß, schon gar nicht dort intervenieren will mit eigenen Soldaten. Da wird filibustert, geschachert, intrigiert, und man fühlt sich an das böse Wort von Stefan Zweig erinnert, der in seinem Roman *Joseph Fouché* die Diplomaten am Spieltisch der Zeitgeschichte als die »allergefährlichste geistige Rasse unserer Lebenswelt« einstufte, »jene professionellen Hasardeure, diese Künstler der flinken Hände, der leeren Worte und kalten Nerven«.

Schlüsselfigur der Muslime und ihrer »Partei der Demokratischen Aktion« (SDA) ist Alija Izetbegović, ein gelernter Anwalt »von habitueller Entscheidungsunfähigkeit«, wie sich sein Gegenspieler Radovan Karadžić gern mokiert. Während des Zweiten Weltkriegs hatte sich Izetbegović, der Sohn eines Buchhalters in Sarajevo, bei den antikommunistischen »Jungen Muslimen« engagiert und war im neuen Jugoslawien Titos drei Jahre ins Gefängnis gesperrt worden. Auch bei den Erben des Marschalls geriet er in Misskredit wegen des von ihm verfassten Manifests *Die islamische Deklaration*. Eigenem Bekunden nach war dies ein Versuch, die Prinzipien des Islam mit den Werten der westlichen Zivilisation zu verbinden. Allerdings finden sich in dem umstrittenen Text auch Sätze wie: »Es kann keinen Frieden oder eine Koexistenz geben zwischen dem islamischen Glauben und unislamischen sozialen und politischen Institutionen.« Izetbegović wurde als Achtundfünfzigjähriger in einem politischen Schauprozess 1983 unter dem Vorwurf islamistischer Verschwörung zu vierzehn Jahren Gefängnis verurteilt. Fünf davon saß er in einem der übelsten Kerker in Foča ab. Die ersten freien Wahlen in Bosnien-Herzegowina im November 1990 verschaffen der stärksten Volksgruppe der Muslime dann mit ihrer »Partei der Demokratischen Aktion« einen klaren Sieg. Ihr Chef Izetbegović wird nach Proklamation der Unabhängigkeit im März 1992 Vorsitzender des kollektiven Staatspräsidiums. Die bosnischen Serben lehnen diese Abspaltung von Jugoslawien strikt ab. Sie fürchten, so redet es ihnen auch ihr Belgrader Schutzherr Milošević ein, über Nacht »zu zweitklassigen Bürgern irgendeines islamischen Gottesstaats gemacht zu werden«. Gegen die vermeintliche »Scharia-Hegemonie« starten sie den Bürgerkrieg und schaffen ihre eigene Srpska Republika, die Serbische Republik. Izetbegović, dessen Großvater mit einer Türkin verheiratet war und in Istanbul lebte, ist politisch unerfahren. Er gilt als misstrauisch, verstockt und rachsüchtig, beschließt Entscheidungen und neigt dann dazu, diese wieder zu revidieren. So die im Februar 1992 getroffene Lissabonner Vereinbarung über eine Kantonalisierung von Bosnien-Herzegowina, die er zwei Wochen später rückgängig macht. Ständig gebe es einen »Eiertanz« um ihn, notiert der EG-Vermittler Lord Davis Owen genervt und nennt ihn »eine der rätselhaftesten aller politischen Persönlichkeiten im früheren Jugoslawien«. Der später für die Amerikaner in das Balkangeschehen eingreifende Diplomat Richard Holbrooke sieht in dem Kriegspräsidenten einen »bemerkenswerten« Menschen, für den nach vier Jahren serbischer Angriffe Politik ein permanenter Kampf geworden sei und der wahrscheinlich nie ernsthaft darüber nachgedacht habe, wie ein Staat in Friedenszeiten zu regieren wäre: »Jede Art Kompromiss, selbst kleine Versöhnungsgesten gegenüber jenen Serben, die den Krieg nicht gewollt hatten und bereit waren, irgendeine Form multiethnischer Gemeinschaft wiederherzustellen, fiel ihm extrem schwer.« Auf den professionellen Beobachter Holbrooke wirken die Augen des Muslimführers »kalt und distanziert, nach so viel Leid schienen sie für die Nöte anderer Menschen vollkommen unempfindlich«. Er sei ein frommer Muslim gewesen, aber kein bosnischer Ajatollah, wie ihn seine Gegner darstellen, schließt Bill Clintons Troubleshooter sein nicht gerade werbendes Psychogramm von Izetbegović: »Er war auch nicht der Demokrat, für den ihn etliche seiner Fürsprecher im Westen hielten. Er erinnerte mich ein wenig an Mao Tse-tung – seine Fähigkeiten als Revolutionär waren umgekehrt proportional zu seinen Fähigkeiten als Regierungschef.« Im Westen und besonders bei den Amerikanern, so ließe sich hinzufügen, verstand es dieser oberste Repräsentant der Muslime äußert geschickt, Sympathien zu wecken, indem er als Vorkämpfer der »Multikulturalität« auftrat.

Unmittelbar nach Ausrufung der Unabhängigkeit durch die muslimisch-kroatische Parlamentsmehrheit schlagen die Serben im

Land der Angst,
Land des Hasses:
Serbenführer
Mladić und
Karadžić

April 1992 los und gehen militärisch in die Offensive, umschließen Sarajevo mit einem Belagerungsring. Bosnien wird der grausamste, der blutigste Krieg im Zuge der Auflösung des jugoslawischen Vielvölkerstaats. An der Spitze der bosnischen Serben stehen mit Radovan Karadžić ein Rassenideologe und Psychiater sowie als sein Exekutor und Schlächter der General Ratko Mladić. Das unscheinbare Bergdorf Pale, nur zwanzig Kilometer von Sarajevo entfernt, wählt Karadžić zu seinem Regierungssitz und beobachtet von dort, wie unter dem Granatenhagel seiner Truppen die Bewohner der Hauptstadt leiden, tagtäglich Dutzende von Zivilisten und Kindern zerfetzt oder zu Krüppeln werden. Dass er neben der Teilung Bosniens auch eine Teilung Sarajevos, notfalls mit einer Mauer mitten durch die Stadt, erzwingen will, geht aus mitgeschnittenen Telefongesprächen hervor, die dem Haager Tribunal vorliegen. Schon ein halbes Jahr vor Kriegsbeginn kündigte Karadžić einem Mitstreiter die Auslöschung der Muslime an: »In ein paar Tagen schon wird es kein Sarajevo mehr geben, sondern 500 000 Tote; innerhalb eines Monats werden alle Muslime in Bosnien-Herzegowina vernichtet sein.« Während der Westen Friedensvermittler ausschickt, brennen die ersten Dörfer im Norden und Osten der jungen Republik. Die Methoden der »ethnischen Säuberungen« sind überall die gleichen: Erst tauchen Freischärler auf, wie etwa die »Tiger« des Kriminellen Željko Raznatović, genannt Arkan, eines Mörders mit Heldenstatus in Belgrad. Sie töten mit viehischer Brutalität Muslime und Kroaten, der Rest der nichtserbischen Bewohner flieht in Panik. Weichen sie nicht, werden die überwiegend von Muslimen besiedelten Orte ausgeräuchert, nur die mit Kreuzen gekennzeichneten serbischen Häuser verschont. Es kommt zu ersten Massakern an Muslimen, verübt von Todesschwadronen und »Wochenendkriegern« aus Serbien. Massenmorde und unzählige Vergewaltigungen werden gemeldet aus Foča, Višegrad, Bratunac, Zvornik. Flüchtlinge berichten von serbischen Konzentrationslagern, in die Tausende gepfercht werden. Panzer und Flugzeuge der regulären Bundesarmee, die sich offiziell nach Rest-Jugoslawien zurückzieht, greifen ein. 60 000 Offiziere und Soldaten laufen zu den aufständischen Brüdern mit ihren schweren Waffen über und bilden mit 35 000 Hilfspolizisten und Paramilitärs unter dem Oberkommando von Ratko Mladić eine Armee der bosnischen Serben.

Er ist ein cholerischer, trinkfester Haudegen, dieser General, als Kumpel äußerst beliebt bei seinen Bauernsoldaten, die ihn oft in vorderster Kampflinie sehen, wo er mehrmals verwundet wird. »Ich verteidige nur mein Volk, das ist mein legitimes Recht«, weist Mladić Kriegsverbrechervorwürfe gegenüber dem journalistischen Besucher entschieden zurück und gießt unentwegt Slibowitz ein bei einer Begegnung in seinem Führungsbunker. Vergewaltigungen, Vertreibungen, ethnischer Säuberungswahn? Von all dem will der General nichts wissen und behauptet: »Wir wollen eine gerechte Lösung für alle drei Völker.« Die Eltern des 1943 südlich von Sarajevo geborenen Serben kämpften mit Titos Partisanen, der Vater wurde von Hitlers Ustascha-Vasallen umgebracht. Das mag mit den Rochus von Mladić auf die Deutschen erklären. Denen lastet er an, bei der Isolierung der Serben »das entscheidende Wort« gehabt zu haben sowie den Kroaten Tudjman und jene Kräfte zu unterstützen,»die Jugoslawien zerstört haben. Dabei seid ihr die Paten gewesen.«

Schon bald wird offensichtlich, dass Mladić die meisten seiner Befehle nicht aus Pale erhält, sondern aus Belgrad, seine Aktionen also abstimmt mit Momčilo Perisić, dem Generalstabschef der jugoslawischen Armee. Bereits im Sommer 1992 kontrollieren Bosniens Serben zwei Drittel des gesamten Territoriums. Jeder kämpft gegen jeden, und mit als Erstes werden die Kulturdenkmäler der jeweils anderen zerstört: Kirchen, Moscheen, Minarette und Brücken. Die Kroaten bringen mithilfe von Einheiten aus ihrem benachbarten Mutterland 25 Prozent des Gebiets mit dreißig Grafschaften unter ihre Kontrolle und schaffen, ebenfalls mit ethnischen Vertreibungen, die kurzlebige »Kroatische Republik Herceg-Bosna«. Die schlecht bewaffneten bosnischen Regierungstruppen haben all dem wenig entgegenzusetzen, ihr Einflussbereich schrumpft zeitweilig auf elf Prozent. Groteskerweise wird die enorme Überlegenheit der Serben auch noch durch das 1991 von Frankreich und Großbritannien im Sicherheitsrat der Vereinten Nationen durchgesetzte Waffenembargo gegen Gesamtjugoslawien verstärkt. Es verwehrt insbesondere den unterlegenen Muslimen eine wirksame Aufrüstung sowie das von der Uno-Charta verbriefte Recht auf Selbstverteidigung. Allerdings sorgen arabische Staaten, der Iran und Emissäre von Osama Bin Laden dafür, dass Waffen in das Land geschleust werden, wo eine internationale Brigade von »Gotteskriegern« an der Seite der Regierungsarmee kämpft. Da weder das Waffen- noch das Ölembargo streng überwacht werden, glauben die Serben, ihren»ethnischen Säuberungen« wolle sich niemand von außen entgegenstellen, schon gar nicht die Nato.

Auch Izetbegovićs Regierungsarmee hat Spezialtrupps für die schmutzigen Jobs, ehemalige Kriminelle, die Serben und Kroaten liquidieren. Militärbeobachter der Uno erleben in Sarajevo, wie Artillerie der bosnischen Armee auf einem Krankenhausgelände Stellung bezieht und über das Hospital hinweg auf serbisches Gebiet feuert, um die Serben dazu zu provozieren, als Vergeltung zivile Ziele unter Beschuss zu nehmen. Kaum sind die Soldaten verschwunden, rückt ein Fernsehteam an und filmt die Einschläge serbischer Granaten auf das Krankenhaus. An der sogenannten Allee der Hecken-schützen im Zentrum der Stadt sehen französische Uno-Angehörige, wie aus einem von der bosnischen Regierung kontrollierten Gebäude Zivilisten beschossen werden.

Die westliche Welt ist in der Bosnienkrise gespalten. Die deut-sche Regierung Kohl/Kinkel hält sich nach dem Vorpreschen bei der Anerkennung Sloweniens und Kroatiens zurück, ist wohl auch ratlos. Sie setzt nach Ausbruch des Bürgerkriegs auf multilaterale Vermitt-lungsbemühungen. Dabei ist Bonns politischer Einfluss allerdings gering, weil zu diesem Zeitpunkt eine Teilnahme der Bundeswehr an humanitären Militäreinsätzen noch als Tabu gilt, entsprechend der bequemen Kohl-Doktrin, wonach deutsche Soldaten selbst bei Uno-Missionen nicht in Regionen entsendet werden, in denen sie wäh-rend des Zweiten Weltkriegs als Besatzer aufgetreten waren. Das hieß für Bosnien demnach aus Bonner Sicht, die Soldaten anderer Natio-nen vorzuschicken. Empört über diese stümperhafte Politik des »Nichtstuns«, verlässt der christdemokratische Postminister Chris-tian Schwarz-Schilling, der sich wie kein anderer der deutschen Po-litikerkaste für Bosnien einsetzt und die »Kristallnächte auf Raten« beklagt, das Kabinett Kohl. Seinem Parteichef wirft er »zu viel Rück-sichtnahme auf englische und französische Interessen« vor.

Es ist die große Zeit der Betroffenheitsroutiniers. Melodramatisch oder markig melden sie sich in einem Diskurs voller Heuchelei zur bosnischen Tragödie zu Wort. Die serbischen Panzerkanonen feuern unbedrängt in das Tal der Moslem-Enklave Bihać und richten unter den Eingeschlossenen ein Gemetzel an; der Kanzler spricht von einer »Schande für Europa«. Aber mehr Waffen für die Muslime mehrten das Leid und führten zu militärischem Flächenbrand und Chaos, ar-gumentieren die sogenannten Realpolitiker. Dabei herrscht dieses Chaos unter den Opfern der großserbischen Expansion schon längst, sind fortdauernder Völkermord und ethnische Vertreibungen die be-wusst in Kauf genommene Konsequenz der diplomatischen Agonie um Bosnien. Am liebsten würde sich jener Teil Europas, der sich für zivilisiert hält, abwenden von der Barbarei an seiner Südflanke. Der Weltsicherheitsrat schickt immerhin 14 000 Friedenssoldaten. Die dürfen sich indes nur selbst verteidigen, nicht in den Konflikt eingreifen, selbst wenn in den sogenannten Uno-Schutzzonen die Gewaltakte andauern. Denn allein eine Verhandlungslösung komme in Betracht, sagen die Außenminister der zerstrittenen Westallianz. Also noch eine Jugoslawienkonferenz, noch ein Friedensplan in dem wirren Kalkül, den Serben werde nach ein paar Appeasement-Happen der hegemoniale Appetit schon vergehen. Aber die allabendlichen Fernsehbilder der Balkangräuel lassen unter den Zuschauern Empörung aufwallen über das Schauspiel der Impotenz, das Uno-Friedenskommissare mit tapsigen Nato-Hilfssheriffs aufführen.

Frankreich und Großbritannien, die lange am Konzept eines fortbestehenden jugoslawischen Einheitsstaats festgehalten haben, stützen im Bosnienkonflikt eher die Serben, aus Nostalgie für ihre Waffenbrüder gegen die Deutschen in zwei Weltkriegen. Beide Länder widersetzen sich hartnäckig einer Aufhebung des Waffenembargos. Der britische Premier John Major windet sich zwar, hält man ihm bei einem Gespräch in seinem Londoner Amtssitz No. 10 Downing Street das Versagen der Europäer vor, aber er beharrt auf humanitärer Hilfe und lehnt den Einsatz von Nato-Kampftruppen mit der Begründung ab:»Dafür wären 400000 Soldaten oder noch mehr nötig, und wo sollten die wohl herkommen?«Dass ein Friedensschluss nunmehr die serbischen Eroberungen weitgehend festschreiben und somit die ethnischen Vertreibungen sanktionieren könnte, stört Britanniens konservativen Regierungschef nicht sonderlich. Kühl bemerkt Major:»Klar ist, dass die Grenzen neu gezogen werden müssen.«

Frankreichs serbophiler Präsident François Mitterrand warnt vor einer aggressiven Machtpolitik gegenüber den Serben und lehnt Luftschläge kategorisch ab. Um den lauter werdenden Rufen nach einer Militärintervention entgegenzuwirken und zu demonstrieren, dass Sarajevo auch über eine Luftbrücke versorgt werden könne, landet der Staatschef 1992 mit einem Spontanbesuch auf dem Flughafen der belagerten Stadt. Dass Mitterrand für seine Visite ausgerechnet den 28. Juni wählt, also auf das Attentat von 1914 in Sarajevo anspielt und die potenziellen Gefahren dieses Balkankonflikts, erschließt sich nur wenigen. Die Uno verlängert bald darauf ihre humanitäre Mission und damit auch das Leiden der Bevölkerung um dreiundvierzig Monate. In Paris kommt es erst zur Wende, als auf Mitterrand ein neuer Präsident folgt. Jacques Chirac konstatiert im Sommer 1995 »das kollektive Scheitern der westlichen Bosnienpolitik« und vergleicht die Gräueltaten der Serben mit denen der Nazis.

Unter den politischen und militärischen Führern der drei Konfliktparteien in Bosnien-Herzegowina »gab es keine Unschuldslämmer«, wird der seinerzeitige EG-Chefunterhändler David Owen über seine dreijährige »Balkan-Odyssee« später schreiben, verbunden mit der Hoffnung, »dass kein Friedensvermittler jemals wieder solche Qualen und Tragödien erleben muss«. Wer den gelernten Mediziner und einstigen Außenminister der Regierung Callaghan, einen der brillantesten Köpfe der britischen Politik, bald nach Antritt seiner Mission Ende 1992 im Genfer Büro der Jugoslawienkonferenz traf, der begegnete einem früh frustrierten Idealisten. »All das ist ein Irrsinn«, erregte sich Lord Owen, um nach Abschluss seines Einsatzes erschüttert festzustellen, nie zuvor habe er »in einer Atmosphäre gearbeitet, die so sehr von Unredlichkeit, Propaganda und Täuschung bestimmt war«. Gemeinsam mit dem amerikanischen Uno-Emissär Cyrus Vance hatte er einen Friedensplan mit dem Entwurf einer neuen Verfassung für Bosnien-Herzegowina vorgelegt, welche die Schaffung von zehn gemischt-ethnischen Kantonen unter einer Zentralregierung vorsah. Dieser Plan war von Bosniens Serben und Kroaten, die eine Dreiteilung des Landes anstrebten, sogleich abgelehnt worden, der Bürgerkrieg weitete sich aus. »Die Welt akzeptiert die Landgewinne der Serben und ignoriert die ›ethnischen Säuberungen‹«, musste Owen wütend registrieren. Deshalb setzte er sich für massive Luftangriffe gegen serbische Artilleriestellungen ein und für ein Verbot der Militärflüge. Denn wenn sich die Nachricht ausbreite, so sein Credo, dass man mit Gewalt politische Gewinne erzielen könne, dann werde dies fatale Auswirkungen auf die Entwicklungen in Südosteuropa haben. Solche Appelle waren indes zunächst vergeblich. »Als ich diesen Job annahm«, stellte der EG-Emissär damals resignierend fest, »musste ich erkennen, dass keine Regierung bereit war, militärische Gewalt in Bosnien anzuwenden.«

Das ändert sich entschieden erst im Sommer 1995. Nun schlägt auch bei den Politikern des Westens die Stimmung um, setzt sich der Kurs durch, dem fortdauernden Völkermord auf dem Balkan endlich Einhalt zu gebieten. Nach den Nadelstichen erster Luftangriffe auf serbische Stellungen wegen des verstärkten Beschusses von Sarajevo zeigen die Medien im Mai demütigende Bilder britischer, französischer und holländischer Blauhelme, die von den Serben als »menschliche Schutzschilde« in brütender Hitze an Brückengeländer, Telefonmasten oder Artilleriestellungen gekettet werden. Einige dieser 350 gefangenen Uno-Soldaten schwenken weiße Fahnen. Dann überrennen im Juli serbische Truppen die muslimischen Schutzzonen Srebrenica und Žepa. Horrormeldungen werden bekannt von Massenvertreibungen und Massakern an Tausenden Zivilisten (siehe Seite 131ff.). Das Entsetzen darüber macht auch in Deutschland gestandene Pazifisten fast schon zu Bellizisten. Joschka Fischer, Fraktionsvorsitzender der Bündnisgrünen, bricht mit einem der letzten großen Glaubenssätze der Linken: sich an keiner Art von Krieg zu beteiligen. In einem Brief an seine Partei fordert er Militäreinsätze zur Verteidigung der Uno-Schutzzonen, um zu verhindern, »dass sie sich als Auslieferungsstätten von unbewaffneten moslemischen Zivilisten an ihre Mörder erweisen«. Und der Philosoph Jürgen Habermas, Vordenker der undogmatischen Linken, klagt in einem Interview des *Spiegel* mit »einem Abgrund von Trauer« über den ethnischen Wahn und findet die Entscheidung furchtbar, aber unausweichlich, »Krieg gegen die serbische Aggression zu führen«.

Kroatiens Präsident Tudjman startet Anfang August eine erfolgreiche Großoffensive zur Rückeroberung der Krajina. Jetzt sind auch über 150 000 Serben auf der Flucht und Opfer »ethnischer Säuberungen«. Darüber erregt sich kaum jemand. Der Großserbe Milošević unternimmt nichts, um seinen Landsleuten in Kroatien beizustehen, lässt vielmehr schweres militärisches Gerät kurz vor der Attacke abziehen. Forderungen, auch gegen Tudjmans Regime Sanktionen zu verhängen, werden von Deutschland blockiert, das fürchtet, die Kroaten könnten ihre Flüchtlingslager schließen und die Ströme nach Norden leiten.

»Letzten Endes nur kleine Rabauken«:
US-Sonderbotschafter Holbrooke

Betroffen reagiert Lord Owen darauf, dass durch die Gewaltakte innerhalb weniger Monate die Landkarte des Balkans grundlegend neu gestaltet worden ist: »Wenn auf diese Weise Stabilität gewonnen wird, dann werden die Verfechter der ›ethnischen Säuberungen‹ damit auch ihre Politik rechtfertigen. Dann wird die Welt ein noch grausamerer Ort werden.«

Ausschlaggebend für die Wende ist jetzt das Eingreifen der Amerikaner. Unter dem vom Golfkrieg ermüdeten Präsidenten George Bush haben die USA zunächst wenig Interesse gezeigt, sich mit den Balkanwirren zu befassen. Dies sei Sache der Europäer, findet man nicht ganz zu Unrecht in Washington. Aber dieses Beiseitestehen der Weltmacht ermunterte die Sezessionisten in Jugoslawien und war nach Ansicht des ehemaligen US-Botschafters in Belgrad, Warren Zimmermann, »unser größter Fehler im Verlaufe der Balkankrise. Sie ließ einen ungerechten Ausgang unvermeidlich werden und die Chance ungenutzt verstreichen, Hunderttausende von Menschen zu retten.« Denn die Europäer führen vier Jahre lang ihre politische Ohnmacht vor, erwägen nach den Geiselnahmen ihrer Soldaten gar den Abzug der Blauhelme. So sieht sich Amerika mit seinem neuen

Präsidenten Bill Clinton schließlich gezwungen, nun auch in Europa wieder die Führungsrolle zu übernehmen. Der ebenso resolute wie in der Realpolitik gewiefte Diplomat Richard Holbrooke, zuvor Botschafter in Deutschland, wird von Clinton mit einem Verhandlungspaket als Chefvermittler zu Pendelmissionen nach Europa geschickt. Ein Terrorakt beschleunigt schließlich die diplomatisch-militärische Doppeloffensive der Amerikaner: Am 28. August schlägt auf dem Marktplatz von Sarajevo eine Mörsergranate ein und richtet ein Blutbad an.

Achtunddreißig Menschen werden getötet, Dutzende schwer verletzt. Die Uno hat keinerlei Zweifel, dass dieses Geschoss von den serbischen Belagerern abgefeuert wurde, was diese heftig bestreiten. Pales Propagandisten behaupten, dieser Anschlag sei von den Muslimen selbst inszeniert worden, um die Nato in den Krieg hineinzuziehen. Izetbegović droht mit dem Abbruch aller Friedensgespräche.

Es ist eine Granate zu viel. Die Amerikaner sehen in diesem Terrorakt nicht nur eine Herausforderung an die westliche Politik, sondern unmittelbar nach Beginn ihrer Pendeldiplomatie auch einen direkten Affront. Zwei Tage darauf beginnt am frühen Morgen mit der Operation »Deliberate Force« die größte Militäraktion in der Geschichte der Nato. Vom US-Flugzeugträger »Theodore Roosevelt« in der Adria und von Stützpunkten in Italien steigen über sechzig Kampfjets auf und bombardieren serbische Stellungen um Sarajevo. Auch französische und britische Artillerieeinheiten der Schnellen Eingreiftruppe von Unprofor unterstützen den Angriff, der die bosnischen Serben zwingen soll, ihre schweren Waffen aus der Sperrzone um Sarajevo abzuziehen. General Mladić tobt und wirft in einem fünfseitigen Schreiben Bernard Janvier, dem französischen Oberkommandierenden der Uno-Truppen, Bruch einer zuvor in Zvornik getroffenen Vereinbarung vor, dass die Nato auf weitere Luftangriffe verzichten werde. Die Attacke sei verheerender gewesen als Hitlers Überfall auf Belgrad im April 1941. Denn die Nazis hätten wenigstens nach zwei Tagen eine Pause eingelegt, damit die Serben ihre Opfer »nach christlicher Sitte« beerdigen konnten. Die Nato aber »nahm vorsätzlich unsere Kirchen und Friedhöfe ins Visier, als wir unsere Toten begruben«.

Das Nordatlantische Bündnis unterbricht die Bombardements, als sich Holbrooke in Belgrad mit Milošević trifft und den diplomatischen Durchbruch erzielt mit der Einigung auf Grundsätze eines Friedensabkommens. Zum Verhandlungsführer der serbischen Seite macht sich Milošević selbst, unterstützt vom greisen Patriarchen Pavle. Die Spitze der bosnischen Serben in Pale, mit der es bereits ernste Zerwürfnisse gab, ist in diesem Prozess ausmanövriert. Karadžić und Mladić, nunmehr vom 1993 gegründeten Haager Tribunal als Kriegsverbrecher angeklagt, werden von der Teilnahme an einer internationalen Friedenskonferenz ausgeschlossen. Der Belgrader Despot geht auf Distanz zu beiden. »Sie sind nicht meine Freunde«, sagt Milošević zu Holbrooke, »es ist furchtbar, stundenlang mit ihnen in ein und demselben Raum sitzen zu müssen. Sie sind ein Haufen Scheiße.« Ausliefern an das Tribunal will er die beiden Männer gleichwohl nicht. Auch von den Verbrechen in Srebrenica sucht sich Milošević abzusetzen: »Ich hatte weder etwas damit zu tun, noch wusste ich, was Pale plante.« Der von den Westmedien dämonisierte großserbische Bösewicht ist nun plötzlich ein Partner der Amerikaner, und Holbrooke notiert amüsiert in seinen Memoiren, er entwickele allmählich ein Gefühl für die Serben: »Sie waren eigensinnig und nahmen den Mund gern voll. Aber wenn man es darauf ankommen ließ und ihnen die Pistole auf die Brust setzte, waren sie letzten Endes nur kleine Rabauken.«

Die Amerikaner brauchen den Belgrader Despoten, um nach einem Waffenstillstand im Herbst mit den Verhandlungen der drei Konfliktparteien auf dem US-Militärstützpunkt Dayton (Ohio) ein Friedensabkommen festzuklopfen. Nach dramatischem Ringen wird es von Izetbegović, Milošević und Tudjman schließlich am 21. November 1995 paraphiert und zwei Wochen darauf in Paris feierlich unterzeichnet. Mit dem Pakt wird eine Spaltung des Landes entlang konfessioneller Demarkationslinien besiegelt, wie sie von den serbischen und kroatischen Nationalisten bereits 1993 weitgehend erkämpft worden waren. Der blutigste der jugoslawischen Erbfolgekonflikte mit den größten Kriegsverbrechen in Europa seit 1945 ist beendet. 60 000 internationale Soldaten werden für die Ifor-Friedensmission in Marsch gesetzt, um die ehemaligen Kriegsparteien von neuen Gewalttaten abzuhalten.

Zwar ist Bosnien-Herzegowina nicht, wie ursprünglich von Milošević und Tudjman angepeilt, auseinandergerissen und aufgeteilt. Aber es wird auch nicht der Versuch unternommen, eine multiethnische und multikulturelle Gemeinschaft wiederherzustellen, sondern das Trennende zwischen den drei nationalen Gemeinschaften wird geradezu verfestigt. Die Aggressoren haben Fakten geschaffen, die sich kaum revidieren lassen, ihre »ethnischen Säuberungen« werden nachträglich legitimiert. Denn nichts anderes ist die Anerkennung der Serbischen Republik als eigenständige Entität mit eigenen Institutionen. In dem unter internationaler Aufsicht stehenden konföderativen Staat mit einer schwachen Zentralregierung werden den Serben 49 Prozent des Territoriums zugestanden, der muslimisch-kroatischen Föderation 51 Prozent. Dieses Konstrukt und die ethnisch definierte Machtverteilung ist der Nährboden eines glimmenden Konflikts. Während die bosnischen Muslime auf einem Zentralgebilde bestehen, pochen die Serben auf ihr verbrieftes Recht eines Sonderstaats. Die Kroaten wiederum, denen keine eigene Entität zugebilligt wird, fühlen sich in der Zwangsgemeinschaft mit den Muslimen unterdrückt. Damit alle sich irgendwie und irgendwo vertreten sehen, entsteht mit einer aufgeblähten Administration ein Monster, das 60 Prozent des Haushaltsbudgets verschlingt: mit mehr als 180 Ministern, zehn Kantonen, dreizehn Exekutiven und 760 Abgeordneten in vielen Parlamenten. Es gibt zwei Wirtschaftssysteme, drei Währungen, separate Systeme für Strom und Wasser.

Über allem thront in diesem Protektorat als oberster Wächter für Bosniens Entwicklung zu einem demokratischen Rechtsstaat der Hohe Repräsentant der internationalen Gemeinschaft. Er kann Wahlen ansetzen, Gesetze kassieren, Minister feuern, Politiker verhaften lassen. Der Brite Lord Paddy Ashdown tat dies bis 2006 rigoros wie ein Kolonialverwalter, suchte mit Massenentlassungen von Politikern den erneut wachsenden Nationalismus zu bekämpfen. Sein Nachfolger Christian Schwarz-Schilling, im hohen Alter schon ein wenig kraftlos, aber auch ohne Rückenwind aus Berlin, setzte 161 der von Ashdown entlassenen Politiker und Beamten wieder in ihre Ämter ein, hob alle von seinem Vorgänger ausgesprochenen Betätigungsverbote in Institutionen, Firmen oder Schulen auf. Der Deutsche hoffte, mit einer langen Leine die Landespolitiker langsam an Verantwortung zu gewöhnen. Funktioniert haben beide Methoden nicht. Die internationalen Statthalter sind schlicht überfordert mit der Aufgabe, die immer noch mit Hass erfüllten Serben, Kroaten und Bosniaken von den Vorteilen eines friedlichen Zusammenlebens zu überzeugen.

Auch vierzehn Jahre nach Kriegsende vermag Bosnien-Herzegowina mit nunmehr fast vier Millionen Einwohnern nicht auf eigenen Beinen zu stehen. Die Perspektiven für eine baldige Integration in die EU sind düster, obwohl inzwischen ein Assoziierungsabkommen mit Brüssel unterzeichnet wurde. Die erforderlichen Reformen schleppen sich dahin, aus der Sicht von Schwarz-Schilling sind sie »vollkommen zum Stillstand gekommen«. Bei etwa 600 Euro liegt der Durchschnittslohn, Politiker sacken monatlich 3500 Euro ein. Das Land hängt am Tropf internationaler Finanzhilfen, die Arbeitslosenrate liegt bei 50 Prozent, die Kluft zwischen erschreckender Armut und dem Reichtum der Kriegsprofiteure ist beängstigend. Milliarden an Aufbaugeldern, pro Kopf mehr als die Marshallplan-Hilfen für Deutschland nach dem Zweiten Weltkrieg, versickern oder werden für zweifelhafte Investitionen eingesetzt. Die weit verzweigten Strukturen der Korruption sind gleichsam unter internationaler Aufsicht aufgebaut worden. Hinzu kommen eine hohe Kriminalität und ein desolates Justizsystem – Phänomene allerdings, die auch in Rumänien oder Bulgarien zu beobachten sind, also Ländern, die gleichwohl in die EU aufgenommen wurden.

Eine Reform des Dayton-Systems mit Verfassungsänderungen täte not, die Vertragsunterzeichner Izetbegović, Milošević und Tudjman sind tot. Doch bei einer Weiterentwicklung der Vereinbarungen blockieren sich die Volksgruppen wechselseitig. In der Föderation wollen die Bosniaken dominieren und erkennen keinerlei Minderheitenrechte an. Die Srpska Republika als »Produkt des Genozids«

dürfe nicht länger existieren, fordert Haris Silajdžić, Chef der »Partei für Bosnien und Herzegowina« sowie Mitglied des dreiköpfigen Staatspräsidiums. Er weiß nach dem Abgang von Izetbegović viele Muslime hinter sich. Trotz aller Bekenntnisse zur multikulturellen Vielfalt droht selbst Sarajevo nun zu einer mono-ethischen Stadt zu werden. Über 80 Prozent der Einwohner sind inzwischen Bosniaken, das Gros der Serben und Kroaten wurde vertrieben, wahhabitische Prediger sind auf dem Vormarsch. Die EU müsse sich fragen lassen, beklagte als letzter Sonderkoordinator des Stabilitätspakts für Südosteuropa der Österreicher Erhard Busek, warum sie keinen Sinn dafür entwickelt habe, in Bosnien einen europäischen Islam zu fördern. Von den rund 2,2 Millionen Flüchtlingen kehrte laut Uno-Flüchtlingskommissariat zwar eine Million zurück. Doch die Statistiken verschweigen, dass rund 80 Prozent der an ihre ehemaligen Eigentümer zurückgegebenen Wohnungen und Häuser von diesen sofort wieder verkauft werden, weil viele Nachbarn sich gegen diesen Zuzug sperren. Die Rückkehrer siedeln dann in Gebiete um, in denen die eigene Nationalität die Mehrheit stellt. Damit ist die letzte Phase der »ethnischen Säuberung« nahezu beendet.

Als wenig erfreulich empfinden die bosnischen Kroaten ihre Lage. Unter den Serben gelten sie als Fremdkörper, die meisten haben deswegen die Srpska Republika verlassen. Auch in der bosnisch-kroatischen Föderation haben sie wenig zu sagen. Nicht einmal beim Schulunterricht wollen Bosniaken und Kroaten in gemischt-nationalen Gemeinden, dass ihre Kinder einander begegnen. Der Unterricht ist getrennt, die Schüler gelangen über separate Eingänge in das Schulgebäude. Nur in der Herzegowina, wo sich die Kroaten als eine Art Ministaat abkapseln und viele von ihnen einen zweiten Pass aus Zagreb haben, fühlen sie sich als Nation geachtet. Dort sind die anderen beiden Volksgruppen bessere Parias. Wer von der Adriaküste mit dem Auto an der Neretva entlang nach Mostar hinauffährt, durchquert Dörfer mit einem Meer von Fahnen. Es sind die Nationalflaggen Kroatiens mit dem rot-weißen Schachbrettmuster. Die blaue Fahne der Republik mit dem goldenen Dreieck und der Kette fünfzackiger Sterne ist nirgendwo zu sehen.

Ausgerechnet in Banja Luka, dem Zentrum der Serbischen Republik, versucht ein prominenter Kroate die Stellung zu halten, dem während des Bürgerkriegs schwer zugesetzt wurde. »Wir haben die unbeschreibliche Kraft des Bösen hautnah erlebt und Grund genug, verbittert zu sein«, sagt der katholische Bischof Franjo Komarica. »Aber wir sind nicht zur Verzweiflung verpflichtet.« In den vierzehn Gemeinden der Diözese Banja Luka leben heute nur noch knapp sechstausend Kroaten, vor dem Krieg waren es 73 000. »Es war ein rücksichtsloser Versuch, die kroatische Kirche in Bosnien auszurotten«, erinnert sich der kleine weißhaarige Gottesmann. Bis zuletzt hatte sich der Bischof während der Kämpfe geweigert, sein Palais zu verlassen. Immer wieder warnten ihn serbische Offiziere offen, sie hätten den Auftrag, alle Kroaten zu töten, die nicht freiwillig gingen. »Viele wurden umgebracht, auch zahlreiche Priester«, berichtet der dreiundsechzigjährige Komarica, der für seinen mutigen Einsatz im Krieg eine Vielzahl internationaler Ehrungen erfuhr. Der Friedensschluss von Dayton sicherte ausdrücklich die Rückkehr der Flüchtlinge zu, doch keine Regierung im serbischen Banja Luka hielt sich an dieses Gebot. Vergeblich flehte der Bischof die Hohen Repräsentanten um Hilfe an, »aber keiner hat auch nur einen Finger gerührt«. Als Komarica den Bürgermeister einer Gemeinde bei Mrkonjić Grad fragte, warum er die Kroaten zur Rückkehr aufgefordert habe und dies gleichzeitig blockiere, erhielt er eine höhnische Antwort: »Herr Bischof, so kriege ich von der internationalen Gemeinschaft Geld. Am Rande unserer Gemeinde werde ich dann einige bosnisch-serbische Mischfamilien ansiedeln als Vorzeige-Rückkehrer. Aber Kroaten werden hier nur über meine Leiche ihre Häuser wieder beziehen.«

Dass auf dem Balkan Friedenszeiten blitzschnell von blutigen Gemetzeln abgelöst werden können, ist eine Erfahrung der vergangenen Jahrzehnte. Bosnien ist noch lange nicht an einem sicheren Ufer. Hier lagert weiterhin hochexplosiver politischer Sprengstoff, und mit den Zündschnüren hantiert vor allem ein bulliger Politiker: Milorad Dodik, fünfzig Jahre alter Premier der serbischen Entität, ein umtriebiger Geschäftsmann, ehemaliger Basketballspieler und immer wieder in Korruptionsvorwürfe verwickelt. Als der Gründer der sogenannten »Unabhängigen Sozialdemokraten« der Karadžić-Nachfolgerin Biljana Plavšić noch als Regierungschef diente, sahen die USA in ihm ihren Favoriten. Washington hob angesichts des »neuen demokratischen Verhandlungspartners« unverzüglich alle Sanktionen gegenüber der Srpska Republika auf. Heute vergleichen westliche Diplomaten den Ministerpräsidenten, der wie ein Bulldozer innenpolitische Gegner überrollt, in seiner Machtfülle mit dem weißrussischen Präsidenten Aleksandr Lukaschenko. Seine gefährlichste Zündschnur ist nach der Unabhängigkeit des Kosovo die Drohung, ein Referendum zur Abspaltung der serbischen Teilrepublik durchzuführen. Das würde den fragilen Dreivölkerstaat in den Zusammenbruch manövrieren und kaum ohne neuerliche blutige Auseinandersetzungen abgehen.

Europa nimmt Dodik auf die leichte Schulter, fürchtet Kroatiens Staatschef Stipe Mesić und sieht in der Serbischen Republik »ein Pulverfass, das jederzeit in die Luft fliegen und einen neuen Krieg auslösen kann«. Käme es zu einer Abspaltung des serbischen Landesteils, würden unweigerlich die bosnischen Kroaten den Anschluss an das Nachbarland Kroatien vollziehen. Als Rest bliebe, so die Warnung des kroatischen Präsidenten, ein islamischer Staat übrig, »ein neues Palästina, umzingelt von Feinden«. Um überhaupt existieren zu können, wäre dieses Gebilde nämlich auf die Unterstützung durch fundamentalistische Regime angewiesen und auf die Zusammenarbeit mit radikalen Islamisten: »In Sarajevo würde dann ein Zentrum des Terrorismus entstehen.« Vergeblich hat Mesić den Hohen Repräsentanten und bis Anfang 2009 amtierenden EU-Sondergesandten Miroslav Lajčák, einen Slowaken, zur Amtsenthebung des zündelnden Serbenpremiers aufgerufen, den er für einen »neuen Milošević« hält. Aber Dodik abzusetzen, sei mittlerweile »äußerst riskant«, räumte Lajčák ein. Für diesen Fall habe der bosnische Serbenführer erbitterten Widerstand angekündigt und einen » Kampf bis zur Unabhängigkeit«. In seinem Fernsehkanal lässt Dodik Bilder senden vom Training einer starken Schutztruppe mit modernsten Waffen. Verbittert über die anhaltende Zerstrittenheit der Volksgruppen und ihrer Politiker, aber auch über die fehlende Unterstützung aus Brüssel, gab der Slowake Lajčak nach nur anderthalb Jahren seinen Posten in Sarajevo auf mit der Begründung:»Ich habe keine Lust, ein totes Pferd zu reiten.«

Vierzehn Jahre nach Ende des abscheulichsten Konflikts im zertrümmerten Jugoslawien drängt sich die Frage auf, ob die internationale Gemeinschaft tatsächlich keine Mechanismen und Mittel besaß, dieses Gemetzel zu verhindern. Die Memoiren der beteiligten Politiker, Diplomaten und Militärs, Zeugenaussagen vor dem Haager Kriegsverbrechertribunal, interne Analysen der Geheimdienste und Gesprächsmitschnitte abgehörter Telefonate lassen nur einen Schluss zu: Den Staaten Westeuropas und zunächst auch den USA waren die nationalen politischen Interessen wichtiger als das Leid Hunderttausender Opfer. Dutzende von Telefonaten Karadžićs und der serbischen Nationalisten, so die ehemalige Sprecherin des Kriegstribunals, Florence Hartmann, wurden während des Bürgerkriegs von ausländischen Geheimdiensten, aber auch dem bosnischen, aufgezeichnet und beim Verfahren gegen Milošević öffentlich gemacht. Die wichtigsten Westalliierten waren durch Sarajevo über die Pläne der Serben informiert. Sie wussten, dass Karadžić bereits im November 1991, also vier Monate vor Kriegsausbruch, mit Milošević über die Vorbereitung zur Einkesselung Sarajevos diskutierte. Reagiert haben sie darauf nicht. Die Zurückhaltung des Westens während Miloševićs Feldzug gegen Kroatien ermöglichte erst den folgenden Flächenbrand in Bosnien.

Nur glaubwürdige Drohungen und die Bereitschaft zum Einsatz militärischer Macht hätten den Amoklauf der serbischen Ultras stoppen können. Doch daran mangelte es. Entscheidungen über Nato-Luftschläge gegen serbische Stellungen zerrannen im Interessenkonflikt zwischen Nato und Uno mit ihren uneinigen Kommandeuren oder scheiterten am Widerstand einzelner Länder. Eine gemeinsame Abschreckungspolitik des Westens hätte wohl den großserbischen Auftritt des Slobodan Milošević früh beendet. Doch der begriff schnell, dass Ultimaten kurz vor deren Ablauf durch Gesten des Einlenkens hinfällig wurden, dass ein Militäreinsatz der Nato wochenlanger Vorbereitungen bedurfte und die Vereinten Nationen ein zahnloser Tiger waren. Er nutzte geschickt die traditionelle Verbundenheit Frankreichs und Großbritanniens mit Serbien und spielte Europäer erfolgreich gegen Amerikaner aus.

Nicht grundlos monierte die ehemalige Chefanklägerin des Haager Tribunals, Carla Del Ponte, ihr seien von nahezu allen beteiligten Staaten wichtige Beweise bei den Ermittlungen vorenthalten worden. Wer auf der Couch des Belgrader Puppenspielers sitzen durfte, verfiel nicht selten dessen Charme und begriff erst spät, einem Meister der Manipulation aufgesessen zu sein. Das Ergebnis waren geheime Absprachen, vor deren vollständiger Enthüllung so mancher in Washington und Brüssel noch heute bangen mag. Verständlich demnach, dass zahlreiche Politiker und Militärs von ihren Regierungen keine Aussagegenehmigung vor dem Tribunal erhielten. Wahrscheinlich wäre auch das Massaker von Srebrenica zu verhindern gewesen, hätte Washington auf die von seinen Spionagesatelliten gefilmten deutlichen Hinweise schnell reagiert.

Bosnien – Land der Angst, Land des Hasses. Die internationale Gemeinschaft, ermüdet ob der anhaltenden Querelen auf dem Balkan, tut nichts dafür, die Frankensteinsche Struktur ihres Protektorats zu beenden und einen funktionierenden Gesamtstaat zu erzwingen. Sie nimmt damit leichtfertig in Kauf, dass der Status als geteiltes Land die großserbische wie die großkroatische Idee nach wie vor am Leben erhält. Europa weiß wohl selbst nicht, was es tun soll mit Bosnien-Herzegowina. Niemand der dort stationierten ausländischen Diplomaten, spricht er offen und wird damit nicht zitiert, glaubt an die Zukunft dieses Landes.

Als »Licht der Seele« wird Bosnien im neuen Text der Nationalhymne besungen, doch von diesem Licht ist bislang wenig zu sehen. Im Sommer 2009 werden noch immer neue Massengräber im Osten der Republik gefunden, bei Zvornik und Srebrenica; über 13 000 Menschen gelten weiterhin als vermisst. Von Normalisierung, das zeigen die folgenden Stadtporträts, kann in diesem zerrissenen Staat schwerlich die Rede sein. Und schon gar nicht von einer Versöhnung zwischen den Volksgruppen.

6

Sarajevo: Risse im Asphalt

Spät kommt sie, nach Mitternacht erst, dafür mit Pauken und Trompeten: »Djurdjevdan«, die unverwüstliche Rockballade über den Georgstag aus dem Jugoslawien der Achtziger. Die Kultband bijelo dugme (»Weißer Knopf«) aus der Vielvölkermetropole Sarajevo hat das Lied einst populär gemacht. Bei Serben wie Roma, Muslimen, Kroaten und Juden. In dieser orthodoxen Neujahrsnacht 2009 aber, in einem spätsozialistischen Hotelklotz hoch über den Dächern der bosnischen Hauptstadt, sind die Serben unter sich. Stolz und selbstvergessen tanzen sie, mit hoch gereckten Armen die einen, untergehakt zum Kolo, dem traditionellen Reigen, die anderen.

Als Einziger bleibt ausgerechnet der Mann am Tisch in der Ecke reglos sitzen, der Minuten zuvor den Kapellmeister gebeten hatte, genau dieses Lied zu spielen. Er schweigt, starrt ins Leere und nippt an seinem Whisky: Goran ist Lehrer aus Sarajevo und selbst Sohn eines Serben. Erst als der letzte Akkord verklungen ist, erzählt er.

»Djurdjevdan« sei der Lieblingssong seines muslimischen Frontkameraden gewesen, der auf bosnischer Seite bei der Verteidigung Sarajevos fiel. Dem toten Freund zu Ehren, den Mördern zur Schande – nirgends anders als hier oben im Jahorinagebirge, sagt Goran, wollte er das Lied aus der Zeit jugoslawischer »Brüderlichkeit und Einheit« noch einmal hören: »Ich kann nicht vergessen, dass von diesen Bergen aus Serben versucht haben, uns da unten zu töten.«

Die Jahorina, 1984 noch Schauplatz der Olympischen Winterspiele, war von 1992 an Stützpunkt serbischer Belagerer bei ihrem fast vierjährigen Bombardement der bosnischen Hauptstadt. Als am 14. Dezember 1995 der Friedensvertrag von Dayton dem Gemetzel ein Ende macht, sind an die 11 000 Bürger Sarajevos tot, und die Überlebenden in unversöhnliche Lager gespalten: Opfer und Täter.

Wer heute von der Jahorina aus talwärts fährt, hinab in den Kessel von Sarajevo, durchquert eine ethnisch weitgehend bereinigte Flur. Gleich hinter der Serbenhochburg Pale, wo Ehefrau und Tochter von Radovan Karadžić, ausharren, dem im Juli 2008 verhafteten mutmaßlichen Kriegsverbrecher, markiert ein Schild die kaum sichtbare Grenze, die das Land teilt: in eine Republik bosnischer Serben und eine muslimisch-kroatische Föderation.

Unten in Sarajevo dann, seiner Moscheen, Synagogen und Kathedralen wegen lange als »Jerusalem des Balkans« gerühmt, ist vom orthodoxen Neujahrsfest nichts mehr zu spüren. Die in der Stadt verbliebenen Serben halten sich bedeckt. Die Muslime wiederum, deren Bevölkerungsanteil seit dem Krieg von 50 auf weit über 80 Prozent angewachsen ist, feiern wie gewohnt nach eigenem Kalender. Gemäß islamischer Zählung begann für sie das Jahr 1430 mehr als zwei Wochen zuvor.

Sarajevo ist, Meldungen über rasante Islamisierung zum Trotz, noch immer eine bunte, weltliche Stadt – mit gut sortierten Bars, Live-Konzerten und preisreduzierter Reizwäsche in den Schaufenstern pünktlich zum Ende des Ramadan. Pluderhose und Rauschebart bei Männern sowie Ganzkörperschleier bei Frauen sind Ausnahmen im Straßenbild. Berichte über sogenannte Scharia-Milizen, die in Parks am Stadtrand gegen küssende Paare einschritten, sorgten nur kurzzeitig für Aufregung. Und doch wirkt Bosniens Hauptstadt auf den Besucher nun islamischer als noch vor dem Krieg, weniger urban auch. Zwischen protzigen neuen Moscheen im arabischen Stil siedeln anstelle toter wie geflüchteter Vorkriegsbewohner inzwischen an die hunderttausend Neubürger – von den Alteingesessenen als *papci*, als Bauerntölpel, aus *vukojebina* bespöttelt, wörtlich: aus Landstrichen, »wo der Wolf fickt«.

Militante Prediger und nationalistische Politiker hingegen umwerben die aus ihren Heimatdörfern Vertriebenen: weil Entwurzelte idealer Nährboden sind für die Idee von einem radikal anderen Bosnien. Einem Bosnien, in dem die ethnische Trennung der Muslime von Serben und Kroaten im Alltagsleben zementiert werden soll. Die giftige Saat des jugoslawischen Erbfolgestreits trägt knapp zwei Jahrzehnte später Früchte.

1425 Tage lang dauerte die Belagerung Sarajevos, länger als die Blockade Leningrads durch die Deutschen, länger als jede Einkesselung einer Stadt im 20. Jahrhundert. Im Schnitt mehr als dreihundert Granaten pro Tag, bisweilen mehr als dreitausend, schlagen in Bosniens Hauptstadt ein. Während draußen, in den Gelehrtenzirkeln der Restwelt, noch Francis Fukuyamas neues Werk *Das Ende der Geschichte* diskutiert wird, wissen die Menschen innerhalb des Belagerungsrings von Sarajevo schon mehr – der Zusammenbruch der sozialistischen Ordnung bringt ihnen nicht Freiheit, sondern Tod und Verderben.

Unter Berufung auf das Uno-Waffenembargo gegen ganz Jugoslawien vom September 1991 sieht die Weltgemeinschaft erst einmal tatenlos zu, wie die aus Jugoslawiens Volksarmee herausgelösten bosnischen Serben ihre mangelhaft bewaffneten Mitbürger terrorisieren. Ehe dann, ab Sommer 1994, mit dem Segen von US-Präsident Bill Clinton doch noch militärische Ausrüstung für die Muslime ins Land gelassen wird – aus dem Iran vor allem. Eine Entscheidung mit weitreichenden Folgen: »Festzustellen, dass die Clinton-Regierung einen Irrtum begangen hat, indem sie den Iranern und anderen radikalen Elementen die Durchdringung Europas ermöglichte, wäre eine atemberaubende Untertreibung«, heißt es in einem Bericht des US-Kongresses vom Januar 1997.

Die »radikalen Elemente«, das sind neben Missionaren und Hilfsorganisationen aus Saudi-Arabien, Pakistan oder Kuwait vor allem mehrere tausend »Gotteskrieger«. Algerier, Iraner und Sudanesen, auch Araber aus den Golfemiraten und Syrer eilen den bosnischen Glaubensbrüdern schon bald nach Kriegsausbruch zu Hilfe. Unterschlupf finden sie in der Brigade »El Mudschahidin«. Mit ihrer Kampfkraft, Gottesfurcht und Grausamkeit setzen sie Ausrufezeichen auf Bosniens Schlachtfeldern.

Nur in Sarajevo ist davon weiter wenig zu spüren, Bosniens Hauptstadt bleibt umzingelt bis zum letzten Tag des Krieges. Mit einer Mischung aus Gleichgültigkeit und ohnmächtigem Zorn nehmen die vom täglichen Überlebenskampf und Hunger entkräfteten Menschen in der Stadt zur Kenntnis, dass es durchaus Fluchtwege nach draußen gibt – nur nicht für sie. Krisenvermittler und Hilfstransporte erreichen die Stadt aus der Luft. Auch Journalisten aus aller Welt pendeln mithilfe der Uno-Flugbereitschaft ein und aus.

Die Kriegsberichterstatter erleben den Alltag in der belagerten Stadt unterschiedlich. Während Einzelne in kugelsicherer Weste aufgekratzt »*It's a fun run*« brüllen, sobald die lebensgefährliche Fahrt über die fünf Kilometer lange »Allee der Scharfschützen« Richtung Innenstadt beginnt, oder sich abends gesättigt im Restaurant des Hotels Holiday Inn mit Brotkügelchen bewerfen, ist der Großteil der Korrespondenten damit beschäftigt, das tägliche Grauen in Worte und Bilder zu fassen. Im Sommer 1992 bereits erscheinen erste Artikel, in denen vom »Völkermord« an Bosniens Muslimen die Rede ist.

»Wer damals dabei war, versteht besser, wovon ich heute rede«, sagt Haris Silajdžić, siebzehn Jahre später, in seinem Büro im Präsidentenpalast. Bei Granatenhagel und Interviews im Kerzenlicht hat er zu Kriegszeiten einen unerschrockenen Außenminister und Premier abgegeben. Inzwischen sitzt der in jahrelangen Machtkämpfen leicht verwitterte Beau als muslimischer Vertreter im dreiköpfigen Staatspräsidium und wird dabei, wie er sagt, als »Mann von gestern« bespöttelt.

Warum? Weil er nicht müde wird, vom »Genozid« an Bosniens Muslimen zu reden und davon, dass Völkermord nicht nachträglich noch belohnt werden dürfe. Weil er Sätze sagt wie:»Milošević ist tot, aber seine Idee lebt.« Und weil er nicht im Geringsten einsehen will, dass die ab 1992 einsickernden Mudschahidin wie auch die fundamentalistischen Prediger und Geldgeber sein Land nach und nach in Verruf gebracht haben: »Bosnien ein Terroristennest zu nennen, ist absichtliche Desinformation«, sagt Silajdžić:»Al-Qaida-Leute waren überall, also auch bei uns.«

Dieser sparsamen Auskunft stehen reichlich Erkenntnisse gegen-

Sarajevo 2009, Ort des Attentats auf Thronfolger
Franz Ferdinand: »Kein Gott außer Allah«

über, die nach den Terroranschlägen vom 11. September 2001 zutage kamen. Die saudischen Staatsbürger Khalid al-Midhar und Nawaf al-Hazmi etwa kämpften zuerst im Bosnienkrieg, ehe sie eine Boeing 757 der American Airlines kidnappten und beim Aufprall aufs Pentagon 189 Unschuldige mit in den Tod rissen. Der kuwaitische Chefplaner der Terrorattacken gegen die USA, Chalid Scheich Mohammed, soll im Sold einer ägyptischen Stiftung ab 1995 sogar mit bosnischem Pass versehen im Einsatz gewesen sein. Von Wien aus organisierte er über seine Third World Relief Agency außerdem den Transfer von Geld und Ausrüstung nach Bosnien.

Auch Zaki-ur-Rehman Lakhvi, als Chefplaner der Terroranschläge von Mumbai im November 2008 verdächtig, die 170 Menschen das Leben kosteten, diente nach Angaben der US-Regierung bereits im Bosnienkrieg. Der inzwischen verhaftete Führungsmann der pakistanischen Terrororganisation »Lashkar-e-Taiba« soll 1994 in der Brigade »El Mudschahidin« gekämpft und später beim Training bosnischer Polizeieinheiten mitgewirkt haben.

Osama Bin Laden schließlich, späterer Top-Terrorist der Welt, tauchte bereits Ende 1993 höchstpersönlich in Sarajevo auf. Angeblich erhielt er einen bosnischen Pass. Vor ausländischen Reportern brüstete sich der saudische Multimillionär mit subversiven Unternehmungen auf dem balkanischen Schlachtfeld. Danach verschwand er wieder.

Ohne die Tragödie vom 11. September 2001 wären viele Details des Vorspiels auf bosnischem Boden wohl nie ans Licht gekommen.

Die Amerikaner und ihre saudischen Protegés hatten sich auf dem Balkan, wie zehn Jahre zuvor schon beim Kampf gegen die Sowjets am Hindukusch, zu einer so heimlichen wie unheimlichen Allianz zusammengefunden. Zu einer Gesinnungsgenossenschaft, mit deren Hilfe möglich werden sollte, was offiziell nicht sein durfte: Waffen und Kämpfer einzuschleusen zur Aufrüstung bosnischer Muslime. Washington habe die Deals geduldet, schreibt der US-Unterhändler Richard Holbrooke in seinen Memoiren, »da sie für die isolierten Bosnier lebensnotwendige Unterstützung bedeuteten«.

Die einsickernden »Gotteskrieger« machten anfangs Quartier auf dem Gelände eines Baukombinats im zentralbosnischen Zenica. Am Ende des Krieges übersiedelten sie nach Bocinja, westlich von Tuzla. Von dort aus warb die Kommune ehemaliger Dschihadisten junge bosnische Anhänger, aus deren Reihen sich schließlich die »Aktive Islamische Jugend« gründet – eine Dachorganisation junger Fundamentalisten. Ihre Blütezeit endet, als schlagartig die Geldquellen versiegen.

Büros der Al-Haramain-Stiftung und des saudischen Hochkommissariats für Bosnienhilfe in Sarajevo werden nach den Terroranschlägen vom 11. September 2001 durchsucht und geschlossen. Unter den beschlagnahmten Unterlagen finden sich vergleichende Aufnahmen des World Trade Center – vor und nach den Anschlägen. Insgesamt über hundert Stiftungen und Vereine in Bosnien-Herzegowina müssen wegen Verdachts der Nähe zu Al-Qaida ihre Tätigkeit einstellen. Wie viele davon unter neuem Namen und getarnt als Nicht-Regierungsorganisationen mit Konten im Ausland inzwischen wieder arbeiten, ist umstritten. Als verbürgt hingegen gilt: Etwa vierhundert Männern vorwiegend arabischer und nordafrikanischer

Herkunft, viele davon mit einheimischen Frauen verheiratet, wurde seit 2002 die bosnische Staatsangehörigkeit entzogen.

Die Zerschlagung von Strukturen des Fundamentalistennetzwerks brachte der bosnischen Regierung international Anerkennung ein, den Ermittlern der föderalen Anti-Terror-Einheit hingegen Mehrarbeit. Denn die Sympathisanten aus dem Umfeld gewaltbereiter »Gotteskrieger« sind nicht verschwunden, sie scheuen nur zunehmend das Licht. Gut drei Prozent der muslimischen Bosnier – das entspräche immerhin 66 000 Männern und Frauen – bekennen sich laut einer Umfrage aus dem Jahr 2006 zum Salafismus, zur radikalen Lehre saudischer Sunniten. In Bosnien werden sie Wahhabis genannt. Weitere zehn Prozent bekunden zumindest Zuneigung für die frommen Eiferer.

Zlatko Miletić, Chef der Föderalen Polizei Bosnien-Herzegowinas, räumt Anfang 2009 erstmals die Gefahr eines »Terrorismus unter islamistischen Vorzeichen« ein, nachdem er zuvor schon von Hinweisen sprach, dass potenzielle Selbstmordattentäter begonnen hätten, sich mit Sprengstoffgürteln auszurüsten. Vier verschiedene Ausrichtungen radikaler Islamisten seien im Land zu beobachten, die Entwicklung gebe Anlass zur Beunruhigung.

»Sie haben alles, um sich in die Luft zu sprengen; ob sie es tun, hängt von den Befehlen ihrer Führer ab«, sagt über die neue Generation angehender »Gotteskrieger« Esad Hećimović, Autor eines Standardwerks über Mudschahidin in Bosnien-Herzegowina.

Als ausgelagerte Kommandozentrale der bosnischen Fundamentalisten orten viele Experten Wien. Vor allem zwei Männer sind ins Fadenkreuz der Fahnder geraten: der in Saudi-Arabien ausgebildete Imam Muhammed Porca und sein Gesinnungsgenosse Adnan Buzar, Schwiegersohn des ehemals meistgesuchten Terroristen der Welt, des Palästinensers Abu Nidal. Die beiden von Wien aus operierenden Radikalen stehen im Verdacht, religiöse wie militärische Aufrüstung ihrer Glaubensbrüder in Bosnien zu organisieren.

Und die Alarmsignale, Nachrichten über geglückte wie vereitelte Bombenanschläge, häufen sich. Im März 2008 verhaften Beamte der bosnischen Anti-Terror-Spezialeinheit fünf Männer, darunter vier

Salafiten in Sarajevo. Der Anführer der Gruppe, ein Veteran der Brigade »El Mudschahidin«, verfügte nach Polizeiangaben über Hintermänner in Österreich, mit deren Hilfe er sich Sprengstoff besorgte. Im Zusammenhang mit den Festnahmen entdeckt die Polizei in unwegsamen Gebirgsgegenden Lager für Waffen und Militärausrüstung, die zu Kampfsportübungen benutzt wurden.

Admir Ahmetspahić ist einer von denen, die ins Visier der Ermittler geraten sind. Wer nach ihm sucht, landet eine Autostunde von Sarajevo entfernt in der Industriestadt Zenica. Dort, im Untergeschoss eines Einfamilienhauses, öffnet er die Tür: der »Osama von Zenica«, wie er sich nennt, ein leichenblasser, verstört aussehender Mensch mit wallendem Bart und Muslim-Käppi auf dem Hinterkopf. Nachbarn nennen ihn einen »Drogendealer in Wahhabi-Kleidern«; die Polizei spricht von »beschlagnahmtem Bombenbaumaterial und Sprengstoffgürteln«. Und der »Osama von Zenica« selbst? Windet sich und murmelt, er sei ein ganz gewöhnlicher Muslim, dem Journalisten Böses wollten. Ohne Anwalt will er zu Sprengstoffgürteln und Attentatsplänen keine Aussage machen. Tage zuvor erst ist er unter Auflagen auf freien Fuß gesetzt worden.

Leichtfertigkeit oder Kalkül? Bosniens Geheimdienst sei von muslimischen Kriegsveteranen durchsetzt und spiele die Terrorgefahr herunter, beklagen Sicherheitsexperten. »Wenn ich über Wahhabiten Informationen verlange, dann bekomme ich, je nachdem, wer mit welchem ethnischen Hintergrund mir zuliefert, nur ein Blatt weißes Papier«, sagt Nikola Špirić.

Bosnien-Herzegowinas Premierminister, ein ethnischer Serbe und Wirtschaftswissenschaftler, behauptet damit nicht weniger als: Potenzielle Terroristen würden von muslimischen Beamten bis in die höchsten Stellen des Verwaltungsapparats hinein gedeckt. Für einen Regierungschef, der im August 2008 ein Assoziierungsabkommen mit der Europäischen Union unterzeichnet hat, ist das ein bemerkenswertes Eingeständnis eigener Ohmacht.

Andererseits ist Špirićs Republik ja immer noch, einem Protektorat ähnlich, den Weisungen des Hohen Repräsentanten der Internationalen Gemeinschaft unterworfen. Und die Rolle als Mündel der

Restwelt kommt dem Großteil der politischen Klasse bei ihren inner-bosnischen Machtspielchen durchaus entgegen – wer wenig Verantwortung hat, muss wenig Rechenschaft ablegen. »Mir sind Hände und Füße gebunden, ich bin das Maskottchen, die Mail-Adresse, an die die Internationalen ihre Post schicken können«, jammert der Premierminister in seinem Büro am Miljacka-Ufer: »Wir haben viel Finanzhilfe bekommen, doch keiner traut sich zu sagen, dass dieses Land gespalten ist.« Den Mangel an Eintracht zwischen den Volksgruppen, sagt Špirić, machten sich Islamisten zunutze: »Ihre Saat ist gepflanzt, sie infiltrieren die staatlichen Institutionen; das ist eine riesige Gefahr, auch für das Ausland.« Ähnlich sinister tönt auch als Vizerepräsentant der Internationalen Gemeinschaft US-Diplomat Raffi Gregorian über die wachsende Zahl von Al-Qaida-Sympathisanten: »Sie sind bereit, Terroristen zu verstecken und sie für ihre Reise in andere Länder mit gefälschten Dokumenten zu versorgen.«

Premier Špirić ist ein treuer Gefolgsmann von Milorad Dodik, dem Präsidenten der bosnischen Serbenrepublik. Je mehr die Gefahr einer Islamisierung des Gesamtstaats auf der Tagesordnung steht, so scheinen beide zu kalkulieren, desto weniger fällt auf, wie hartnäckig sie selbst im Namen der Serben an dessen Schwächung arbeiten – vor allem mit wiederkehrenden Drohungen, ihre Teilrepublik abzuspalten. Das Pfund, mit dem die Serben wuchern, ist die Furcht der Europäer vor einer Islamisten-Bastion inmitten des Kontinents, auf halbem Weg zwischen München und Athen.

In der Tat haben Bosniens bärtige Missionare von ihren Nachkriegsstellungen im Bergland aus bereits in Sarajevo Fuß gefasst. Einzeln oder in kleinen Gruppen kommen sie abends eiligen Schritts aus den noch immer von Granateinschlägen zernarbten Wohnblocks rund um die König-Fahd-Moschee, die größte Gebetsstätte für Muslime auf dem Balkan. Auch in den zierlicheren alten Gotteshäusern der Innenstadt tauchen Salafiten auf. Und sorgen für Unruhe.

Sie beten aufreizend anders als in Bosnien üblich, mit gespreizten Beinen, Reihen eng geschlossen, »damit der Teufel nicht durchkann«. Sie verweigern Mitbetenden den rituellen Friedensgruß »Salam« am Ende, sprechen kein Wort, wollen nicht Teil des »Dschamaat« sein, der Gemeinschaft, und verlassen die Moschee vor dem Sunnet, dem landesüblichen Schlussgebet.

Was *halal* und *haram* ist, Recht und Unrecht, darüber müssen sich von den nach saudischer Lehre geschulten Missionaren nun die Alten in Sarajevos Moscheen belehren lassen – als seien sie und ihre Vorfahren sechs Jahrhunderte lang einem Irrglauben erlegen. Aus Protest hat, erstmals in der Geschichte der 1566 erbauten Kaisermoschee, deren Imam bereits zum letzten Mittel gegriffen und vorübergehend die Pforten des Gotteshauses verriegelt.

Den Beinharten unter Sarajevos Salafiten allerdings ist auch so nicht beizukommen. Sie sitzen während des Freitagsgebets ohnehin mit alkoholfreiem Bier provozierend vor den Moscheen – als Zeichen ihrer Verachtung für jeden, der sich nach Kalifenart Deutungsmacht über das Wort des Propheten Mohammed anmaßt. Gleichzeitig tobt der Kulturkampf auch im Verborgenen, in geschlossenen Internetforen bosnischer Webseiten wie »www.studio-din.com«. Hier lernen die Erben des offiziell gottlos sozialistischen Jugoslawien die neue salafitische Heilslehre kennen. Sie stellen Fragen, die sich um maßgebliche Dinge im Alltag eines normalen lebenslustigen Bosniers drehen – Musikhören, Rauchen, Geld verdienen; aber auch Fragen zu Kleidungs- und Moralvorschriften.

Verunsicherung über die wahre Lehre herrscht ja umso mehr, als im Gefolge der Kriegswirren auch türkische Sufi-Scheichs, iranische Schiiten und malaysische Wanderprediger um die Seelen bosnischer Muslime werben. Oberhoheit im Diskurs aber beanspruchen die Salafiten saudischer Prägung. Die Antworten ihrer Prediger im Web sind eindeutig: »Musik ist verboten im Islam, Belege dafür gibt es im Koran und der Sunnah des Propheten. Instrumenten zu lauschen, ist eine Sünde.« – »Rauchen ist verboten im Islam.« – »Wer als Putzfrau in einer Bank arbeitet, die Zinsen vom Kunden erhebt, leistet Beihilfe zur Sünde. Nicht anders als Putzfrauen in Bars und Bordellen.« – »Rechtsprechung auf der Grundlage anderer Gesetze als derer Allahs ist verboten.«

Über die Webseite »studio-din«, die auch von Exil-Bosniern besucht wird, heißt es in einer Studie des Verfassungsschutzes Baden-

Württemberg vom Oktober 2008: Spuren aus dem Forum, in dem auch der Dschihad, der Heilige Krieg, als direkter Weg zu Allah diskutiert wird, verwiesen immer wieder auf Besucher der »wahhabitischen König-Fahd-Moschee« in Sarajevo – ins Reich des Imam Nezim Halilović. Der ist, wenn es die politische Lage seiner Meinung nach erfordert, ein Freund klarer Worte. »Zionistische Terroristen«, donnert er zur Mittagsstunde von der verglasten Kanzel an der Stirnseite der Moschee herab, »Tiere in Menschengestalt« hätten den Gazastreifen zuletzt in ein »Konzentrationslager« verwandelt: »Der Anfang vom Ende« des jüdischen Pseudostaats sei nun gekommen. Mehr als viertausend Gläubige sind diesmal erschienen, um Halilović zu lauschen. Dicht an dicht knien sie in der König-Fahd-Bin-Abdul-Aziz-Al-Saud-Moschee, die Frauen abgeschirmt im linken Seitenflügel. Es ist der Tag der Hutba, der großen Freitagspredigt, und wer die Augen schließt, fühlt sich für Augenblicke versetzt zu den Hetzpredigern gegen US-Imperialismus an der Teheraner Universität oder in die Moscheen des Gazastreifens selbst.

»Tee oder Kaffee?« Kaum von der Kanzel gestiegen, entpuppt sich Nezim Halilović, der Brandredner aus der Fahd-Moschee, als vollendeter bosnischer Gastgeber. Früchte, Nüsse und Rahatlokum, gezuckertes Gelee, lässt er in seiner Wohnung hinter dem Gotteshaus reichen, eine züchtig gekleidete Ehefrau und vier Kinder schieben sich ins Bild. Die häusliche Idylle steht in bemerkenswertem Kontrast zum strittigen Ruf des Korangelehrten. Seine mit saudischen Millionenspenden im Jahr 2000 errichtete Fahd-Moschee gilt samt dazugehörigem Kulturzentrum als Sammelbecken wie Brutstätte der islamischen Fundamentalisten in Bosnien-Herzegowina. Und der Imam selbst als verkappter Patron der Wahhabis. Im Krieg stand er als Kommandeur der »4. Muslimischen Brigade« an der 155-Millimeter-Haubitze – in Kampfkleidung, mit wucherndem Bart und der Inschrift »Es gibt keinen Gott außer Allah« auf dem ums Haupt gewundenen Gebetsschal.

Halilović kennt die wiederkehrenden Vorwürfe an seine Adresse und auch die dazugehörigen Denkmuster: Wahhabis gleich Al-Qaida gleich weltweites Terrornetz. Er sagt, er habe damit nichts zu tun, könne andererseits aber »keinem Muslim verbieten, bei mir nach seinem Ritus zu beten«. Den Generalverdacht gegen die Fahd-Moschee erklärt er sich so: »Den Westen irritiert, dass jetzt viele Muslime zu ihrem Glauben zurückkehren, statt wie früher an der Moschee vorbei in die Bar zu schleichen, um dort Alkohol zu trinken und Schweinefleisch zu essen.« Der Westen – in den Augen vieler Bosnier ist das bis heute ein Schmähwort für jene angebliche Wertegemeinschaft, die im 1992 ausgebrochenen Krieg den serbischen Aggressoren nicht in den Arm fiel. Bis schließlich, fast vier Jahre und 100 000 bosnische Tote später, dem Gemetzel doch noch ein Ende gemacht wurde. 80 Prozent der toten Zivilisten im Bosnienkrieg waren Muslime.

Das Trauma, vom Rest der Europäer preisgegeben worden zu sein, sitzt tief bei den traditionell weltlichen Muslimen vor allem Sarajevos. Sie, die sich als Strandgut des Osmanischen Weltreichs fühlen, als Brücke zwischen Orient und Okzident, Abkömmlinge einer Hybridkultur, die den Glauben am ehesten mit den Türken teilen, die Sprache mit Serben und Kroaten und die Geistesgeschichte mit ganz Europa – sie stellten die herrschende Klasse in Bosnien bis zur Ankunft der Habsburger 1878. Meša Selimović, Autor des Nationalepos *Der Derwisch und der Tod*, schrieb Bosniens Muslimen auf der nachosmanischen Balkanlandkarte einen Platz zu als »Seitenfluss, der weder Strömung noch Mündung aufweist«. Den Weg zurück zur Quelle, zu den eigenen Wurzeln, weisen deshalb neuerdings die Islamisten im Land. Als Sinnstifter und einzig verlässliche Schutzmacht dienen sie sich den bosnischen Muslimen an.

Der Imam der Fahd-Moschee von Sarajevo bittet zum Rundgang durch das Kulturzentrum, das der saudischen Botschaft untersteht. Ein Bosnien en miniature haben sie da im Vorraum aus Holz und Pappe gebaut. Maßstabsgetreu ist zu sehen, wie der in routiniertem Säkularismus erstarrte Westen meterweise Terrain preisgibt, das die pragmatisch missionierenden Ölscheichs besetzen: 158 neu erbaute oder mit saudischem Geld restaurierte Moscheen, verstreut über ganz Bosnien, dazu Schulen, Kindergärten, Krankenhäuser. Etwa eine Milliarde Dollar, sagt der Imam, haben die Saudis bisher nach Bosnien gepumpt.

In den oberen Stockwerken des Kulturzentrums werden Interessenten kostenlos mit Computergrundkenntnissen oder Englischunterricht versorgt. Keine Besucherin muss Kopftuch oder gar Hidschab mit Kinnbinde bis zur Unterlippe tragen, wie das einzelne Lehrerinnen hier tun. Wer aber mehr über Religion erfahren will, der findet Antworten. Das Personal im saudischen Kulturzentrum hat in Medina oder Kairo studiert und mit dem liberalen bosnischen Islam, der traditionell in Sarajevo gelehrt wird, wenig im Sinn.

Eine gewachsene Stadt ist in ihrer Substanz nicht leicht zu erschüttern. Aber so wie ein Baum am Straßenrand, der unbemerkt Wurzeln schlägt und wächst, bis die Asphaltdecke mit einem Mal Risse zeigt, so durchdringen auch die Fundamentalisten langsam aber stetig den festen Boden, auf dem die Gesellschaft in Sarajevo einst stand.

Männer wie der stille, bärtige Taxifahrer, der tagein, tagaus auf Fahrgäste wartet an der Gavrilo-Princip-Brücke, beim Ort des Attentats auf Habsburgs Thronfolger 1914, kommen unversehens aus der Reserve. In der ersten Reihe steht er plötzlich, am Abend des 24. September 2008, mitten unter denen, die dem Polizeikordon vor der Akademie der Künste »Allahu Akbar« entgegenschleudern und Besuchern des ersten bosnischen Schwulen-Festivals an den Kragen gehen. Wahhabiten prügeln da vereint mit gewöhnlichen Hooligans los, acht Menschen werden verletzt, und alle folgenden Veranstaltungen abgesagt. Während der Taxifahrer von der Princip-Brücke am nächsten Tag an seinen Arbeitsplatz zurückkehrt, als sei nichts gewesen, spricht Srdjan Dizdarević, Präsident des bosnischen Helsinki-Komitees, von einer Niederlage der Zivilgesellschaft, von »faschistischer Rhetorik« im Vorfeld und von Erinnerungen an »Pogrome zu Zeiten Adolf Hitlers«.

Politiker unterschiedlichster Lager liefern die Hintergrundmusik zu einer Radikalisierung, die inzwischen nicht nur den säkularen Charakter Bosniens bedroht, sondern die mühsam verteidigte staatliche Einheit der Muslime, Serben und Kroaten insgesamt. Lokalpolitiker etwa, die streng nach Konfession aufgeteilte Schulklassen fördern und im Dezember 2008 erstmals in staatlichen Kindergärten

Sarajevos ein Zutrittsverbot erwirkten: für den christlichen Weihnachtsmann, bisher auch bei Muslim-Kindern als »Väterchen Frost« verehrt.

Gemäß Napoleons Diktum, Geschichte sei »die Lüge, auf die man sich geeinigt hat«, sind inzwischen sogar an Sarajevos geschichtsträchtigstem Ort Retuschen vorgenommen worden. Die Stelle, an der dicht beim Flussufer der Gymnasiast Gavrilo Princip 1914 den Habsburger Thronfolger Franz Ferdinand erschoss und damit den Ersten Weltkrieg auslöste, sieht seit einigen Jahren verändert aus. Princips in Stein gegossener Fußabdruck ist verschwunden. Von »zornigen Bürgern« und Granatsplittern beschädigt, habe er restauriert werden müssen, sagt der Leiter des angrenzenden Museums, aus dessen Namen der serbische Attentäter gleichfalls getilgt wurde. Das »Sarajevo-Museum« liegt nun, dem Zeitgeist gehorchend, an der nach einer muslimischen Eliteeinheit benannten »Straße der Grünen Barette« (zuvor: »Straße der Jugoslawischen Volksarmee«, bis 1918: »Kaiser-Franz-Josef-Straße«).

Heldendenkmäler und Straßennamen können ausgetauscht werden, der Charakter eines Landstrichs und des Volks, das ihn bewohnt, aber bleibt: Der serbische Attentäter Princip und seine Spießgesellen, das wird gern übersehen, waren in ihrer Verachtung für alles Städtische, in ihrem asketischen Lebensstil und ihrer unbedingten Radikalität den muslimischen Fundamentalisten von heute wesensverwandt.

Vom Ort des Attentats auf Habsburgs Thronfolger wenige Schritte entfernt nur liegt die Schnittstelle zwischen osmanischem und habsburgischem Teil der Altstadt. Hier hat das historische Sarajevo sein Gravitationszentrum, hier liegt das wiedereröffnete Hotel Europa.

Es ist ein für die Vielvölkermetropole archetypischer Ort, mit würdigen Obern unter Kristalllüstern, mit türkischem Mokka aus Kupferkännchen im »Wiener Cafe« und einem älteren Herrn in der Ecke, der nicht müde wird, Europas Geistesgeschichte von Kant über Hegel bis zur Gegenwart mit dem Wesen bosnischen Islams in Einklang zu bringen.

Mustafa Spahić ist Professor an der traditionsreichen Gazi-Hus-rev-Beg-Medresa und saß in jugoslawischer Zeit fünf Jahre wegen vorgeblich islamischer Betätigung im Gefängnis – gemeinsam mit Alija Izetbegović, dem späteren Präsidenten Bosnien-Herzegowinas. Sarajevo, Europas Hochburg der islamischen Geistlichkeit, lasse sich nicht zur Filiale saudischer Eiferer machen, sagt Spahić. Und unter-füttert seine Überzeugung umgehend mit einem Gleichnis: »Wer unsere Pflaumenbäume hier fällen will, weil man Slibowitz daraus machen kann, und wer stattdessen Dattelpalmen pflanzen will, weil schon der Prophet Datteln aß, dem sagen wir: ›Datteln wachsen bei uns nicht.‹« Bosniens Obermufti, der Reis-ul-Ulema Mustafa Cerić, lasse es, was die Fundamentalisten betreffe, leider an klaren Worten fehlen, sagt Spahić: »Cerić kommt seinen Pflichten nicht nach. Er fährt durch Deutschland und sammelt einen Preis nach dem anderen ein, anstatt sich mit der Fahd-Moschee und den Radikalen hier aus-einanderzusetzen.«

»Du bist schuld« steht unter einer Fotomontage, die den ge-schmähten Cerić mit angeklebtem Vollbart zeigt – als Wahhabi. Die polemische Anklage erschien auf der Titelseite der Zeitschrift *Dani*, und der Betroffene hat sich in einem Anfall von Selbstironie ent-schieden, sie als Exponat in einer Ecke seines eigenen Empfangszim-mers zu platzieren – genau gegenüber vom gerahmten Toleranzedikt des Sultans Mehmed aus dem Jahr 1463.

Cerić, der »*Homo duplex*«, wie sie in Sarajevo spotten, der Mann mit den zwei Gesichtern, trägt an diesem Morgen sein zornrotes zur Schau. Er hat es erkennbar satt, sich zu Dingen äußern zu müssen, die er noch nicht einmal beim Namen nennen mag: Wahhabismus, Salafismus, Terrorismus. »Bevor wir anfangen«, sagt er, »wissen wir eigentlich, wovon wir da reden?«

Cerić ist das Oberhaupt aller bosnischen Muslime und Träger des Theodor-Heuss-Preises 2007 wie des Eugen-Biser-Preises 2008. Nirgendwo wird er mehr geschätzt als in Deutschland, nirgendwo heftiger angegriffen als in den Gelehrtenzirkeln seiner Heimat. Für dieses Missverhältnis, sagen Kritiker von Cerić, gebe es Gründe: Die Deutschen, an ihrer Spitze der Innenminister, erhofften sich vom

Obermufti Ausbildung und Export liberaler Imame, um ihrer eigenen Probleme mit Islamisten Herr zu werden.

Die kompromisslose Unterstützung im Westen für den zu Hause betont muslimisch-national auftretenden Cerić allerdings hintertreibt ein Ziel, das im Dayton-Abkommen von 1995 unter Federführung des Westens ausdrücklich festgeschrieben wurde: den Fortbestand eines multiethnischen, nicht eines muslimisch dominierten Staates Bosnien-Herzegowina.

Wie sehr er selbst im liberalen bosnischen Islam der sogenannten Hanafi-Schule wurzelt, daran hat der Obermufti nie Zweifel aufkommen lassen. Dass er sich gleichzeitig nicht scheut, enge Kontakte ins Salafiten-Lager zu pflegen, sorgt für Kritik. Was hat das Oberhaupt der bosnischen Muslime mit dem einstigen Osama-Bin-Laden-Mentor Scheich Salman al-Awda aus Saudi-Arabien zu schaffen? Warum muss er den radikalen Imam der Fahd-Moschee im höchsten Geistlichen Rat der Islamischen Gemeinschaft neben sich dulden und bei der mächtigen Vakuf-Stiftung die Fäden ziehen lassen?

Der Reis-ul-Ulema lächelt dünn, ehe er sagt: Der Verdacht, Bosniens Muslime öffneten sich unter saudischem Druck und mit seinem Segen den Radikalen, sei »völlig unbegründet«. Die Islamische Gemeinschaft wolle sich lediglich »öffnen«. In welche Richtung, das entscheide sie selbst.

Hat denn einer im Westen den Finger gerührt zur Verteidigung des bosnischen Islam, als achttausend Muslime aus der Stadt Srebrenica von christlichen Serben ermordet wurden? »Sehen Sie«, sagt Cerić: »Nach allem, was damals geschah, müssen wir uns von niemandem mehr belehren lassen.«

7
Die Tränen von Srebrenica

Wenn man durch die Hölle geht, kann man nicht erwarten, unversehrt davonzukommen. Hajra Effendić hat die Hölle auf Erden erlebt.

Damals, in den heißen Julitagen des Bürgerkriegsjahrs 1995, als die serbische Soldateska in der ostbosnischen Uno-Schutzzone Srebrenica Völkermord beging an Tausenden muslimischer Jungen und Männer. Zwar konnte Hajra Effendić ihr eigenes Leben, das des Babys und der kleinen Zwillinge retten, als sie am Standort des holländischen »Dutchbat«-Bataillons den letzten Bus zur Evakuierung nach Tuzla bestieg. Doch mitfahren durften nur Frauen und Kinder. Die Männer wurden unter den Augen der Blauhelme von den Serben rüde selektiert und in Kolonnen weggeführt. Darunter Hajras Vater und ein Onkel, ihr Ehemann Vekaz und drei seiner Brüder. »Sie haben sie alle umgebracht«, sagt die heute zweiundvierzig Jahre alte Muslimin. »Ich habe keine Familie, ich habe keine Freunde mehr.«

Es hat Hajra Effendić einige Überwindung gekostet, aus ihrer jetzigen Heimat Schweiz an die Stätte des Grauens zurückzukehren. Auch die Zwillinge Jasmin und Jasmina, inzwischen zwanzig, sowie der flotte Teenager Fatima sind mitgekommen. Denn am Jahrestag des Massakers werden auf dem Friedhof der Gedenkstätte Potočari, sechs Kilometer vor Srebrenica beim einstigen Uno-Hauptquartier, wieder Opfer beigesetzt. Deren Überreste fanden sich in Massengräbern und konnten mit aufwändigen DNA-Analysen endlich identifiziert werden. Diesmal ist Hajras Onkel mit darunter. Auf dem Zementboden einer Lagerhalle sind 308 von grünem Stoff umhüllte Holzsärge aufgebahrt. Sie tragen Zettel mit den Namen und Geburtsdaten der Gefundenen. Der jüngste war fünfzehn bei seiner Hinrichtung, der älteste vierundachtzig Jahre alt. Zwei neue Gräberreihen sind am Hügel hinter der Gedenkstätte ausgehoben worden, bei deren Einweihung der Mufti von Sarajevo als oberster Würdenträger der bosnischen Muslime flehte:»Mögen die Tränen der Mütter zum Gebet werden, damit Srebrenica nie wieder geschieht – niemandem und nirgendwo.«

»Die Leiche meines Mannes wurde bislang nicht gefunden«, hadert Hajra Effendić, weil die Identifizierung der Opfer sich dahinschleppt. Posttraumatische Belastungsstörungen haben die bis auf die Knochen abgemagerte Frau depressiv und antriebslos gemacht. Immerhin ist der Name ihres Mannes und der aller Verschleppten seiner Sippe in die graugesprenkelte Granitrotunde eingemeißelt, welche unter dem Todesdatum »Juli 1995« dem Gedenken Tausender Muslime gewidmet ist, die bei Srebrenica innerhalb von fünf Tagen umgebracht wurden. Um die Spuren dieser Gräueltaten zu verwischen, waren die Massengräber auf freiem Feld später wieder geöffnet, die Leichen exhumiert, in kleinere Sekundärgräber geschafft und von Raupenfahrzeugen planiert worden. In vielen der mittlerweile dreiundvierzig Grabstätten, die dem Massaker von Srebrenica zugeordnet werden, fanden die im Auftrag des Haager Kriegsverbrechertribunals suchenden Anthropologen und Forensiker keine intakten Skelette mehr. Sie stießen nur noch auf Haufen von Knochen. In einem Tunnel beim Leichenschauhaus von Tuzla liegen auf langen hölzernen Regalen noch viele Tote, in fleckige weiße Laken gehüllt, und warten auf ihre Identifizierung.

»Pass gut auf die Kinder auf, wir schlagen uns schon durch«, hatte Vekaz seiner Frau aufmunternd zugerufen, als er mit den anderen Männern von serbischen Milizionären weggedrängt wurde. Das war am Abend des 11. Juli gewesen, kurz nach Eroberung der Uno-Enklave mit ihren 45 000 Bewohnern und Flüchtlingen durch das Drina-Korps der serbisch-bosnischen Armee unter dem Oberkommando des Generals Ratko Mladić. Mit den Kindern floh Hajra auf das umzäunte Gelände des »Dutchbat«-Bataillons in Potočari. Es dürften etwa sechstausend Menschen gewesen sein, die dort in den Gebäuden einer Akkumulatorenfabrik Unterschlupf suchten. Vor den Toren des Unprofor-Stützpunkts warteten weitere 20 000 Flücht-

»Mögen die Tränen der Mütter zum Gebet werden!«:
Särge mit Opfern aus Srebenica

linge. Aber der holländische Kommandeur der sechshundert »Dutchbat«-Soldaten, Oberstleutnant Thom Karremans, der schon den
Angriff der Serben auf die Schutzzone Srebrenica widerstandslos
hingenommen hatte, ließ den Zugang abriegeln. Die Basis sei über-
füllt, es gebe zu wenig Wasser, Toiletten, Lebensmittel. Dabei hätten
Tausende, die um ihr Leben bangten, leicht noch Platz gefunden.

Srebrenica, das war einst wegen seiner Silberminen ein wohlha-
bendes Städtchen im Osten Bosniens gewesen und wegen seiner
Heilquellen auch ein gut besuchtes Kurbad. Bewohnt überwiegend
von Muslimen, die sich selbst lieber Bosniaken nennen. Doch in den
Dörfern der Umgebung dominierten die orthodoxen Serben. Die
machten sofort mobil, als nach dem Auseinanderbrechen Jugoslawiens in Sarajevo das von Muslimen beherrschte Parlament am
4. März 1992 Bosnien und Herzegowina zum unabhängigen Staat erklärte. Unter diesen »Türken« wollten die bosnisch-serbischen Nationalisten nicht leben. Und wenn ihnen schon der Anschluss an das
serbische Mutterland des Belgrader Despoten Slobodan Milošević
verwehrt blieb, so sollte in dem neuen Staat zumindest eine eigen-

ständige Entität mit allen erforderlichen Institutionen entstehen: die Srpska Republika, die Serbische Republik.

In diesem staatsähnlichen Gebilde waren Angehörige der beiden anderen Nationalitäten, Muslime und Kroaten, nicht willkommen. Wo es sie gab, mussten sie weichen. Taten sie es nicht, wurden sie von serbischen Milizen mit Gewalt vertrieben oder ausgelöscht. Strategische Massaker an Muslimen im Zuge der »ethnischen Säuberungen« gab es im Norden und Osten Bosniens schon seit dem Frühjahr 1992, monströse Kriegsverbrechen mit Massenmord vor allem im Drinatal von Foča bis Bratunac. So wurden etwa die Bosniaken in Bijeljina und Zvornik, mehrere tausend Zivilisten, von serbischen Freischärlern umgebracht. Es war eine ganze Maschinerie, die hier die hoffnungslos unterlegenen, militärisch zunächst schlecht organisierten muslimischen und kroatischen Verteidiger vertrieb: Einheiten der serbisch-bosnischen Territorialkräfte und Polizei, geschult und versorgt von der regulären jugoslawischen Bundesarmee, die Panzer, schwere Waffen, Flugzeuge zur Verfügung stellte. Hinzu kamen, meist dirigiert vom jugoslawischen Innenministerium, die Paramilitärs, Hilfspolizisten, kriminellen »Wochenendkrieger« und Killertrupps aus dem serbischen Kernland. Sie verrichteten die Schmutzarbeit, brannten Häuser nieder, vergewaltigten Frauen, exekutierten Widerspenstige. »Der Geruch des Blutes hat sie zu Raubtieren werden lassen«, wird Jahre später im demokratischen Serbien Staatsanwalt Vladimir Vukčević, der oberste Kriegsverbrecherjäger in Belgrad, über diese seine Landsleute sagen, die er nur »sogenannte Serben« nennt.

Die internationale Gemeinschaft schaute zu, wie Bosnien verblutete, erklärte dann aber im April 1993 sechs von den Serben belagerte Städte zu »Schutzzonen«, in denen Uno-Friedenstruppen stationiert wurden. Ein Beschluss des Weltsicherheitsrats mit der Anmutung eines fatalen Webfehlers. Denn die Blauhelme sind unzureichend ausgerüstet. Und sie dürfen Gewalt nur zur Selbstverteidigung, nicht zum Schutz der ihnen anvertrauten Bevölkerung einsetzen. »Die Sicherheit des Uno-Personals geht der Ausführung des Auftrags vor«, lautet die Direktive des für Bosnien zuständigen britischen Unprofor-Kommandeurs Rupert Smith.

Zu den abgeschotteten Enklaven gehörte Srebrenica. Mit zunächst 40 000 eingeschlossenen Flüchtlingen und einer standfesten, gut ausgerüsteten Moslem-Armee unter dem Kommandeur Naser Orić. Das Drina-Korps der Serben erlitt bei den Kämpfen hier schwere Verluste. Orić wurde später vorgeworfen, in den umliegenden Dörfern Ausschreitungen gegen die serbische Bevölkerung organisiert, die Misshandlung und Ermordung serbischer Gefangener zugelassen und selbst serbische Zivilisten totgeprügelt zu haben. So sollen seine Truppen etwa am serbisch-orthodoxen Weihnachtstag von 1993 das Dörfchen Kravica überfallen und achtundvierzig Zivilisten, darunter Kinder und Greise, massakriert haben. Die Serben sprechen von insgesamt dreitausend Toten auf ihrer Seite in den Bürgerkriegswirren um Srebrenica. Diese Zahl mag propagandistisch weit überzogen sein, aber es leuchtet ein, dass die von Hilfslieferungen gänzlich abgeschnittene Stadt für ihre Einwohner Nahrungsmittel beschaffen musste, notfalls mit Gewalt. Dass es Terror und Verbrechen auch auf muslimischer Seite gab, steht außer Zweifel. Dies ist keine Rechtfertigung, aber eine Erklärung wohl für die folgenden Ausbrüche exzessiver Rache.

Beim Haager Kriegsverbrechertribunal wurden Szenen eines Amateurvideos vorgeführt, in dem nach der Einnahme von Srebrenica eine unter Befehl des Belgrader Innenministeriums stehende paramilitärische Sondereinheit der »Skorpione« sechs junge muslimische Männer durch den Wald treibt. »Los, voran, bewegt euch«, schnauzt einer der Freischärler die Gefangenen an, »als ihr Serben abschlachten konntet, wart ihr schneller.« Dann mäht er mit Garben aus seinem Maschinengewehr die sechs Burschen nacheinander nieder.

Die Einheiten der Uno-Friedensstifter waren militärisch gesehen taube Nüsse. Sie schauten den fortdauernden Gewalttaten zu, griffen jedoch nicht ein. Stattdessen dienten sie auch noch den strategischen Zielen der Serben, indem sie die muslimische Bevölkerung systematisch aus den Gefahrenzonen evakuierten, mit solchen humanitären Aktionen die »ethnischen Säuberungen« gleichsam flankierend begleiteten. Der bosnischen Regierung des Alija Izetbegović war das gar nicht recht, denn dies deckte sich nicht mit ihren militärischen Zielen. Die Bosniaken wollten die Zivilbevölkerung bewusst in den Krieg hineinziehen, um die serbischen Gegner als Barbaren bloßzustellen. Im Bosnienkrieg war die schwächere Partei nicht immer auch die menschlichere. Das verdeutlicht etwa das Protokoll einer gemeinsamen Sitzung von Vertretern internationaler Organisationen und bosnischen Militärbefehlshabern am 30. Mai 1993 in Tuzla. Vormittags hatte sich ein Konvoi mit 2500 Flüchtlingen von Srebrenica durch serbisches Terrain auf den Weg nach Tuzla gemacht. Die bosnische Militärdelegation reagierte abweisend. Abdullah Basić, ein enger Mitarbeiter von Präsident Izetbegović, forderte kategorisch:»Der Konvoi darf nicht in die Stadt kommen. Wir sind bereit, diese Leute zu opfern.« Die Flüchtlinge gelangten später doch nach Tuzla. Indes nur, weil nachgeordnete Instanzen die Blockadeorder ignorierten.

Zählte auch der Massenmord an den Muslimen von Srebrenica zu den einkalkulierten Bauernopfern? Gab es heimliche Deals zwischen Bosniaken und Serben, und dies mit Wissen und Billigung der Westmächte, über einen Gebietsaustausch, um die Schaffung zweier ethnisch definierter Großregionen zu ermöglichen, nämlich der muslimisch-kroatischen Föderation im Westen und der serbischen Entität im Osten Bosniens? So deutete Izetbegović Anfang 1995 gegenüber dem US-Unterhändler Richard Holbrooke seine Bereitschaft an zum Verzicht auf drei»nicht lebensfähige« Enklaven im Osten, darunter Srebrenica, im Gegenzug für die Garantie, dass Sarajevo ungeteilt bleiben werde. Wurde deswegen auch im April der robuste Kommandeur Orić aus Srebrenica abgezogen?

Oder: Warum haben die Geheimdienste der drei Nato-Länder USA, Frankreich und Deutschland, die mit Luftaufnahmen und Abhörmaßnahmen von dem bevorstehenden Angriff der Serben auf die Enklave wussten, nicht die Unprofor-Stäbe in Tuzla, Zagreb und Sarajevo unterrichtet? Und welche Rolle spielten im Übrigen die internationalen Vermittler, die sich unter Anleitung der Clinton-Regierung um ein Friedensabkommen bemühten, das schließlich im November 1995 mit den Vereinbarungen von Dayton dem Blutvergießen ein Ende bereitete? Es gibt viele Gerüchte hierzu, windige

Spekulationen, merkwürdige Zufälle, aber auch peinvolle Pannen und Fakten, die die westliche Wertegemeinschaft nicht gut aussehen lassen bei der Tragödie von Srebrenica. Uno wie Nato und EU machten sich mitschuldig an dem Massenmord, weil sie den Sturm der Serben auf die Schutzzone duldeten und danach die muslimischen Jungen und Männer ihrem Schicksal überließen – den Exekutionen. Dieses Versagen der internationalen Gemeinschaft hat Hasan Nuhanović, seinerzeit Dolmetscher am Unprofor-Standort Srebrenica, in seinem 2007 in Sarajevo erschienenen Buch *Under the UN Flag* eindringlich beschrieben. Als Zeuge, der bei dem Massaker seine gesamte Familie verlor.

Einen besonders kläglichen Part in dieser aufwühlenden Chronik spielen dabei die holländischen Blauhelme, die in Srebrenica stationiert sind, um die Zivilbevölkerung vor Übergriffen zu schützen. Als die Serben, gegen alle Vereinbarungen des Demilitarisierungsabkommens, am 6. Juli 1995 die Enklave attackieren, geben die »Dutchbatter« keinen einzigen gezielten Schuss auf die Angreifer ab. Mladićs Truppen rücken vor, nehmen an den Checkpoints dreißig holländische Soldaten als Geiseln. Ein schnelles Eingreifen von Nato-Kampfbombern hätte den Vormarsch stoppen und Srebrenica retten können. Doch erst am 10. Juli, die Serben stehen unmittelbar vor der Stadt, fordert Kommandeur Karremans Luftunterstützung an beim Oberkommandierenden aller Uno-Truppen im ehemaligen Jugoslawien, dem Franzosen Bernard Janvier. Aber der General, wie sein damaliger Präsident Mitterrand eher den Serben zugetan, zögert und verlangt vor einer Entscheidung weitere Informationen, obwohl sein Krisenstab mehrheitlich sofortige Bombardements befürwortet. Es folgt ein chaotisches Durcheinander. Einsatzbefehle werden gegeben und widerrufen. Sechzig Bomber, Abfangjäger und Tankflugzeuge heben auf verschiedenen Nato-Luftstützpunkten Italiens ab in Richtung Ostbosnien, kehren dann aber wieder zurück, weil eine aktualisierte Zielliste der »Dutchbatter« fehlt. Bei einer Verbindungsstelle in Sarajevo hatte ein Faxgerät versagt.

Dann verzögert sich das Bombardement noch einmal, weil der diensthabende pakistanische Operationschef in Tuzla das Antrags-

»Ich bin nicht
in der Lage, diese
Menschen zu
beschützen«:
»Dutchbat«-
Kommandant
Karremans (rechts)
mit Serbengeneral
Mladić (links),
Juli 1995

formular mit der Überschrift »Luftangriffe« zurückweist. Er will
einen Antrag auf »Luftnahunterstützung«. Nach einem weiteren Hilferuf aus Srebrenica gibt General Janvier kurz vor zwölf Uhr am
11. Juli endlich den Befehl zur Attacke. Er hätte indes wissen müssen,
dass die am Morgen aufgestiegenen Flugzeuge inzwischen auf ihre
Luftstützpunkte zurückgekehrt sind. Nun muss erst wieder ein neues
Geschwader zusammengestellt werden. Statt sechzig sind nur achtzehn Maschinen unterwegs. Aber einzig zwei F-16-Kampfjets werfen
zwei Bomben ab, ohne Schaden anzurichten. Da haben die Serben
schon ihre Fahne über der Stadtbäckerei gehisst. Zwei amerikanische
Jets kreisen ein paar Minuten über dem Kampfgebiet und fliegen
zurück, weil sie angeblich ihre Ziele nicht finden können. Kurz nach
16 Uhr übernehmen die Serben das Rathaus und das Postamt. Holländer laufen durch die Stadt und schlagen Alarm: »Haut ab nach
Potočari, die Tschetniks kommen!«

Hollands Verteidigungsminister Joris Voorhoeve bittet den Unprofor-Oberkommandierenden, von weiteren Luftschlägen doch lieber abzusehen. Die Serben seien bereits zu nahe an das »Dutchbat«-
Camp in Potočari herangerückt und drohten mit Granatbeschuss,

der auch die dort versammelten Flüchtlinge treffen würde. General Mladić fügt bei einem nächtlichen Treffen mit Karremans eine weitere Drohung hinzu. Er werde im Falle neuer Luftangriffe die insgesamt nun fünfundfünfzig holländischen Geiseln erschießen lassen, die halbwegs komfortabel im Fontana-Hotel in Bratunac untergebracht sind. Videoaufnahmen serbischer Kameraleute zeigen, wie Mladić äußerst erregt auf den Holländer Thom Karremans einredet. Beide halten Gläser in der Hand. Karremans wird später sagen, es sei Wasser darin gewesen, kein Wein. Und dann offeriert der Serbengeneral großzügig, die Unprofor könne anderntags mit ihren Fahrzeugen den Abtransport der Flüchtlinge aus Potočari beginnen. Seinen Vorgesetzten bei der Unprofor und dem holländischen Verteidigungsministerium schreibt Karremans noch in der Nacht resignierend:»Ich bin nicht in der Lage, diese Menschen zu beschützen.«

In derselben Nacht formiert sich ein Trupp von etwa 15 000 muslimischen Männern. Er will aus der Enklave ausbrechen und nordwestlich durch das bewaldete Hügelland ins drei Tagesmärsche entfernte Tuzla ziehen. Reste der bosnischen Soldaten befinden sich in dieser Kolonne, aber auch viele unbewaffnete junge Männer, Teenager und Greise aus Srebrenica. Sie alle haben Angst, den Serben in die Hände zu fallen, die das dazwischenliegende Gebiet kontrollieren und an den Straßen Wachen und Schützenpanzer postiert haben. So bei Kravica, wo die Serben auch erbeutete Unprofor-Fahrzeuge auffahren lassen und Soldaten mit Blauhelmen.»Kommt heraus, die Uno ist hier und garantiert eure Sicherheit«, wird den im Wald Versteckten über Megaphone zugerufen. Einige Bosnier begehen Selbstmord, aber Tausende lassen sich gefangen nehmen. Sie werden in Lager getrieben oder in die Fußballstadien von Nova Kasaba und Bratunac. Nur ein Bruchteil von ihnen überlebt.

In Potočari kommt es zu ersten Exekutionen. Die holländischen Peacekeeper sehen, wie muslimische Männer von Serben weggeführt und erschossen werden. Die für das Team »Ärzte ohne Grenzen« arbeitende deutsche Krankenschwester Christine Schmitz berichtet, sie habe vor dem Stützpunkt neun tote Zivilisten gesehen, auf dem Bauch liegend und mit Einschüssen im Rücken. Aber die Niederländer haben offenbar nur eines im Sinn: Sie wollen die Flüchtlinge draußen und auch die in ihrem Camp so schnell wie möglich loswerden, um dann selbst unbehelligt aus der Enklave abziehen zu können. Für Christine Schmitz kulminiert das Grauen in der Begegnung mit einem jungen Mann, der von einem serbischen Soldaten bewacht wird und der ihr sein Baby entgegenstreckt. Er sagt, seine Frau sei bei einem Bombenangriff ums Leben gekommen, und er selbst müsse mit dem Schlimmsten rechnen, das Kind habe dann niemanden mehr. Die Krankenschwester notiert den Namen des weinenden Vaters auf einem Zettel und nimmt ihm das Kind ab. Danach wird der Mann weggeführt und ist seitdem verschollen. Christine Schmitz schreibt abends in ihr Tagebuch:»Dies ist der schrecklichste Moment für mich, den ich die ganze Zeit erlebe.«

Da die Unprofor es nicht geschafft hat, Fahrzeuge mit einer Eskorte aus Sarajevo zu schicken, übernimmt General Mladić die Regie bei den Deportationen am 12. und 13. Juli.»Ich mache diese Stadt dem serbischen Volk zum Geschenk«, erklärt er bei seinem Eintreffen in Srebrenica. Und er fügt in Anspielung auf den von den Janitscharen im Jahr 1804 brutal niedergeschlagenen Serbenaufstand hinzu, endlich sei nun»die Zeit der Rache an den Türken in dieser Region gekommen«. Vierzig Busse und Lastwagen rollen als Erste vor dem »Dutchbat«-Stützpunkt vor; die Serben sortieren die Flüchtlinge aus. Nur Frauen und Kinder dürfen in den Konvoi. Männer zwischen sechzehn und fünfundsechzig Jahren, im sogenannten wehrfähigen Alter, werden abgeführt. Angeblich, um später anhand von Listen zu kontrollieren, ob»Kriegsverbrecher«unter ihnen sind. Einigen Moslems gelingt es, sich mit Kopftuch und Frauenkleidern in die Busse zu schmuggeln. Sie werden entdeckt und von serbischen Milizionären auf der Stelle erschossen oder zum nahen Flüsschen geschleppt und dort mit dem Messer wie Hammel abgeschlachtet.

Auch einige holländische Soldaten nehmen an den Selektionen teil, als die Flüchtlinge ihren Stützpunkt verlassen. Es sei ihnen nicht bewusst gewesen, werden sie später erklären, dass die ausgesonderten Männer hätten ermordet werden sollen. Dagegen steht aber die Aussage des»Dutchbat«-Vizekommandeurs Rob Franken. Beim Haager

Kriegsverbrechertribunal fragt ein Richter den Major als Zeugen: »Wussten Sie, dass die Männer getötet werden würden, wenn sie den Stützpunkt verlassen?« Franken erwiderte: »*Yes, Sir.*« Die Welt sollte von den Deportationen andere Bilder sehen. Am Mittag des 12. Juli ist ein serbisches TV-Team zur Stelle, um General Mladić in der Pose des netten Onkels zu filmen. »Keine Panik, bitte«, sagt der Serbenführer lächelnd und reicht einem Mädchen ein Stück Schokolade, »habt keine Angst, keiner wird euch was tun.« Bei der Abfahrt des Konvois ruft der General den Frauen in gespielter Besorgnis noch zu: »Passt gut auf die Kinder auf, damit bloß keines verloren geht.« Auch den Männern, die zunächst in nahe gelegene Häuser gepfercht werden, nähert sich Mladić freundlich. »Guten Tag, Nachbarn«, begrüßt er einige, die ihn fragen, warum sie festgehalten werden und warum man ihre Papiere auf einem Haufen verbrannt hat. »Ich brauche euch für einen Gefangenenaustausch mit der bosnischen Regierung«, beruhigt sie der General. Am Abend fahren mehrere Kolonnen von Bussen in Potočari vor. Die Männer gehen an den holländischen Friedensstiftern vorbei, besteigen die Fahrzeuge und werden ohne eine Eskorte von Blauhelmen ins nahe Bratunac gebracht. Dort sperrt man sie in ein abbruchreifes Warenhaus und ins Fußballstadion, insgesamt rund viertausend Mann. Vizekommandeur Franken wird den Eroberern der Enklave im Nachhinein bescheinigen, die Evakuierung sei ohne Zwischenfälle verlaufen, »und die serbische Seite hielt sich an all die Regeln der Genfer Konvention und des internationalen Kriegsrechts«.

Diese Erklärung ist blanker Hohn. Als das Papier am 17. Juli unterschrieben wird, liegen die meisten der deportierten Jungen und Männer bereits in Massengräbern, und die Holländer wie ihre vorgesetzten Uno-Stellen wissen das. Der japanische Uno-Sonderemissär für Bosnien, Yasushi Akashi, informiert am 13. Juli das New Yorker Uno-Generalsekretariat, er mache sich, »wie jeder hier«, Sorgen um den Verbleib der viertausend Muslime in Bratunac, zwei Kilometer vom »Dutchbat«-Camp entfernt.

An diesem Tag kommt es unweit von Srebrenica zu den ersten

Massenexekutionen: Im Lagerhaus der Agrarkooperative von Kravica werden am Abend etwa tausend Jungen und Männer von den Serben erschossen. Viele davon, so Luftbilder eines amerikanischen U-2-Aufklärers, stammten wohl aus dem Todestreck und hatten zuvor auf einem Fußballfeld gehockt, darunter zwölfjährige Jungen. Am Tag danach ist der Fußballplatz leer, gibt es in der Nähe ein frisch umgegrabenes größeres Areal. Die Amerikaner behaupten später, ihre Spionagesatelliten seien für diese Gegend nicht richtig eingestellt gewesen. Dabei zeigen im Kriegsverbrechertribunal gegen den Drina-Korps-Kommandeur Radislav Krstić vorgelegte Aufnahmen vom 13. Juli, 14 Uhr, genau auch das Lagerhaus von Kravica mit Bussen davor, die die Serben zum Transport der Jungen und Männer benutzten.

Man fragt sich erschüttert: Wurden diese Bilder von der Air Force nicht sofort an die Uno weitergeleitet? Warum schlug niemand Alarm? Warum taten nicht die Holländer nach ihrem Versagen alles, um wenigstens das Überleben der weggeführten Jungen und Männer sicherzustellen? Warum sorgte der Akashi-Bericht nicht für einen Aufschrei von Uno-Chef Butros Ghali und dessen Verantwortlichen für internationale Friedensmissionen Kofi Annan? Steckte dahinter Inkompetenz, Naivität, Desinteresse, Koordinationsmangel, bewusste Obstruktion oder schlicht Abneigung gegenüber den Bosniaken? Der US-Diplomat Richard Holbrooke, damals ständig durch die Region tourend und bestens vernetzt, behauptet in seinen Memoiren, er habe »genaue Einzelheiten« über das Ausmaß der »furchtbaren Ereignisse« erst Ende Juli erfahren. Auch die amerikanische Uno-Botschafterin Madeleine Albright will die Satellitenbilder erst Wochen danach erstmals gesehen haben. Und so kommt es zu der geradezu grotesken Situation, dass der Weltsicherheitsrat weltfremd über die »Wiederherstellung« der Schutzzone von Srebrenica debattiert, dies in seiner Resolution 1004 schließlich auch fordert, während sämtliche bosnischen Flüchtlinge aus der Enklave längst abtransportiert sind und es eigentlich nur darum gehen kann, das Leben der noch nicht hingerichteten Moslems zu retten.

Dass dafür wenig Zeit blieb, offenbart eine Flut von Schreckensmeldungen. Am Nachmittag des 13. Juli macht Mladić den drei Uno-Militärbeobachtern, die sich während der Kämpfe um Srebrenica vorwiegend im Bunker des »Dutchbat«-Camps aufgehalten hatten, die bedauerliche Mitteilung, beim Bandera-Dreieck in diesem Gebiet lägen »einige hundert« Leichen bosnischer Soldaten. Man solle doch bitte der bosnischen Militärführung mitteilen, dass er nicht die Absicht habe, noch irgendwelche Soldaten zu töten, »sie müssen sich nur ergeben und ihre Waffen abliefern«. Danach könnten sie gehen, wohin sie wollten. Wieder so ein Täuschungsmanöver des Serbengenerals. In der Nacht hören Uno-Mitarbeiter in Bratunac viele Schüsse. Auch zwei holländische Blauhelme, die in Nova Kasaba übernachten, vernehmen zwischen 2.30 Uhr und 3.30 Uhr eine Unmenge von Schüssen. Als sie am nächsten Vormittag nach Bratunac weiterfahren, sehen sie am Straßenrand etwa siebenhundert noch nicht beerdigte Leichen liegen.

Erstaunlich ist, dass gleichwohl der 1999 veröffentlichte Srebrenica-Report der Vereinten Nationen allen Ernstes behauptet: »Die internationale Gemeinschaft hatte seinerzeit anscheinend keinerlei Beweise dafür, dass Exekutionen in einem solchen Ausmaß stattfanden.« Nahezu alle in diesem Zusammenhang befragten Personen hätten angegeben, »die Möglichkeit einer solchen Barbarei einfach nicht erwartet zu haben oder sich auch nur vorstellen zu können«. Ein übles Statement beschönigender Vernebelung. Es ist wohl nur damit zu erklären, dass damals eine ganze Armada internationaler Vermittler auf dem Balkan unterwegs war, der es vorwiegend um den großen Friedensschluss ging, nicht um das Schicksal der vertriebenen Moslems von Srebrenica.

So trifft am 14. Juli als EU-Verhandler der Schwede Carl Bildt bei Belgrad mit dem jugoslawischen Präsidenten Milošević zusammen. Der eröffnet ihm gleich, er habe die bosnischen Serben leider »nicht unter Kontrolle«, was schlicht eine Lüge ist. Denn Mladić und Momčilo Perišić, Generalstabschef der Jugoslawischen Armee, stehen in engstem Kontakt, Milošević wird während der Operationen gegen Srebrenica über jeden Schritt unterrichtet. Wenige Stunden nach Bildt erscheint dann auch der so unkontrollierbare General Mladić zu dieser Begegnung im Jagdpalast Dobanovci. Es geht um den Zugang internationaler Organisationen und des Roten Kreuzes nach Srebrenica, um die holländischen Geiseln, um Flüchtlinge und die Enklaven generell. Man debattiert und vertagt sich auf den nächsten Morgen. Bei der Belgrader Besprechung mit Milošević und Mladić am 15. Juli sind auch noch Uno-Emissär Akashi, der von Butros Ghali neu ernannte norwegische Sonderbeauftragte Thorvald Stoltenberg und Unprofor-Kommandeur Rupert Smith mit von der Partie. Die Herren diskutieren allgemein gehaltene Forderungen und Fragen, das westliche Verhandlungsteam setzt den beiden Serbenkompagnons nicht mit konkreten Hinweisen oder anprangernden Beschuldigungen zu, etwa mit einer Intervention hinsichtlich der viertausend Zivilgefangenen von Bratunac. Als Erfolg der Gespräche meldet Akashi an das Uno-Hauptquartier, dass die Generäle Smith und Mladić endlich wieder miteinander reden und sich am 19. Juli ein weiteres Mal zusammensetzen werden.

Das Belgrader Treffen hat keinen einzigen der gefangenen Bosniaken von Srebrenica vor dem Tode bewahrt. Im Gegenteil: Mladić fühlt sich nicht unter Druck gesetzt, sondern offenkundig nun frei, in seinem Sinne weiter handeln zu können. Und er tut es unverzüglich. Die Operation »Krivaja 95« (»Bächlein 95«), so der Codename für den Genozid, nimmt ihren Fortgang. Am Tag nach den Belgrader Verhandlungen, dem 16. Juli, lässt der General auf einer Farm im Dörfchen Pilica bei Zvornik etwa 1200 Bosniaken von seinen Soldaten erschießen. Es sind die Männer, die vor dem »Dutchbat«-Stützpunkt in Potočari ausgesondert wurden, wie als Teilnehmer dieser Exekutionen Dražen Erdemović im Kriegsverbrechertribunal berichten wird. Der kroatische Deserteur in serbischen Mörderdiensten schildert den Haager Richtern, was passierte: »Gegen 9.30 Uhr kam der erste Bus an, voll mit Zivilisten zwischen siebzehn und sechzig Jahre alt. Zwei Mitglieder der Militärpolizei ließen sie in Zehnergruppen aussteigen. Sie führten sie an die Linie, die wir bildeten, um sie zu erschießen. Die Moslems wurden bis auf zwanzig Meter an uns herangeführt, mit dem Rücken gegen uns.«

Niemand stoppt den schlimmsten Massenmord in Europa seit

Ende des Zweiten Weltkriegs. Der internationalen Gemeinschaft geht es jetzt vornehmlich darum, den reibungslosen Abzug des Holländer-Kontingents auszuhandeln. Am 19. Juli vereinbaren die Generäle Smith und Mladić, dass die niederländischen Blauhelme mit ihrem Gerät über die Drina durch Serbien nach Kroatien abrücken sollen, was zwei Tage darauf geschieht. Auf dem Weg sehen die Holländer einen Traktor mit zwei Anhängern, auf denen rund einhundert Leichen liegen. Bevor der Konvoi die Grenzbrücke passiert, erscheint Mladić zu einer kameradschaftlichen Abschiedszeremonie. Eine peinliche Szene: TV-Aufnahmen zeigen, wie er Karremans herzlich für die Zusammenarbeit dankt und ihm ein eingewickeltes Geschenk überreicht. »Ist das für meine Frau?«, fragt der »Dutchbat«-Kommandeur gleich zweimal und lächelt zufrieden. Für die sei auch etwas dabei, übersetzt der Dolmetscher.

Als hätten sie eine schwere Schlacht mit Bravour überstanden, werden die »Dutchbatter« dann von ihren Landsleuten in Zagreb wie Helden empfangen. Premier Wim Kok ist angereist, der Verteidigungsminister Joris Voorhoeve, Kronprinz Willem Alexander in der Uniform eines Majors, zahlreiche Abgeordnete und zehn Psychologen. Eine Blaskapelle spielt zur Begrüßung: »It's A Long Way To Tipperary«. Und der Oberstleutnant Karremans entblödet sich nicht, auf einer Pressekonferenz schwärmerisch zu verkünden, General Mladić habe in Srebrenica einen »korrekten Angriff« geführt. Die Eroberung der Enklave sei eine »hervorragend geplante Militäroperation« gewesen. Es wird noch einige Zeit dauern, bis in der Heimat dieser Helden die Stimmung umschlägt und die Regierung Kok politisch über Srebrenica strauchelt. Sie muss nach dem Erscheinen eines Untersuchungsberichts 2002 zurücktreten.

Dass internationale Friedensstifter indes auch mannhafter auftreten und einer Übermacht widerstehen können, demonstrieren die Kanadier bald nach dem Fall von Srebrenica während der kroatischen Offensive »Sturm« in der Krajina. Als sich über tausend verfolgte Serben, darunter viele Männer, in Knin auf den Stützpunkt ihres Bataillons retten, fordert die kroatische Armee deren Auslieferung. Man suche nach Kriegsverbrechern. Die Kanadier weigern sich.

Nicht ein einziger Serbe wird den kroatischen Streitkräften übergeben.

Auf den Killing Fields um Srebrenica finden sich noch Jahre nach den Exekutionen überall Spuren des Grauens. Halden von menschlichen Überresten, aus sumpfiger, schwarzer Erde ragende Schädelteile und Beinfragmente. Den Dorfbewohnern ist es von der serbischen Polizei unter Androhung erbittertster Rache verboten worden, Fremden Auskunft darüber zu geben, was hier geschah. Sie dürfen zunächst auch ihre Kühe nicht auf die Weiden führen, unter denen Massengräber liegen, oft zu erkennen an abgesackten Erdstücken. Gleichwohl berichten Bauern, in den Wäldern mit dem Korridor, auf dem die 15 000 moslemischen Soldaten und Zivilisten nach Tuzla durchbrechen wollten, habe es »mehr Leichen als Bäume gegeben«. Die vom Kriegsverbrechertribunal ausgeschickten internationalen Expertengruppen, die nach Beweisen für die Massenmorde suchen und schnell fündig werden, arbeiten anfangs unter dem Schutz von Panzern der Friedenstruppe Ifor.

Von Mitleid mit den Opfern ist bei den Serben Ostbosniens wenig zu spüren, allenfalls ein gelegentlicher Anflug von Scham. Es war eben Krieg gewesen, jetzt zählt das Heute. Figuren wie Mladić, Karadžić, Milošević bleiben für die nationalistische Klientel weiter Heroengestalten. Es gibt gewundene und bizarre Erklärungen zu dem Geschehen, so von Mira Marković, der Frau des Serbenführers Milošević. Noch Ende 2001, ihr Mann muss sich bereits in Den Haag verantworten, erklärt die Soziologieprofessorin in einem *Spiegel*-Interview zum Völkermord schnippisch: »Von Srebrenica weiß ich fast gar nichts. Aber es ist wahrscheinlich fingiert, wie all die anderen Vorwürfe.« Aus dem demokratisch geläuterten Serbien findet dann immerhin der neue, prowestliche Präsident Boris Tadić den Weg nach Srebrenica mit einer öffentlichen Entschuldigung, das Belgrader Parlament hingegen vermag sich zu einer Verurteilung des Kriegsverbrechens nicht aufzuraffen. Und Milorad Dodik, der selbstherrliche Premier der Srpska Republika, verharmlost das Massaker in seinen Reden nach wie vor als »lokalen Völkermord«.

Obwohl das Beweismaterial erdrückend ist und viele Täter sich der Anklage als Zeugen zur Verfügung stellen, um mit milderen Strafen davonzukommen, verlaufen die Verhandlungen vor dem Kriegsverbrechertribunal zäh. Milošević entgeht einer Verurteilung, nachdem der vier Jahre dauernde Prozess wegen seines tödlichen Herzinfarkts eingestellt werden muss. Rechtskräftig verurteilt zu fünfunddreißig Jahren Haft wegen Beihilfe zum Völkermord wird der Kommandeur des Drina-Korps, Radislav Krstić. Einige seiner Untergebenen erhalten hohe Freiheitsstrafen, dem Mordschützen Erdemović wird sein Zeugentum mit zehn Jahren Haft vergütet. Zu einem Aufschrei der Empörung unter den Serben führt der Freispruch des Tribunals für Naser Orić, den umstrittenen Befehlshaber der Muslime von Srebrenica. Die eigentlichen Täter der Mordkommandos hätten nicht identifiziert werden können, und somit sei nicht beweisbar, dass Orić für die Verbrechen verantwortlich war, bemängelt die Berufungskammer unter Vorsitz des deutschen Richters Wolfgang Schomburg. Bei einem Schlag der Polizei gegen die mächtige bosnische Mafia wird Orić im Herbst 2008 als Chef einer Bande festgenommen, die Schutzgelder erpresste.

Der Versuch der Stiftung »Mütter von Srebrenica«, die Vereinten Nationen und den niederländischen Staat wegen Völkermords vor Gericht zu bringen, bleibt im juristischen Vorfeld stecken. Das Landgericht Den Haag weist die Schadensersatzklage ab unter Verweis auf die weltweite Immunität der Uno. Und damit scheitert dann auch die Klage gegen die niederländischen Blauhelme. Doch die vom deutschen Anwalt Axel Hagedorn vertretenen rund sechstausend Hinterbliebenen der Opfer hoffen nun auf den Europäischen Gerichtshof für Menschenrechte.

Vierzehn Jahre nach dem Massaker sind 3300 der Opfer in Potočari begraben, steht noch die Identifizierung von etwa 4500 Toten durch die Gerichtsmediziner aus. Der zu jedem Jahrestag aufschäumenden Schulddebatte gab der vormalige bosnische Außenminister Mohammed Sacirbey einen neuen Schub mit der in mehreren Interviews aufgestellten Behauptung, der amerikanische Diplomat Richard Holbrooke habe seinerzeit von den Bosniern gefordert, ihre Enklaven Srebrenica, Goražde und Žepa zu opfern. Die Anweisung dazu habe er von Clintons Sicherheitsberater Tony Lake erhalten. Auch die frühere Chefanklägerin des Haager Tribunals, Carla Del Ponte, meldete sich zu Wort mit dem Vorwurf, führende Repräsentanten der internationalen Gemeinschaft hätten von dem bevorstehenden Angriff auf Srebrenica gewusst und nichts getan, diese Attacke zu verhindern. In den Niederlanden wurden einige Blauhelm-Soldaten für ihren »außerordentlich schwierigen Auftrag« in Srebrenica demonstrativ mit Orden ausgezeichnet.

Srebrenica heute, das ist ein trostloser Ort. Eine schäbige Kleinstadt im Betäubungszustand, misstrauisch gegenüber jedem fremden Besucher. Er könnte ja ein Verwandter von Vertriebenen sein. An den Wänden ausgebrannter Häuser hängen Schilder mit Telefonnummern und dem Angebot »*Prodaje se*«, »zum Verkauf«. Das Kurbad ist zerstört. Eine der fünf früheren Moscheen wurde restauriert, ihr weißes Minarett steht in Sichtweite der ebenfalls wieder herausgeputzten orthodoxen Kirche. Unterhalb des alten Marktplatzes, gleich beim Kindergarten »Proletarier«, ist ein neues Einkaufszentrum eröffnet worden, ein ockergelber Kasten mit Cafeteria, dem Treffpunkt der Teenager. Das Gros der etwa 12 000 Einwohner stellen nun die Serben. Viele davon kamen selbst als Flüchtlinge aus anderen Teilen Bosniens, den Außenvierteln von Sarajevo oder der kroatischen Krajina.

Auch fünftausend Moslems sollen jetzt wieder in Srebrenica leben, heißt es von offizieller Stelle. In Wirklichkeit dürften es kaum vierhundert sein. Sie beschrieben unlängst ihr Leben unter den Serben in einem offenen Brief an die Regierung in Sarajevo als »hart und erniedrigend«, fühlen sich ständig schikaniert, vor allem von der Polizei. Die Übrigen haben sich nicht als Rückkehrer registrieren lassen. Sie bleiben lieber in der bosnischen Föderation angemeldet, wo sie Vorteile haben wie kostenlose Krankenversicherung, Kredite als Kriegsveteranen, Stipendien für ihre Kinder. Außerdem gibt es in Srebrenica bei einer Arbeitslosenquote von über 60 Prozent für Moslems keinerlei Beschäftigung. Das mag sich ändern, wenn private Investoren aus Slowenien demnächst drei Holzfabriken eröffnen mit insgesamt fünfhundert Arbeitsplätzen.

Um die ethnischen Vertreibungen nachträglich nicht auch noch politisch zu belohnen, galten zunächst die alten Wählerregister aus der Zeit vor dem Krieg. Und weil die nach Tuzla oder Sarajevo geflohenen Muslime von ihrem Wahlrecht für Srebrenica weiter Gebrauch machten, hatte die von den Serben übernommene Stadt bis zur Kommunalwahl Ende 2008 einen muslimischen Bürgermeister.»Aber meine Machtbefugnisse sind gleich null«, beschrieb Abdurahman Malkić seine eher virtuelle Amtstätigkeit. Sämtliche Zuständigkeitsbereiche der Gemeinde hatte die Führung der Serbenrepublik in Banja Luka an sich gerissen, den Zugriff auf die Wirtschaftsressourcen, die Tätigkeit der Verwaltung, die Genehmigung von Aufbauprojekten. Malkić musste viele bestialische Morde an seinen Landsleuten mit ansehen, er wurde fünf Monate von den Serben gefangen gehalten. Als Bürgermeister blieb ihm eigentlich nicht mehr zu tun, als alljährlich eine Rede zu halten an der Gedenkstätte in Potočari, die der Hohe Repräsentant Christian Schwarz-Schilling 2007 in seiner letzten Amtshandlung der Aufsicht des bosnischen Gesamtstaats unterstellte. Viel zu wenig geschehe, klagte der Ortsvorsteher, um die Infrastruktur der Stadt zu erneuern, die Strom- und Wasserversorgung zu verbessern, Straßen zu bauen und Häuser zu renovieren. »Angeblich erhielten wir Millionenhilfen aus dem Ausland«, sagte Malkić, »aber davon ist wenig bei uns angekommen.«

Dass sich noch viele Muslime dazu entschließen werden, in ihre Heimat zurückzukehren, bezweifelte der Bürgermeister, der selbst nicht in Srebrenica wohnt, sondern bei Sarajevo.»Warum sollte man als Witwe zurückkommen und in die Augen der Täter blicken? Die meisten sind ja noch da.« Malkić kann dieses Zögern durchaus verstehen. Es kursiert eine Liste mit Namen von 892 Personen, die beschuldigt werden, seinerzeit direkt an den Verbrechen beteiligt gewesen zu sein. Viele von ihnen sind noch immer in der serbischen Administration beschäftigt, als Polizisten, Lehrer, Arbeiter im Gesundheitswesen. Da offenbar Beweise für ihre individuelle Schuld fehlen, bleibt ihnen die Anklage vor dem Haager Tribunal erspart.

Doch einige Muslime wollen schon dort wieder leben, wo sie geboren wurden. Auch die Schwester von Malkić besaß die Kraft und den Mut zur Rückkehr, obwohl ihr Mann und ihr Sohn von den Serben ermordet wurden. Dagegen weist Fatima Effendić, nunmehr Schuhverkäuferin in Biel, jeglichen Gedanken an Heimkehr in hartem Züridütsch zurück:»Hier gibt es für mich keine Zukunft, meine Zukunft ist die Schweiz.« Aber Fatimas Mutter Hajra hat sich gerade ein kleines Haus in Bratunac gekauft, wo ihr ebenfalls umgekommener Bruder Džemal vor dem Bürgerkrieg Dienst als Polizeioffizier schob.»Ich will wieder zurück«, verrät in Potočari die Muslimin, die damals im letzten Bus der deportierten Frauen und Kinder saß,»ich will bei unseren Gräbern sein.« Zärtlich streift Hajra am Granitblock der Gedenkstätte mit den Fingern der rechten Hand über die eingemeißelten Namen ihrer toten Angehörigen.

8
Heimsuchungen in Foča

Er ist der jüngste Imam Bosniens, doch dies auf trostlosem Posten in einer Mission ohne viel Hoffnung. Fünfmal täglich ruft Faruk Džankić, der einundzwanzig Jahre alte Gemeindevorsteher der Muslime von Foča, über den kleinen Lautsprecher seiner Atik-Ali-Pašina-Moschee die Gläubigen zum Gebet. Gelegentlich erscheint eine alte Frau, aber meistens bleibt er allein. Nur am Freitag kommen Besucher aus den Dörfern der Region. Dann versammeln sich etwa dreißig Betende im unlängst restaurierten Gotteshaus, das wie die anderen zehn Moscheen der Stadt an der Drina während des Bürgerkriegs von den Serben niedergebrannt worden war. Darunter die aus dem 16. Jahrhundert stammende Aladža-Moschee, einst eine der schönsten Europas.

»Ich kann meine Glaubensbrüder ruhigen Gewissens auffordern, nach Foča zurückzukehren«, sagt der islamische Würdenträger, unter einem Lindenbaum bei der Moschee sitzend, »es gibt für die Muslime hier keine Probleme mehr.« Doch seinem Ruf folgen nur wenige, die Schrecken der Bürgerkriegswirren sind unvergessen. Allein fünftausend der ehemaligen Muslime von Foča leben nunmehr im siebzig Kilometer entfernten Sarajevo, viele im Ausland. Lediglich vierzig Häuser der Stadt werden heute noch von weniger als zweihundert Muslimen bewohnt, überwiegend Rentnern. Wenn er in seinem weißen Ahmedia-Gewand und mit dem Turban durch die Straßen spaziert, fühlt der Imam sich keinerlei Anfeindungen ausgesetzt. »Ich werde nicht angepöbelt«, würdigt er optimistisch einen Hauch von Toleranz der neuen Zeit. Natürlich gebe es noch böse Blicke, »aber die gab es immer«.

Nicht immer. Vor dem Kampf um Bosnien waren schließlich

mehr als die Hälfte der damals 40 000 Einwohner dieser Gemeinde Muslime (Bosniaken) gewesen, in der Stadt selbst gab es ein leichtes Übergewicht der Serben. Gleich hinter dem Fluss Drina verlief einst die Grenzlinie zwischen christlichem Abendland und islamischem Orient. Zwischen den Imperien Wiens und Istanbuls, »zwischen zwei sich bekriegenden Welten«, deren Auseinandersetzung Ivo Andrić in seiner berühmten Chronik *Die Brücke über die Drina* am Beispiel von Višegrad großartig beschrieb. In Foča, diesem Provinznest in einer bewaldeten Hügellandschaft, fand sich an einem schmutzig-gelben Haus unweit der Drina das wohl skurrilste Überbleibsel der zivilisatorischen Mission Habsburgs im wilden Balkan: Auf Deutsch und Kroatisch, in der Sprache der vormaligen Herrscher und Unter-tanen, trug eine Gedenktafel neben einer Pegelmarke die Inschrift: »Hochwasser vom 10. Oktober 1896.«

Doch mit dem Wasser der Drina verbanden Fočas Muslime viel schrecklichere Erinnerungen. Sie kamen quälend im kollektiven Be-wusstsein wieder hoch unmittelbar vor Ausbruch des Bürgerkriegs, als die Spannungen zwischen den Volksgruppen sich Anfang der Neunziger auch in Foča dramatisch verschärften. Wer vormals als Besucher mit Senad Šahinpašić sprach, Spross einer reichen Händ-lerfamilie mit blaublütigen Ahnen, den erinnerte die dominierende Figur der islamischen Gemeinde an eines der grauenvollsten Kapitel des Zweiten Weltkriegs, das seitdem das Zusammenleben zwischen Muslimen und Serben traumatisch belastete. »Hier wurde unser Volk wie eine Herde Schafe abgeschlachtet«, schilderte Šahinpašić ein Massaker aus dem Frühsommer des Jahres 1941. Damals hatten To-desschwadronen königstreuer, großserbischer Tschetniks Treibjag-den veranstaltet auf Muslime und kommunistische Partisanen. Dabei suchten sie auch Foča heim und metzelten mehr als achttausend Muslime nieder, darunter 274 Kinder. Die Leichen wurden in den Gebirgsfluss Drina geworfen. »Das Schlimmste war«, erregte sich Senad Šahinpašić, »dass einige der Tschetnik-Mörder vor Kriegsende noch rechtzeitig die Fronten wechselten und als siegreiche Partisa-nen nach Foča zurückkehrten; das Verbrechen wurde nie gesühnt.« Die Serben, nunmehr eifrige Titoisten, übernahmen die Schlüsselpositionen in der Gemeinde Foča, in ihrer Polizei, in den Industrieunternehmen. So blieb es, selbst als die Kommunistische Partei abgedankt hatte. Aber nun machten die Muslime politisch mobil und organisierten sich in der »Partei der demokratischen Aktion« von Alija Izetbegović. Der erschien im Sommer 1990 zu einer Gedenkveranstaltung für die muslimischen und serbischen Opfer des Zweiten Weltkriegs an der Brücke über die Drina, begleitet von dem damals noch gemäßigt auftretenden Serbenpolitiker Radovan Karadžić. Feierlich versicherten beide, niemals wieder dürfe Blut die Drina herabfließen. Und von dem Führer der bosnischen Serben war zu dieser Zeit auch noch der Satz zu hören: »Unsere muslimischen Brüder stehen uns näher als viele christliche Völker in Europa.« Das sollte sich schnell ändern.

Senad Šahinpašić schloss sich Izetbegović an und fürchtete, dass ein neuer Todesreigen anheben könnte. Genau das geschah. Als in Sarajevo von der muslimisch-kroatischen Parlamentsmehrheit die Unabhängigkeit der vormaligen Teilrepublik Bosnien-Herzegowina ausgerufen wurde, gingen die bosnischen Serben in die strategische Offensive. Ihre Milizen und Tschetnik-Verbände, unterstützt von Einheiten der Bundesarmee, überrannten im April 1992 die muslimischen Bezirke und Städte im Osten des Landes, um mit »ethnischen Säuberungen« neue politische Tatsachen zu schaffen und einen Anschluss dieser Region an das nur mehr aus Serbien und Montenegro bestehende Rest-Jugoslawien vorzubereiten. Besonders barbarisch verliefen die dreitägigen Auseinandersetzungen um Foča. In der Stadt kamen 3500 Muslime um, es gab Massaker wie im Zweiten Weltkrieg. Wieder wurden die Muslime zu den Brücken über die Drina getrieben, dort geköpft, abgeschlachtet und ins Wasser geworfen. Velibor Ostojić, ein Vertrauter des Serbenführers Radovan Karadžić und Vorsitzender im Parlamentsausschuss für Menschenrechtsfragen, soll dabei gesehen worden sein, wie er mit den Köpfen von Muslimen Fußball spielte.

»Die Serben haben ein Problem«, glaubt Imam Džankić mit einem aufs Pathologische anspielenden Deutungsversuch, »sie leben für ihre Geschichte, und das mit all ihren Perversitäten.« So sei im

Treibjagden auf Muslime:
Serbische Freischärler in einer Kampfpause

Zweiten Weltkrieg ein Imam in Foča von einem Serben umgebracht worden in der Art, wie Muslime sich zu waschen pflegen. Erst habe er ihm die Hände abgehackt, dann den Mund, die Nase und so weiter. »Und in diesem Bürgerkrieg hat der Sohn dieses Serben den Sohn des Imams getötet, erneut in dieser Reihenfolge. Das ist das historische Problem der Serben.«

Dass auch sexuelle Gewalt als Waffe zur »ethnischen Säuberung« diente, offenbarten die Verhandlungen vor dem Haager Kriegsverbrechertribunal, in denen von Foča viel die Rede war. Die Zahl der Opfer von Vergewaltigungen während des Bosnienkriegs wird auf etwa 30 000 geschätzt. Drei Serben aus Foča wurden von dem Gerichtshof wegen Gefangenhaltung, Folterns und Massenvergewaltigung muslimischer Mädchen zu achtundzwanzig Jahren Haft verurteilt. Die kroatische Schriftstellerin Slavenka Drakulić hat als Prozessbeobachterin über diesen Fall mit ihrer Studie *Keiner war dabei. Kriegsverbrechen auf dem Balkan vor Gericht* ein bewegendes Zeugnis vorgelegt. Die Männer verstanden die Anklagepunkte gegen sie überhaupt nicht. Einer verteidigte sich damit, immerhin habe er den

Frauen das Leben gerettet,»denn ich hätte sie doch auch töten kön-
nen«. Mehrere Jahre nach dem Friedensschluss von Dayton stand
Foča unter internationaler Ächtung, weil es sich weigerte, gesuchte
Kriegsverbrecher auszuliefern.

An der Brücke über die grün schäumende Drina steht heute ein
Denkmal. Es erinnert die Bürger von Foča indes nicht an die Tausenden von gemeuchelten Muslimen. Die stilisierte Statue zweier Kämpfer ist jenen 646 Serben gewidmet, die laut Inschrift »ihr Leben für
die Serbenrepublik im Heimatkampf 1991 bis 1995 ließen. Das serbische Volk dankt.«

Der Imam Faruk Džankić stammt aus Tuzla. Den Bosnienkrieg
hat er glücklicherweise nur im Fernsehen erlebt, seinerzeit in Saar-
brücken, wo sein Vater als Schweißer arbeitete. 1998 kehrte die Familie in die bosnische Hauptstadt Sarajevo zurück. Faruk entschied
sich, Geistlicher zu werden und schließlich den Himmelfahrtsposten
in der Hochburg der serbischen Ultras von Foča zu übernehmen.
Dabei hatte er erwartet, dass ihm einige seiner Glaubensbrüder folgen würden. Doch keiner der Jungen kommt zurück,»denn in den
neuen Firmen haben Muslime keine Chance, Serben werden bevorzugt«. Der Imam mosert ein wenig über die gut betuchten Bosniaken, die zwar Gelder für religiöse Zwecke spenden, aber Investitionen
für den Aufbau neuer Unternehmen in Foča scheuen, die Arbeits-
plätze für Rückkehrwillige anbieten könnten. Damit meint er wohl
auch den früheren Obsthändler Senad Šahinpašić, der es im Krieg
mit allerlei Geschäften zu einem Vermögen brachte und heute
als einer der reichsten Männer in Sarajevo gilt. Aber Manager seines
Schlages kalkulieren kühl, sie sehen für muslimische Firmen in
der Region der Srpska Republika offenbar keine Zukunft. Nur zehn
Kilometer von Foča entfernt, in dem kleinen Ort Ustikolina, der nun
zur muslimisch-kroatischen Föderation gehört, ließ sich Šahinpašić
eine Residenz errichten. Um diesen Flecken hatten Bosniens Unterhändler bei den Verhandlungen zum Dayton-Abkommen erbittert
gekämpft. Denn hier stand einmal Bosniens älteste Moschee, die von
Karadžićs Serben in die Luft gesprengt worden war.

In vielen Kaffeehäusern von Foča, das jetzt zwölftausend Einwohner zählt, nahezu ausschließlich Serben, hängen noch immer Bilder von Karadžić und Mladić. Beide werden als Helden verehrt.

Vor seiner Festnahme in Belgrad hielt sich Karadžić längere Zeit in der Umgebung von Foča auf, hatte Verstecke in den Gebirgswäldern des Grenzgebiets zu seiner Heimat Montenegro.»Niemand hier hätte ihn ausgeliefert«, räumt der serbische Bürgermeister Zdravko Krsmanović ein, der lieber den Blick nach vorne richtet, als sich mit den Schlacken einer unseligen Vergangenheit zu beschäftigen. Die hat der fünfzigjährige Bauingenieur, ein Mann mit schmal geschnittenem Gesicht, dunklem Haar und drahtiger Figur, nur unbeschadet überstanden, weil er sich wegduckte, als das Gros seiner Landsleute im nationalistischen Rausch schwelgte.»Ich versuchte damals, meinen Kopf zu retten«, sagt er und schaut zurück mit Schaudern,»wenn die Verrückten an die Macht kommen, töten sie als Erste die Klugen.«

Als er selbst als Kandidat der kleinen»Sozialistischen Partei« im November 2005 das Ruder in Foča übernahm, stand Krsmanović »vor einem schwarzen Loch, dies war buchstäblich das Ende der Welt«. Die Stadt, die wegen der internationalen Sanktionen keinerlei Aufbauhilfe von außen erhielt, sah fürchterlich aus. Überall Müllhalden und Ratten, kokelnder Unrat in ausgebrannten Häuserruinen, kaputte Straßen und zerborstene Abwasserrohre. Der neue Bürgermeister, bei der Kommunalwahl Ende 2008 im Amt bestätigt, räumte systematisch auf, löste ein Problem nach dem anderen. Die alten Staatsfirmen sind privatisiert, die Medizinische Hochschule hat 1200 Studenten, es gibt ein neues Krankenzentrum, slowenische Investoren kümmern sich um die Holzverarbeitung. Und der nah gelegene grandiose Nationalpark Sutjeska, der im Frühjahr 1943 Schauplatz einer verlustreichen Schlacht der eingekesselten Partisanen Titos gegen die Deutschen gewesen war, zieht wieder Touristen an. Auch bei der politischen Hygiene kann Krsmanović Erfolge vorweisen. Die vom Haager Tribunal gesuchten mutmaßlichen Kriegsverbrecher wurden überzeugt, sich freiwillig zu stellen. Insgesamt waren es elf. Ungerecht allerdings findet der Bürgermeister schon, dass »nicht gegen einen Einzigen der Muslime Anklage erhoben wurde, obwohl auch die serbischen Dörfer überfallen worden waren«.

Der junge Imam, anfangs misstrauisch, sagt heute geradezu werbend, dieser serbische Bürgermeister sei eine ehrliche Haut, präzise in seiner Arbeit, hilfreich auch für die Bosniaken. Krsmanović selbst rühmt sich seiner guten Beziehungen zu den Muslimen und hofft, »dass einige wieder zu uns zurückkommen, weil es für sie in Sarajevo langsam zu teuer wird«. Nur wenn beide Volksgruppen wieder gegenseitiges Vertrauen aufbauen, habe das Land eine Überlebenschance. Der Bürgermeister von Foča macht kein Hehl daraus, dass er die nationalistischen Tiraden des Serbenführers Milorad Dodik in Banja Luka, dessen Drohung mit Referendum und Abspaltung des serbischen Landesteils für ein Spiel mit dem Feuer hält. Da will er ganz entschieden gegenhalten und mitwirken, dass auch auf der serbischen Seite Politiker an die Spitze gelangen, die an die Zukunft eines gemeinsamen Staates Bosnien und Herzegowina in Europa glauben. Denn eine Zerstörung der jetzigen Struktur, darüber besteht für Zdravko Krsmanović nach den zurückliegenden Erfahrungen kein Zweifel, »würde nicht ohne ein neuerliches Blutbad abgehen«.

9
Mostars verfeindete Brüder

Jetzt springen sie wieder. Und sie verlangen von Touristen »hundert Euro« dafür, dass sie sich von der Brüstung der schönsten Brücke auf dem Balkan tollkühn fünfundzwanzig Meter hinabwerfen in die grün schäumende Neretva. »Aber bitte das Geld vorher«, sagt Zijad, ein neunzehn Jahre alter Arbeitsloser aus dem Osten der zwischen Muslimen und Kroaten geteilten Stadt Mostar. Der athletische Bursche mit blauer Badehose und rotem T-Shirt gibt sich dann jedoch auch mit der Hälfte des verlangten Obolus zufrieden. Er reicht Schein und Hemd einem Freund, klettert auf das steinerne Geländer, hebt ab und fliegt mit einem Lustschrei, die Arme weit ausgebreitet wie die Schwingen eines Adlers, in den gurgelnden Schlund des Flusses hinunter, um gleich danach wieder aufzutauchen und triumphierend mit der rechten Faust nach oben zu grüßen. Die Zuschauer, ein paar unter der brennenden Julisonne schwitzende Briten und Deutsche, sind hingerissen von diesem Spektakel. Sie klatschen begeistert.

Der Sprung von der alten Türkenbrücke in Mostar, der Stari Most, war von jeher eine Mutprobe für die Heranwachsenden dieser Stadt, die damit beweisen wollten, es nun zu richtigen Männern gebracht zu haben. Sportschwimmer aus den vormals nahezu gleich großen Bevölkerungsgruppen der Kroaten und muslimischen Bosniaken sowie auch viele Serben nahmen an Wettkämpfen teil, die sich als Touristenattraktion zudem gut versilbern ließen. Und es konnte dafür keine grandiosere Kulisse geben als die von 1556 bis 1566 von dem osmanischen Architekten Mimar Hajrudin auf römischen Fundamenten errichtete Brücke, die zwischen zwei mächtigen Türmen freitragend die Schlucht der Neretva auf dreißig Metern in einem schmalen Bogen überspannt.

»Ein Miteinander in der nächsten Generation«:
Wiederaufgebaute Türkenbrücke über die Neretva

Die Brücke war das am meisten fotografierte Bauwerk im alten
Jugoslawien, sie galt gleichsam als Symbol für das Miteinander der
Religionsgemeinschaften. Denn auf dem linken Steilufer über dem
wilden Strom wohnten überwiegend Muslime, auf dem rechten vor
allem Kroaten und einige Serben. Sie alle lebten über Jahrhunderte
weitgehend in Frieden, unter den Türken wie den Habsburgern, bis zu
jenem verhängnisvollen Tag, an dem die vormalige jugoslawische
Teilrepublik Bosnien-Herzegowina im April 1992 ihre Unabhängigkeit erklärte. Die Stadt mit den meisten Mischehen zwischen Christen
und Muslimen verwandelte sich im darauffolgenden Bürgerkrieg in
eine Höllenstätte. Frühere Nachbarn und Freunde schossen nun aufeinander, von den umliegenden Bergen feuerten die Geschütze der
einen Soldateska auf die Wohnviertel der anderen, der gnadenlose
Kampf forderte Tausende Opfer und machte die pittoreske Altstadt
zum Trümmerfeld. 80 Prozent der Gebäude im Osten und 20 Prozent
der im Westen wurden zerstört. Am Ende war auch das Wahrzeichen
Mostars dran, die berühmte Brücke. Panzerkanonen der Kroaten nah-

men sie so lange unter Beschuss, bis sie am 9. November 1993 zerbarst und ihre Quader in den Fluten der Neretva versanken.

Zu diesem Zeitpunkt hofften die bosnischen Kroaten noch darauf, bei einer Friedensregelung und Dreiteilung der Republik einen eigenen Separatstaat »Herceg-Bosna« mit 17,5 Prozent des Gesamtterritoriums im Verhandlungspoker erstreiten zu können. Dessen kultureller und politischer Mittelpunkt sollte der Westteil von Mostar werden, Hauptstadt der Herzegowina. Dort bedurfte es demnach keiner Verbindung mehr zu den ungeliebten Muslimen auf der anderen Seite des Flusses. Doch diese Pläne scheiterten am Widerstand von Westeuropäern und Amerikanern, die für Mostar keine Teilung wünschten, sondern eine zeitweise internationale Verwaltung unter Obhut der Europäischen Union. Die schickte als ersten Administrator im Juli 1994 den vormaligen Bremer Bürgermeister Hans Koschnick an die Neretva. Der angesehene Sozialdemokrat übernahm damit ein Himmelfahrtskommando in einer der heißesten Ecken Europas. Das galt zunächst einmal geografisch, denn in dieser Oase, die inmitten einer Steinwüste liegt, klettert das Thermometer sommers oft über 40 Grad Celsius. Drückender noch war das politische Handicap, hier auf eine Bevölkerung zu treffen, deren Volksgruppen durch den Bürgerkrieg zutiefst verfeindet waren und sich eine Gemeinschaft kaum mehr vorstellen mochten. Das galt insbesondere für die Kroaten, die sich als eigenes regionales Zentrum abspalten wollten, deshalb sämtliche Anstrengungen boykottierten, eine gemeinsame kommunale Verwaltung wieder aufzubauen. Aber auch bei den Muslimen überwog das Misstrauen, zu frisch war die Erinnerung an die wechselseitigen Gräueltaten. Anschläge und Morde gab es noch zur Genüge, niemand wagte sich in den Stadtteil der anderen. »Alle reden vom multiethnischen Zusammenleben, doch keiner akzeptiert das in seinem Bereich«, beschrieb damals der moderate Muslim-Bürgermeister von Ost-Mostar, Safet Oručević, die hoffnungslose Situation dem Besucher, hatte man sich inmitten einer Ruinenlandschaft zu seinem Amtssitz Presidency durchgeschlagen, dessen umliegender Park während des Kriegs notgedrungen in einen Friedhof verwandelt worden war.

Da konnte einer nur scheitern, der zusammenführen und nicht trennen wollte. Koschnick residierte in der Ödnis eines heruntergekommenen Hotels, schleppte Koffer voller Gelder in die Stadt, bestand jedoch darauf, dass alle Volksgruppen davon profitieren sollten. Vor allem, so sein Schiedsspruch, in einem multiethnischen Kernbezirk der Stadt, in der immer noch etwa 80 000 der gut 110 000 Einwohner Mostars ausharrten. Doch der optimistische und mutige, wenn auch bisweilen etwas selbstgefällige Administrator konnte sich nicht durchsetzen. Die kroatischen Extremisten machten gegen ihn mobil. Der Mann aus Bremen überstand durch Zufall ein Attentat und dann die brenzlige Situation, als dreihundert aufgebrachte Kroaten vor dem Hotel sein gepanzertes Auto blockierten, beschossen und mit Steinbrocken bewarfen in der offenkundigen Absicht, den Insassen zu lynchen. Noch mehr aber traf ihn die Entscheidung der christliberalen Bonner Regierung, den von ihr Entsandten plötzlich politisch hängen zu lassen. Auf einem Treffen der EU-Außenminister in Rom ließ Klaus Kinkel die Revision von Koschnicks Schiedsspruch zu und damit die Desavouierung des Administrators. Der quittierte, tief verletzt, daraufhin seinen Dienst vorzeitig Ende Februar 1996. Aber schlimmer noch: Dieser Rückzug der EU signalisierte den Volksgruppen noch einmal, dass sich Gewaltanwendung eben lohnt.

So wie dann die gesamte Republik geteilt wurde mit den im Dayton-Abkommen vereinbarten ethnischen Abgrenzungen, blieben auch die Bürger von Mostar getrennt. In diesem Fall aber Muslime und Kroaten, also mit einer nochmaligen Separation innerhalb der muslimisch-kroatischen Föderation. Zwar gibt es heute einen gemeinsamen Stadtrat, dessen Wahl ethnisch quotiert ist und den zahlenmäßig leicht überlegenen Kroaten die Mehrheit garantiert, also auch den Bürgermeister. Aber für eine Vereinigung der Stadt sorgt diese Regelung keineswegs. Im Gegenteil. Alles ist, auf Druck der Kroaten hin, für die beiden Volksgruppen und Stadtteile mit einem ungemein kostspieligen Aufwand getrennt in zweifacher Verwaltung und Ausfertigung: Wasserversorgung und Kanalisation, Strom und Müllabfuhr, Feuerwehr, Krankenhäuser und das Bildungswesen. Bosnische und kroatische Kinder gehen in eigene Schulen, lernen aus eigenen Schulbüchern höchst Unterschiedliches über den letzten Bürgerkrieg. Die Kroaten behaupten, nur so könnten sie ihre »Identität« bewahren und sich der muslimischen Dominanz erwehren in der Föderation. Sie haben sogar mit dem »HŠK Zrinjski«, benannt nach jenem kroatischen Adeligen, der Ende des 17. Jahrhunderts in Wien wegen des Aufstands gegen die Habsburger hingerichtet worden war, einen eigenen Fußballclub gegründet. Und damit dem renommierten Verein »Velež« den Rücken gekehrt, der im fußballbegeisterten Mostar international erfolgreiche Spieler und Trainer hervorbrachte wie Enver Marić, Franjo Vladić oder Sergej Barbarez.

Die internationale Gemeinschaft finanziert die grotesken Sonderregelungen mit Dauerzuschüssen, sie hat mit mehreren hundert Millionen Euro in Mostar ein Vermögen verbrannt. Unsummen versickerten dabei in korrupten Netzwerken von Politikern und Geschäftsleuten. »Wir haben hier genug getan, es ist längst Zeit zu gehen«, plädiert der Russe Anatoli Viktorov, seit 2004 Mostars Administrator, unentwegt für den Abzug aller internationalen Organisationen, »um den Einheimischen nicht zu erlauben, sich weiter bequem hinter unserem Rücken zu verstecken«. Wo das viele Geld geblieben ist, vermag der Spitzendiplomat aus Moskau nicht zu sagen. Einige Viertel der Stadt sehen nach wie vor jämmerlich aus. Vierzehn Jahre nach Kriegsende finden sich im Zentrum noch ganze Häuserzeilen mit Ruinen wie faulen Zähnen und Betonskeletten, in denen kleine Urwälder wachsen. Einige der Gebäude stehen angeblich unter Denkmalschutz, und für die Restaurierung fehlt das Geld, das anderswo verschwand. Es gibt aber auch viele ausgebrannte Häuser mit Verkaufsschildern. An einer der von Einschusslöchern perforierten Fassaden prangt in roten Lettern die Verwünschung »*fuck the war*«.

»Interessengruppen beider Seiten zocken die internationale Gemeinschaft ab«, beschreibt der Soziologe und Radiojournalist Enes Ratkušić die Absahnerkünste von Mostars politischen Eliten, »mit dem hier aufgewandten Geld hätte ganz Bosnien renoviert werden können.« Die internationalen Administratoren, so sein trauriger Befund, lösten und nutzten sich ab, ohne viel zu bewegen. Kardinalfehler des Westens sei die Zustimmung zur ethnischen Teilung der

Republik gewesen. Jetzt stagniere das Land wirtschaftlich, und politisch herrsche Anarchie. Zahlreiche Clans nutzten diese Lage zur Bereicherung aus, gemeinsam mit ausländischen Investoren. »Wir sind eine große Geldwäschefabrik«, zürnt Ratkušić und kann sich während eines Forellenessens gar nicht freuen an der Umgebung, wie sie kaum angenehmer sein kann in Mostar an einem heißen Sommerabend: Im kühlen Biergarten am Karstbach Buna, der im Ausflugsort Blagaj tosend aus der steilen Felswand herausstürzt. Wenige Kilometer weiter mündet der kristallklare Fluss in die Neretva, die unterhalb von Mostar durch ein Aluminiumkombinat verseucht ist. Bis zum Delta an der Adria hinab stecken die Fische voller Blei.

Sie wollen so wenig wie möglich miteinander zu tun haben, die verfeindeten Brüder an der Neretva. In den jeweiligen Volksgruppen geben die Scharfmacher den Ton an und spannen dafür die Religion ein. Da wird schon mal des Nachts eine Moschee mit Handgranaten beworfen und dafür anderntags ein katholischer Friedhof geschändet. Im Ostteil Mostars gab es vor dem Krieg neunzehn Moscheen, unterdessen sind es zweiundvierzig. Und im Westen verdeutlicht den Herrschaftsanspruch der katholischen Kroaten ein riesiges weißes Betonkreuz. Zweiunddreißig Meter hoch überragt es auf der Spitze des Berges Hum alle Minarette und Kirchtürme. Die Muslime erregen sich weniger über das Kreuz als über die damit verbundene Provokation. Denn es wurde genau an jener Stelle errichtet, von der während des Bürgerkriegs kroatische Artilleriestellungen unerbittlich auf die bosniakischen Wohnviertel feuerten.

Immerhin ein Wahrzeichen Mostars wurde wiederhergestellt und in den Rang eines Weltkulturerbes erhoben: Die alte Türkenbrücke im gepflasterten Basarviertel mit den vielen Souvenirläden, Cafés und Restaurants. Die vom Grund der Neretva geborgenen Quader waren wegen der Wassereinwirkung an den Bleipflöcken nicht mehr zu gebrauchen. Für den originalgetreuen Nachbau mussten Felsbrocken aus einem nahen Steinbruch herangekarrt werden, aus dem sich einst schon der Architekt Hajrudin bedient hatte. Als die neu entstandene Stari Most im Juli 2004 mit einem internationalen Festival eingeweiht wurde, war auch Hans Koschnick zugegen.

Mostars erster Administrator äußerte die Hoffnung, als Symbol könne die Brücke die Volksgruppen beiderseits des Flusses zum Stolz auf die eigene Stadt zurückführen,»und ich setze in der nächsten Generation darauf, dass ein Miteinander wieder beginnen kann«. Von den Bewohnern heute, diese Erkenntnis war realistisch, ist das schwerlich zu erwarten.

10
Ein mörderischer Psychiater: Radovan Karadžić

Nein, in dieser Maskerade und Montur war er nun wirklich nicht zu erkennen. Die Fotos machten deutlich, dass der einstige Führer der bosnischen Serben sein Versteckspiel getrost in aller Öffentlichkeit zelebrieren konnte. Mit jener ihm eigenen narzisstischen Eitelkeit, mit der Radovan Karadžić von jeher die Rollen seines Lebens auszufüllen und nach Aufmerksamkeit zu gieren pflegte: zunächst als Dichter und fürsorglicher Psychiater, dann als Politiker und brutaler Kriegsherr beim Auseinanderbrechen Jugoslawiens in den mörderischen Wirren des bosnischen Konflikts, danach dreizehn Jahre im Untergrund als ein vom Haager Tribunal mit einer Kopfprämie von fünf Millionen Dollar gesuchter mutmaßlicher Kriegsverbrecher. Dabei hatte er sich zuletzt das Gewand des umtriebigen Alternativmediziners und Wunderheilers zugelegt.

Was für eine Gaukelei! Mit Haarknoten und schlohweißem Rauschebart kam er daher, dieser Dr. Dragan David Dabić, freundlich den Panamahut lüpfend und ein Lächeln auf dem von gewaltigen Brillengläsern bewehrten Gesicht. Die internationalen Fahnder wähnten ihn irgendwo verborgen in einer Höhlenschlucht des Balkans, in einem orthodoxen Kloster. Oder als heimlichen Exilanten in Russland, wo man ihn mit Literaturpreisen geehrt hatte. Aber der Gesuchte spazierte seelenruhig durch Belgrad. Er behandelte als Neuropsychiater Patienten in Arztpraxen und Kliniken, posierte als spiritueller Forscher, empfahl sich als Experte für Kräuter, fernöstliche Heilverfahren und Mittel gegen Erektionsstörungen. Der smarte Bohemien verscherbelte Magneten, Amulette und Kreuze zur Schmerzbekämpfung, Pendel und anderen bioenergetischen Trödel. Er schrieb Artikel für Fachzeitschriften, besuchte Partys, hielt Vorträge auf Kongressen, die das Fernsehen live übertrug. In seiner Wohnung gefundene Videobänder zeigen ihn als Urintrinker und bei sexuellen Perversionen. Niemand ahnte offenbar oder interessierte sich ernstlich dafür, wer hinter diesem Dr. Dabić steckte. Selbst die Frage nach seinem ärztlichen Diplom wusste er geschickt zu parieren mit einer herzergreifenden Geschichte: Das Dokument liege bei seiner geschiedenen Frau im fernen Amerika, und die rücke es aus Rache nicht mehr heraus.

Es muss Radovan Karadžić eine diebische Freude bereitet haben, alle Welt zu foppen. Als notorischer Spieler ging er groteske Risiken ein. Unweit seiner Zweizimmerwohnung in einem der Betonklötze des Vororts Novi Beograd genoss er regelmäßig seine Auftritte in der Stammkneipe »Luda Kuća«, was schlicht »Irrenhaus« bedeutet. Dort gab er zunächst den stillen Gast, trank seinen Kaffee oder ein paar Glas Rotwein. Später griff er zu vorgerückter Stunde schon mal zur Gusla, der einsaitigen Fiedel der Serben, und spielte mit Verve eine der melancholischen Volksweisen. Die übrigen Gäste lauschten hingerissen, bekamen von diesem seltsamen Alten gelegentlich auch nationalistisches Rüstzeug serviert: »Meine Kinder, ihr seid Serbiens Zukunft. Gebt eure Traditionen weiter. Das ist das Einzige, was Serbien retten kann.« An der Wand des gastronomischen Irrenhauses hingen Fotos serbischer Politheroen, auch die der bosnischen Serbenführer Ratko Mladić und Radovan Karadžić. Der Dr. Dabić saß stets gegenüber seinem eigenen früheren Konterfei. Doch er ließ sich nichts anmerken.

Natürlich gab es in der Serbenmetropole Belgrad einige, die um die wahre Identität dieses dreiundsechzig Jahre alten Quacksalbers wussten. Sie arbeiteten beim Geheimdienst, dessen Drahtzieher noch aus den Zeiten des Despoten Slobodan Milošević stammten und ihrem einstigen Kumpanen Unterschlupf nebst falschen Papieren verschafften. Und die dann umschwenkten, die ihn verrieten und seine Festnahme am 21. Juli 2008 bekannt gaben, um sich Belgrads neuen demokratischen Regenten anzudienen. Der pro-westlich orientierte Präsident Boris Tadić brauchte nämlich dringend den spektakulären Erfolg der Auslieferung von Karadžić an das Den Haa-

Seelenruhig
durch Belgrad
spaziert: Karadžić
als Quacksalber

ger Kriegsverbrechertribunal, um seinem Land den Weg in die Europäische Union zu ebnen. Zwar stand zu diesem Zeitpunkt als Hindernis für Handelserleichterungen noch die Ergreifung des einstigen Armeechefs Ratko Mladić sowie des aus Kroatien stammenden Serbenführers Goran Hadžić aus, aber dies schien nur noch eine Frage der Zeit zu sein. Der Coup mit Karadžić jedenfalls wurde in den westeuropäischen Hauptstädten durchweg als »historischer Augenblick für den Balkan« gewürdigt.

Das war er zweifellos. Jetzt musste sich endlich jener Mann in Den Haag verantworten, der über Bosnien so viel Leid gebracht hatte wie kaum ein anderer der politischen Hauptakteure. Dabei wird niemand behaupten können, der Psychiater Karadžić (Spezialgebiet: Neurosen und Depressionen) habe seine Ziele zu verbergen gesucht, ehe er in eine politische Laufbahn als großserbischer Missionar wechselte. Als im Oktober 1991 das bosnische Parlament in Sarajevo die Risiken und Chancen einer Abspaltung von dem auseinanderbrechenden Jugoslawien erörterte, erschien Karadžić zu dieser Sitzung als Chef der »Serbischen Demokratischen Partei« (DSS) und warnte die Versammelten wie die sprichwörtliche Seherin Kassandra. Eine Loslösung von Jugoslawien werde die drei Volksgruppen der Teil-

169

republik – Muslime, Serben und Kroaten –»in die Hölle führen« und die muslimische Bevölkerung»in die mögliche Auslöschung«, drohte dieser Unheilsbote unverhohlen mit einem Genozid. Er sollte, das ist das Los der Kassandra, mit dieser Prophezeiung weitgehend recht behalten.

Eigentlich ist Karadžić Montenegriner, geboren in einem Dorf am Durmitorgebirge als Sohn eines Bauern und Schuhmachers. Montenegriner verstehen sich im weitesten Sinne als Großserben, und sie neigen bisweilen zur Großmannssucht. Das mag mit ihrer Geschichte zusammenhängen, in der sie sich, zurückgezogen in die unwirtlichen Schwarzen Berge, zeitweise als einzige freie und christliche Bastion während Jahrhunderten osmanischer Fremdherrschaft tapfer auf dem Balkan behaupteten. Doch es gab religiöse Überläufer. Montenegriner, die zum Islam konvertierten, weil sie sich unter den Türken ein besseres Leben versprachen. Die Abrechnung mit ihnen schildert das vom Fürstbischof Njegoš Mitte des 19. Jahrhunderts veröffentlichte Epos *Der Bergkranz*, Schullektüre noch heute. Es beschreibt ein Massaker an den »vertürkten« Landsleuten, gleichsam die montenegrinische Bartholomäusnacht. Die Ausrottung aller Abtrünnigen wird in dieser Dichtung als einziger Weg zur Rettung des Serbentums propagiert:»Der Wolf hat das Recht über ein Schaf wie der Tyrann über einen Schwachen«, heißt es dort.»Lasst ewigen Kampf toben. Lasst geschehen, was nicht geschehen kann.«

Erbarmungsloser Umgang mit Renegaten und Verachtung insbesondere für die Muslime, das sind Grundstränge auch im Glaubensbrevier des Radovan Karadžić. Im Zweiten Weltkrieg waren mehrere Mitglieder seines Familienclans, die sich den königstreuen Tschetniks angeschlossen hatten, von Titos Partisanen erschossen worden. Als Teenager kam Karadžić nach Sarajevo, seinerzeit die kosmopolitischste Stadt im jugoslawischen Selbstverwaltungssozialismus des Marschall Tito. Das Multikulti-Zusammenleben mit Muslimen, katholischen Kroaten, Kommunisten und Juden behagte dem orthodoxen Neuzugang aus der Provinz nicht sonderlich. Karadžić absolvierte ein Medizinstudium mit dem Schwerpunkt Psychiatrie und verbrachte in den Siebzigern ein Jahr an der Columbia University in New York. Mit seiner Frau Ljiljana, gleichfalls Psychiaterin, eröffnete er in Sarajevo eine eigene Praxis, betrieb einen Telefonnotdienst für psychologische Beratungen, siedelte sich politisch zunächst bei den Grünen an. Elf Monate verbrachte er 1987 in Untersuchungshaft. Indes nicht aus politischen Gründen, wie er später behauptete, sondern weil er angeblich öffentliche Gelder für den Bau eines eigenen Hauses veruntreut hatte. Danach kümmerte er sich als psychologischer Betreuer um Fußballspieler, veröffentlichte als Hobbypoet mehrere Gedichtbände, einen mit dem Titel *Verrückte Lanze*.

Der Zerfall Jugoslawiens und die turbulenten Zeiten eines radikalen Umbruchs katapultierten den Psychiater in das Lager der Ultranationalisten. Er wurde Vorsitzender der neu gegründeten Serbenpartei. Die landete bei den ersten freien Wahlen in den jugoslawischen Teilrepubliken jedoch weit hinter der stärkeren Organisation der Muslime von Alija Izetbegović, weil die Serben in Bosnien und Herzegowina nur etwa 32 Prozent der Gesamtbevölkerung stellten. Gleichwohl machte der extrem extrovertierte Serbenführer mit der graumelierten Haartolle weiter Karriere, der Romancier Dobrica Ćosić öffnete ihm die Türen zu Belgrads Machthaber Milošević.

Als im März 1992 in Sarajevo das von den Muslimen beherrschte Parlament nach einer Volksabstimmung die Unabhängigkeit ausrief, war das für Karadžić »eine Kriegserklärung an die Serben«. Seine Anhänger machten sofort Front gegen diesen neuen Staat, wollten sich von den »Türken« nicht bevormunden lassen. Es kam zu Schießereien in Sarajevo, Gefechten in der Umgebung. Karadžić verlegte seine Einsatzzentrale in die nahe Bergfeste Pale, nicht gerade eine einladende Sommerfrische. Von dort aus dirigierte er die dreijährige Belagerung Sarajevos sowie die Vertreibung der Muslime und Kroaten aus den serbischen Siedlungsgebieten, die nunmehr in einer Art Sezession die Srpska Republika bildeten, die Serbische Republik. »Homogenisierung der Bevölkerung« nannte Karadžić als ihr erster Präsident die brutalen »ethnischen Säuberungen« beschönigend.

Wie einst Nero das brennende Rom besang, rezitierte Karadžić in Pale eigene Gedichte während der Kanonade seiner Truppen auf

Sarajevo und rechtfertigte die gnadenlose Belagerung der Stadt höhnisch:»Wenn man eine Giftschlange fängt, darf man sie nicht am Schwanz anfassen, denn sie kann beißen. Sie muss am Kopf angepackt werden.« Besuchern kredenzte der Politbarde Slibowitz zu kruden Rechtfertigungsslogans.»Dies ist ein Bürgerkrieg, in dem jeder jeden hasst«, räsonierte der hochgewachsene, leicht füllige Mann mit dem fleischigen Gesicht und den sanften Augen,»wir Serben nehmen nur den Siedlungsraum, der uns zusteht.« Das war sein Standardsatz, den er bisweilen staatsmännisch ergänzte mit dem Hinweis auf das Selbstbestimmungsrecht und auf historische Hypotheken. Der Bürgerkrieg sei»die Begleichung alter Rechnungen aus dem Zweiten Weltkrieg. Damals war Deutschland der Besatzer, aber Serben, Kroaten und Muslime schlachteten einander ab. Heute erleben wir die Rache für diese Verbrechen.«

Eine Rache, die Karadžić im Zusammenspiel mit seinem Militärchef Mladić mit unerbittlicher Konsequenz vollzog und die nach den Worten des einstigen US-Botschafters in Belgrad, Warren Zimmermann, ihn»zum Himmler seiner Generation« machen sollte. Friedensangebote internationaler Vermittler, etwa den Vance-Owen-Plan, wies er brüsk zurück, ließ stattdessen Blauhelme vorübergehend als Geiseln nehmen. Seine Interviews wurden immer schriller. Niemand werde den Serben eine Lösung aufzwingen können, dröhnte er bei einem Trip zur Genfer Jugoslawienkonferenz im alten Völkerbundpalast und schwadronierte, er sehe kein Problem darin,»sich auf dem Schwarzmarkt Nuklearwaffen zu beschaffen«. Oder auch mithilfe seines Freundes Wladimir Schirinowskij, des russischen Nationalisten, eine lasergesteuerte Wunderwaffe namens»Elipton«. Damit ließe sich binnen weniger Sekunden sämtliches Leben in Sarajevo auslöschen. Dies waren allesamt Hirngespinste. Aber der Psychiater berauschte sich an solchen großspurigen Erklärungen und theatralischen Auftritten, immerhin machten ihm in Pale selbst Politprominente wie der ehemalige US-Präsident Jimmy Carter ihre Aufwartung. In Wahrheit sei dieser befehlsgewohnte Mann indes keineswegs so selbstsicher gewesen, urteilte als einer seiner ständigen Gesprächspartner Lord Owen, der Bosnien-Chefunterhändler und gelernte Neurologe: »Die abgekauten Fingernägel sind ein Zeichen für eine unterschwellige Verunsicherung.« Die Welt schaute tatenlos zu, wie sich die bosnischen Volksgruppen zerfleischten, ließ sie in ihrem eigenen Saft schmoren, wie Diplomaten zynisch anmerkten.

Im Juli 1995 kam es in Srebrenica, einer der sechs Uno-Schutzzonen, zu einem Massaker der vorrückenden Serben an über achttausend muslimischen Jungen und Männern. Hauptantreiber bei diesem Abschlachten war General Mladić, aber Karadžić wird schwerlich beweisen können, von diesen Gräueltaten nichts gewusst zu haben.

Erst nach Srebrenica griff die internationale Gemeinschaft ein, Luftschläge der Nato zwangen die Serben zum Einlenken und wieder an den Verhandlungstisch. Nun wurde Belgrads Milošević zum wichtigsten Partner des vom US-Sonderbeauftragten Richard Holbrooke geschmiedeten Abkommens von Dayton. Es führte de facto zur Zweiteilung des Landes und zu einer Legalisierung der Serbischen Republik. Allerdings ohne Karadžić an der Spitze. Der Psychiater, den Milošević schon mal einen »besoffenen Pokerspieler« genannt hatte, wurde als Politiker nicht mehr gebraucht. Er verschwand, weiterhin beschützt von einer kleinen Privatarmee, in der Versenkung, weil er vom Kriegsverbrechertribunal mit internationalem Haftbefehl gesucht wurde. Gelegentlich gab es von ihm einen neuen Gedichtband und Wortmeldungen aus dem Untergrund. Die klangen so menschenverachtend wie seinerzeit die Predigten beim Sliwowitz in Pale: »Die Wahl in diesem Krieg war oft nur, entweder eine ethnische Geisel oder ein ethnischer Flüchtling zu sein. Letzteres war in jedem Fall besser.«

Sonderlich eifrig fahndete niemand nach dem abgetauchten Serbenführer, einige Suchmanöver in den Bergen östlich von Foča wirkten wie schlecht inszenierte Shows. In Anlehnung an das berühmte Balkanwort Bismarcks sagte der damalige Nato-Generalsekretär Javier Solana, die Ergreifung von Karadžić sei nicht das Leben eines einzigen Soldaten der internationalen Sfor-Friedenstruppe wert. Auch Kommandeure wie US-Admiral Leighton Smith räumten im Nachhinein ein, den Gesuchten nicht ernsthaft verfolgt zu haben.

Der Prozess als letzte Bühne: Karadžić
vor dem Haager Kriegsverbrechertribunal

Solche Eingeständnisse nähren den Verdacht, es könne durchaus etwas dran sein an der Erklärung, mit der Karadžić bei seinem ersten Erscheinen im Haager Gerichtssaal aufwartete: dass ihm seinerzeit von Holbrooke gleichsam in einem Gentlemen's Agreement Schutz vor Verfolgung durch das Tribunal zugesichert worden sei, wenn er sich aus dem politischen Leben vollständig zurückziehe. Holbrooke bestreitet solch einen Deal vehement, doch es gibt prominente Zeitzeugen, serbische wie muslimische, die versichern, es habe solch eine Vereinbarung gegeben. Die ehemalige Uno-Chefanklägerin Carla Del Ponte behauptet, sowohl US-Präsident Bill Clinton wie sein französischer Amtskollege Jacques Chirac hätten Karadžić gedeckt und eine Verhaftung blockiert. Sein militärischer Kompagnon Ratko Mladić schaffte es gar bis heute, offenbar beschützt vom serbischen Geheimdienst, einer Festnahme zu entgehen. Zwei Drittel der Serben bekennen in einer Umfrage, sie würden den General niemals ausliefern.

Ohne Zweifel gehörte die serbisch-orthodoxe Kirche bis zuletzt zu den Beschützern von Karadžić. Der montenegrinische Metropolit Amfilohije verglich den Gesuchten mit Jesus, vom Patriarchen Pavle erhielt er noch nach dem Massaker von Srebrenica geweihtes Brot. »Im Krieg kann man Fehler nicht vermeiden«, feierte auch sein einstiger Mentor Dobrica Ćosić unbeirrt den Kämpfer für Großserbien als Patrioten und »größten Schöpfer des ersten serbischen Staates jenseits der Drina, eines demokratischen, zivilisierten Landes mit Recht und Ordnung«. Für diese Huldigung erntete der Romancier selbst in seiner Heimat Spott und Hohn.

Radovan Karadžić schwieg vor dem »Nato-Gericht«, wie er das Haager Tribunal nennt, zunächst zu allen Anklagen. Erst im Sommer 2009 erklärte er sich für »unschuldig«. Der bärtige New-Age-Guru war nunmehr wieder in die Rolle des seriös wirkenden Mediziners geschlüpft, adrett gekleidet und mit Leidensmiene. Das Tribunal war seine letzte Bühne, er nutzte sie zum einen oder anderen Großauftritt. Doch nach dem Urteil dürfte es einsam um ihn werden, wird es kein Publikum mehr geben, das er beeindrucken könnte. Nicht auszuschließen, dass der mörderische Psychiater und Spezialist für Depressionen dann selbst seinem Leben ein vorzeitiges Ende bereitet.

11
Kroatien: Auf dornigem Weg zur EU

Das »World Caffe« liegt am Ende der kroatischen Welt in Srb, einem trostlosen Straßendorf mitten in den Karstbergen des dalmatinischen Hinterlands unweit der bosnischen Grenze. Dragana, die junge serbische Kellnerin, hat selten etwas zu tun, denn bis hierher verirrt sich kaum ein fremder Gast. Zu abstoßend sind die überall noch sichtbaren Spuren des nicht einmal zwei Jahrzehnte zurückliegenden Bürgerkriegs. Gleich gegenüber steht das ausgebrannte Gebäude der früheren Landwirtschaftsbank, und ringsum schrecken von Unkraut überwucherte Häuserruinen und verwilderte Obstgärten. Es lässt sich leicht ausmalen, welche Tragödien hier stattgefunden haben müssen. Nur noch vierhundert Bewohner zählt Srb heute, vor dem Krieg waren es weit über tausend gewesen. Zurückgekommen sind die ganz Alten, die in ihrer Heimat sterben wollen, und einige wenige Junge. Die mittleren Jahrgänge der früheren Dorfbewohner aber, die mitgekämpft und sich in dieser erbarmungslosen Bruderfehde womöglich schuldig gemacht haben, fehlen nahezu allesamt. Sie zogen das Exil der Heimkehr vor. »Die leben in Serbien oder im Ausland, eben dort, wo sie Arbeit finden«, sagt Dragana mit teilnahmslosem Gleichmut.

Im Spätsommer des Jahres 1990, als vielerorts in den Teilrepubliken des Bundesstaats Jugoslawien das Verlangen aufschäumte nach Eigenständigkeit und Abtrennung, war das Dörfchen Srb eines der Agitationszentren nationalistischer Serben in Kroatien. Wer den Weg dorthin fand, konnte schon am späten Vormittag miterleben, wie im »Sklop«, damals der einzigen Kneipe weit und breit, über große Politik debattiert wurde, heftig und laut. Mit jedem Glas Rakija wuchs das Vertrauen in die Stärke der eigenen Nation. »Sollten die Kroaten und Slowenen sich absetzen, werden wir uns zu Großserbien schlagen«, dröhnte der Händler Mile Majstrović, ein aufgeschwemmter Mann mit einem Urwald von Haaren in der offenen Hemdenbrust. Den Einwand, die Kroaten würden solch eine Sezession womöglich nicht hinnehmen, wies der Leiter des Ortskomitees der »Serbischen Demokratischen Partei« prahlend zurück: »Vor denen haben wir keine Angst. *Jaki smo*, wir sind stark.« Die Zecher um ihn, hagere, derbe Bauernburschen, nickten mit finsteren Verschwörermienen. Ja, unheimlich stark war man hier in der Krajina, dem kompaktesten Siedlungsgebiet der kroatischen Serben. Auch die Gazetten aus der Serbenmetropole Belgrad, die auf den Wirtshaustischen lagen, schilderten das so. Die Schlagzeilen von *Večernje novosti* oder *Politika Ekspres* waren seit Wochen dem »Überlebenskampf« der Blutsverwandten in der serbischen Diaspora Kroatiens gewidmet, so als drohte dort ein Genozid. In diesem Kampf war der Weiler Srb schon von seinem Namen her dazu wie geschaffen, den Selbstbehauptungswillen der serbischen Minderheit zu symbolisieren. Immerhin stellte diese Minderheit über zwölf Prozent der Bevölkerung in der Teilrepublik Kroatien.

Sie hielten in Srb gar einen großen »Sabor« ab, eine serbische Vollversammlung, um eine »Deklaration über Souveränität und Autonomie des serbischen Volkes« zu verabschieden, die bei der kroatischen Regierung in Zagreb als separatistische Provokation übel aufstieß. Zehntausende Serben waren dazu aus den ethnisch gemischten Gebieten der Teilrepublik anmarschiert. Aus der Kreisstadt Knin, aus der Lika, von Gračac und drunten von Benkovac her nahe der Adriaküste sowie aus all den anderen Regionen entlang der einstigen k.u.k.-Militärgrenze des Habsburgerreichs zum Osmanischen Imperium. Auch das öde Hochland um Srb und Knin gehörte zu jenen Gebieten des katholischen Kroatien, in denen orthodoxgläubige Serben seit Jahrhunderten lebten. Auf der Flucht vor den türkischen Eroberern des Balkans waren sie hier wie in Slawonien als Neusiedler sehr willkommen gewesen, hatten den Status freier Wehrbauern erhalten, um im Kampf zwischen Kreuz und Halbmond einen lebendigen Wall gegen das expansive Osmanenreich des Sultans zu bilden.

Kampf aller gegen alle:
Ustascha-Faschisten mit Opfern (1941)

Natürlich war zu dem großen »Sabor« auch Jovan Rašković erschienen, der rauschebärtige Führer der nationalistischen Serben Kroatiens. Seine berufliche Erfahrung als Psychiater vermittelte diesem Serbenapostel gelegentlich auch selbstkritische Erkenntnisse über seine Nation, wie etwa die beunruhigende Einsicht: »Wir sind ein verrücktes Volk, das bis an die Zähne bewaffnet ist.«

»Verrücktes Volk«: Sie waren bereit zu kämpfen, die Serben von Knin, von Srb oder Benkovac, als sich der Konflikt zwischen den beiden größten Nationen Jugoslawiens in diesem Teil von Kroatien dramatisch zuspitzte. Entgegen allen Warnungen und Verboten aus Zagreb beharrten die Serben darauf, sich den Anspruch auf Autonomie kurzerhand durch ein Referendum in ihren Gemeinden absegnen zu lassen. Und nicht nur das. Sie bemächtigten sich der Waffen, die in den Depots der Hilfspolizei lagerten, sie stellten Bürgerwehren auf, blockierten wie die Mohawk-Indianer mit Baumstämmen die Straßen, schwenkten in martialischer Lust ihre Flinten. Die Regierung des neuen kroatischen Präsidenten Franjo Tudjman, die erste demokratisch gewählte seit Ende der fünfundvierzigjährigen kommunistischen Herrschaft, witterte hinter diesen Aktionen eine von Belgrad gesteuerte »Verschwörung mit dem Ziel, Kroatien zu zerstören«. Für solche Mutmaßungen mag manches gesprochen haben, etwa die unverhohlene Drohung aus Belgrad, die Bundesarmee werde die Serben in abtrünnigen Teilrepubliken zu schützen wissen. Aber im Drama des jugoslawischen Zerfallsprozesses zählte auch Tudjman zu den dubiosen Hauptakteuren. Während des Kampfes gegen Hitlers Truppen und das Regime des Kroatenführers Ante Pavelić, des Begründers der klerikal-faschistischen Bewegung der Ustasche, hatte er auf Seiten der kommunistischen Partisanen gestanden und es zu Titos jüngstem General gebracht. Nach dem Ausscheiden aus dem Militärdienst kam er mit der Parteilinie in Konflikt, wurde aus dem Bund der Kommunisten ausgeschlossen und verlor seinen Posten als Direktor des Instituts für die Geschichte der Arbeiterbewegung in Zagreb. Der Bruch drängte ihn in eine Dissidentenlaufbahn, 1972 und 1981 wurde Tudjman als kroatischer »Separatist« zu mehrjährigen Gefängnisstrafen verurteilt. Bei den ersten freien Wahlen in den meisten Teilrepubliken des auseinanderbrechenden Jugoslawiens gelang 1990 fast überall nationalbürgerlichen Parteien der Sprung an die Macht, in Serbien indes siegte eindeutig die »Sozialistische Partei« (SPS) von Slobodan Milošević. In Kroatien eroberte Tudjmans rechtsnationale Sammelbewegung »Kroatische Demokratische Gemeinschaft« (HDZ) gegen Reformkommunisten und Liberale die absolute Mehrheit und kürte ihren Vorsitzenden zum Staatsoberhaupt.

Ein höchst schwieriger Präsident war dieser vormalige Partisan, in Gesprächen mit Politikern oder Journalisten selbstherrlich, leicht aufbrausend und aggressiv, bisweilen mit minutenlangen Schreianfällen. Interviews mit ihm waren oft unersprießlich, gerieten zur Qual, schrammten ständig am Abbruch vorbei. Auf Franjo Tudjman traf in hohem Maße zu, was der amerikanische Diplomat Richard Holbrooke als die typische Charaktereigenschaft von Politikern auf dem Balkan bezeichnete: »Sobald sie in Rage geraten waren, konnten sie nur noch von Außenstehenden daran gehindert werden, sich gegenseitig zu zerfleischen.« Besonderen Einfluss unter den Außenstehenden hatten die Amerikaner, die trotz des Uno-Embargos die Kroaten heimlich mit Waffen und Beratern versorgten, aber auch die Deutschen, die mit der Regierung Kohl/Genscher im Dezember 1991 bei der Anerkennung Sloweniens und Kroatiens als souveräne Staaten von den EU-Mitgliedern politisch vorgeprescht waren. Tudjman war ohne Zweifel ein Rassist. Er hasste die Muslime, und von ihm stammt der bezeichnende Ausspruch: »Gott sei Dank bin ich weder mit einer Serbin noch mit einer Jüdin verheiratet.« Am Fortbestand Jugoslawiens hatte Tudjman keinerlei Interesse, auch nicht als lose Konföderation. Ihm ging es von vornherein um ein unabhängiges Kroatien mit beträchtlich erweiterten Grenzen. Jedem durfte beim Blick auf die Landkarte klar sein, dass dieser Staat, in seiner geografischen Gestalt an ein missratenes Croissant erinnernd, zwecks territorialer Abrundung die Einverleibung Westbosniens und der Herzegowina anpeilte. Dort gab es 900 000 Kroaten, und Fanatiker träumten davon, ein »Großkroatien« werde bis zur Drina und bis vor die Tore Belgrads reichen, zu Österreichs einstiger Grenzstadt Semlin. Gedanklich habe Tudjman im Mittelalter gelebt, spöttelte sein Amtsnachfolger Stipe Mesić, »er zählte die Schiffe der frühmittelalterlichen Flotten der Könige Kroatiens und bemerkte gar nicht, dass seine Kriegsmaschinerie der serbischen Armee unterlegen war«.

Doch zunächst einmal musste sich der Autokrat Tudjman mit der Rebellion etwa der Hälfte der 600 000 Serben in seinem eigenen Staat auseinandersetzen, die ihre privilegierte Stellung seit den Zeiten der alten Militärgrenze bedroht fühlten durch den »Kroatozentrismus« der HDZ. Deren nationalistische Hardliner waren im Wahlkampf nicht nur mit Parolen und Symbolen hausieren gegangen, die an die mörderische Ustascha-Ideologie erinnerten. Sie hatten zudem nach dem Wahlsieg mit einer Verfassungsänderung dafür gesorgt, dass die Serben vom zweiten Staatsvolk zu einer Minderheit herabgestuft wurden. Das schuf Diskriminierungsängste, und es bedurfte keiner großen Agitation, um bei den Serben die Erinnerung an jene Horrorjahre des Zweiten Weltkriegs zu wecken, in denen Hunderttausende von ihnen durch die Schergen der Ustasche abgeschlachtet oder im Massenvernichtungslager Jasenovac ermordet worden waren.

Sollte Jugoslawien in eine Konföderation umgewandelt werden, so hatte Milošević schon im Juni 1990 gemahnt, dann würden die Grenzen Serbiens zu einer »offenen Frage«. Bei einem Zerfall Jugoslawiens aber, diese Ankündigung ließ der serbische Präsident alsbald folgen, wolle er für Serbien zusätzliches Territorium erobern: »Die bestehenden Grenzen können nicht als Staatsgrenzen akzeptiert werden. Sie waren nie der Rahmen, in dem die einzelnen Völker Jugoslawiens lebten.« Dass in diesem Falle auch die überwiegend von serbischen Offizieren geführten 180 000 Soldaten der Jugoslawischen Volksarmee (JVA) als Ordnungsfaktor eingreifen würden, zeichnete sich früh ab. Einer ihrer Heißsporne, Generalstabschef Božidar Adžić, ein Serbe, richtete an potenzielle Sezessionisten die Warnung, es werde dann halt ein Blutbad mit ein paar tausend Toten geben, »und danach ist der Spuk vorüber«. Als die Unruhen der Serben um Knin und Srb sich zu einem regelrechten Aufstand auswuchsen und kroatische Polizeikräfte mit Hubschraubern eingreifen wollten, drohte Adžić der Regierung in Zagreb, falls auch nur ein Serbe falle, werde die Armee intervenieren.

Das in Knin stationierte Armeekorps mit Ratko Mladić als Kommandanten, dem späteren Schlächter der Muslime von Srebrenica, machte überhaupt kein Hehl daraus, auf welcher Seite es in diesem Konflikt stand: Die serbischen Rebellen proklamierten die Abspaltung der Krajina von Kroatien – und wurden mit Waffen versorgt. Der Aufstand weitete sich aus zum Bürgerkrieg. Dabei zogen die schlecht organisierten und unzureichend ausgerüsteten Streitkräfte der kroatischen Nationalgarde gegen die Einheiten der Jugoslawischen Volksarmee zunächst den Kürzeren, zumal aus Serbien auch noch Sondertrupps und paramilitärische Banden notorischer Extremisten anrückten wie die »Tschetniks« von Vojislav Šešelj oder die »Tiger« des kriminellen Warlords Željko Raznatović (»Arkan«). Allein aus der Krajina wurden über 250 000 Nichtserben, meist Kroaten, vertrieben und in leeren Hotels an der Adria untergebracht. Die Paras betrieben auch das Geschäft der »ethnischen Säuberungen«. Dabei kam es zu ersten Verbrechen und Fällen von Völkermord, in die ab Juli 1991, mit dem offenen Ausbruch des serbisch-kroatischen Krieges, auch die Bundesarmee verwickelt wurde. Etwa bei der Hinrichtung kroatischer Patienten aus dem Krankenhaus der zerschossenen ostslawonischen Stadt Vukovar, die dann in einem Massengrab verscharrt wurden.

Seltsam passiv oder schlicht machtlos nahm Tudjman den Angriffsfuror der Serben hin und ihr Vordringen in vormals gemischt serbisch-kroatische Regionen, darunter auch die Einnahme von Vukovar und die barbarische Attacke auf Dubrovnik. Offenkundig hoffte der HDZ-Führer darauf, sein mit Milošević beim Geheimtreffen im Jagdschloss Karadjordjevo vereinbarter Deal über eine Aufteilung Bosniens werde durch Umsiedlungen und Landtausch neben Großserbien schon noch ein Großkroatien entstehen lassen, obwohl die Serben unter den Augen einer Uno-Schutztruppe in den eroberten Gebieten die ethnischen Vertreibungen ungehindert fortsetzten. Die Illusion, »Slobo« werde sein Wort halten, schien auch der Verlauf des nunmehr folgenden Bürgerkriegs um Bosnien zunächst zu bestätigen. Und mehr noch die schwächliche Reaktion Belgrads auf die kroatische Militäroffensive »Sturm« (»Oluja«) Anfang August 1995 zur Rückeroberung der Krajina, ein überraschend schnell erkämpfter Erfolg. Es war in vier Jahren Bürgerkrieg der erste schwere Rückschlag für die Serben. Milošević kam seinen Landsleuten nicht zu Hilfe, ließ unmittelbar vor dem Angriff die schweren Waffen abziehen, was wiederum auf eine insgeheime Absprache mit Tudjman hindeutete. Nun waren über 150 000 Serben auf der Flucht als Opfer der von den Kroaten betriebenen »ethnischen Säuberungen«. Die Amerikaner erhoben bei Tudjman zwar Einspruch wegen des rücksichtslosen Vorgehens gegen die serbische Zivilbevölkerung, doch nicht energisch genug. Es kam zu abscheulichen Racheakten und Übergriffen. Alten Menschen, die nicht weggehen konnten oder mochten, wurde wie unter den Ustasche die Kehle durchgeschnitten. Wer damals von Zagreb durch die Krajina fuhr, der sah abseits der Hauptstraße am Horizont die brennenden Gehöfte der Serben. Beim Haager Kriegsverbrechertribunal musste sich dafür der Kommandierende kroatische General Ante Gotovina verantworten.

Ein Großkroatien hat Tudjman nicht mehr erlebt. Als sein Nachfolger führte vom Februar des Jahres 2000 an Stjepan »Stipe« Mesić in zwei Amtsperioden das Land nach vorne, denn er sorgte für liberale Korrektive. Der aus Slawonien stammende Jurist, als Studentenführer wegen »konterrevolutionärer Umtriebe« zeitweise in Haft, war als kroatischer Vertreter im kollektiven Staatspräsidium 1991 letzter Präsident des alten Jugoslawien vor dessen Auflösung gewesen. Seine Grabrede auf den titoistischen Vielvölkerstaat bestand aus einem Satz: »Jugoslawien gibt es nicht mehr.« Gleichwohl blieb Mesić als der erfahrenste Akteur unter den Politikern der sieben Nachfolgestaaten ein Mann der zerborstenen Welt von gestern, bei Staatsbesuchen mit Vorliebe Gast in Ländern des nunmehr unbedeutenden Bündnisses der blockfreien Staaten. Gelegentlich schreckte der kroatische Präsident Europa auf mit Alarmrufen vor einem neuen Balkankonflikt. Seine Sorge, dass es nach den verheerenden Bürgerkriegen der neunziger Jahre wiederum zu ethnischen Konfrontationen und der gewaltsamen Verschiebung von Grenzen kommen könnte, galt vor allem dem innerlich zerrissenen Dreivölkerstaat und Nachbarn Bosnien-Herzegowina, aus seiner Sicht »ein Pulverfass, das jederzeit in die Luft fliegen kann«. Und dann wäre Zagreb wegen der dort lebenden Kroaten unweigerlich zum Eingreifen verdammt.

Mit Nachdruck sprach sich Mesić für die Rückkehr der serbischen Flüchtlinge in ihre kroatischen Heimatorte aus und garantierte ihnen »ihre Rechte als Minderheit, ihre Sprache und ihren Anteil am wirtschaftlichen Reichtum des Landes«. Er mag dies wirklich gewollt haben, doch die Realität sieht in dieser Hinsicht bis heute anders aus. Von den insgesamt 350 000 Serben, die seinerzeit aus Kroatien vertrieben wurden, kehrten etwa 140 000 zurück. Allerdings nur auf dem Papier. Bestenfalls 40 Prozent von ihnen blieben tatsächlich im Land, die Übrigen holten sich einen kroatischen Pass, verkauften mit Glück ihr Haus und verschwanden wieder. Zu massiv waren nämlich die Feindseligkeiten ihrer früheren Nachbarn und die Schikanen der Behörden. Die serbischen Heimkehrer erhielten weder Sozialhilfen noch Arbeitsstellen. Einige wurden von der Polizei als mutmaßliche

Kriegsverbrecher auch ohne Beweise festgenommen, um andere Rückkehrwillige abzuschrecken. Die Autoren Axel Jaenicke und Hans Lunshof gelangen in einer internen Studie für das Flüchtlingskommissariat der Vereinten Nationen (UNHCR) und die Organisation für Sicherheit und Zusammenarbeit in Europa (OSZE) zu einem höchst negativen Urteil über die Bereitschaft kroatischer Regierungsstellen und Kommunen, rückkehrbereiten Serben bei der Reintegration beizustehen. Annähernd 400 000 Serben verloren während des Krieges ihre Wohnungen und Häuser, in ihnen sitzen jetzt Kroaten. Es würden keine Ersatzunterkünfte angeboten, und bei Gerichtsverfahren, so die Studie, sähen sich die Serben systematisch benachteiligt. Nur neun Prozent der Antragsteller erhielten ihr früheres Eigentum zurück. »Vergessen ist nichts, vergeben schon gar nichts«, kommentierte in Zagreb der inzwischen verstorbene deutsche Botschafter Hans Jochen Peters, als kundiger Diplomat zuvor schon Leiter der Missionen in Sarajevo und Ljubljana, die fortbestehenden Ressentiments zwischen den beiden slawischen Brudernationen. Der Anteil der Serben an der kroatischen Bevölkerung verringerte sich von vormals gut zwölf auf nunmehr 4,5 Prozent.

Auch in der früheren Serbenhochburg Srb, dem Karstdörfchen, sieht das nicht besser aus. Von der Kneipe »Sklop«, einst Hauptbühne der sezessionistischen Umtriebe, stehen nur ein paar verrußte Außenmauern. In den wenigen Häusern, die nach der Flucht der Serben unversehrt geblieben waren, haben sich kroatische Flüchtlinge aus Bosnien einquartiert. Sie sind im dalmatinischen Hinterland, das zwischen Zadar und Split ein Hort kroatischer Nationalisten ist, nicht sonderlich gelitten. Es gibt »Mentalitätsprobleme« mit diesen Zuwanderern, sie gelten als militant und windig. Hin und wieder finden sich an Häuserwänden schon Graffiti mit dem Wunsch: »Gebt uns unsere Serben zurück!« Aber diejenigen, die kommen und bleiben wollen, wissen nicht, wovon sie ihren Lebensunterhalt bestreiten sollen. »Es gibt keine Pressionen von oben, denn die wenigen Serben hier sind ja keine Gefahr mehr«, räsoniert die Kellnerin Dragana, »viel wirksamer ist die Methode, uns einfach auszufrieren.« Nirgendwo in der rückständigen Region finden serbische Rückkehrer einen Arbeitsplatz. Da müssen sie schon drei Autostunden entfernt in der Küstenstadt Šibenik nach einem Job suchen, und auch dort sind sie nicht gern gesehen.

Häuser kann man wieder aufbauen, aber Hass und Rachsucht bleiben. »Es wird noch Generationen brauchen, bis dieser Hass überwunden ist«, fürchtet Kroatiens Staatschef Mesić und räumt Fehler ein auf dem Weg in die Selbstständigkeit und bei der Befreiung von serbischer Vormundschaft. Auch nach dem Ende der Tudjman-Ära hat in Kroatien keine wirklich mutige Aufarbeitung der Vergangenheit, kein Erforschen der eigenen Seele stattgefunden. Das gilt für die monströsen Untaten der Ustascha-Zeit ebenso wie für die Verfolgungen unter den Kommunisten und die Exzesse während der jugoslawischen Erbfolgekriege. »Nirgendwo in Europa ist die Hinterlassenschaft der faschistischen Kriegsverbrechen so ungeklärt wie in Kroatien«, findet der US-Autor Robert D. Kaplan, und er spricht damit einen Obskurantismus in dieser Slawennation an, der in einer unheilvollen Verbindung von katholischem Glauben und Nationalismus wurzelt. Die Kirche war in die Machenschaften der Ustascha-Bewegung verstrickt. Katholische Priester nahmen massenhaft Zwangsbekehrungen an orthodoxen Serben vor, unmittelbar bevor diese von der Ustascha liquidiert wurden, »damit sie in den Himmel kommen konnten«. Symbolfigur dieser klerikal-faschistischen Allianz war Alojzije Stepinac, Erzbischof von Zagreb, das damals noch Agram hieß. Der Kirchenmann war Antikommunist und Antisemit, vor allem aber ein dogmatischer Frömmler. Ein katholischer Fundi, der Prozessionen anführte gegen das Fluchen und die Sünden des Fleisches, und der gegen das Sonnenbaden und gemeinsames Schwimmen von Männern und Frauen wetterte. Stepinac ließ die Waffen und Fahnen der Ustasche segnen, die in ihrem Rassenwahn Serben, Juden, Muslime und Roma zu Hunderttausenden ausrotteten. Der Vatikan schwieg zu diesen Exzessen, von denen sich Stepinac erst gegen Kriegsende zu distanzieren versuchte. Im Tito-Staat wurde der Erzbischof, von Rom zum Kardinal erhoben, als »Kriegsverbrecher« zu sechzehn Jahren Zwangsarbeit verurteilt, von denen er die meisten in seinem Geburtsort unter Hausarrest verbüßte. Stepinac wurde 1998 von Papst Johannes Paul II. seliggesprochen, sein Sarkophag steht heute in der Zagreber Kathedrale.

Die andere herausragende Gestalt der jüngeren Geschichte Kroatiens war ebenfalls katholischer Theologe, doch kein kleingeistiger kroatischer Nationalist und Rassist, sondern ein philanthropischer Intellektueller, liberaler Geist, Mäzen und Anwalt der Einheit aller Südslawen: Josip Juraj Strossmayer, in der zweiten Hälfte des 19. Jahrhunderts Erzbischof der slawonischen Diözese Djakovo. Strossmayer hatte deutsche Vorfahren. Er stritt für Kroatiens Befreiung von österreichisch-ungarischer Bevormundung und gehörte zu den Gründern der Südslawischen Akademie der Wissenschaften und Künste sowie der Kroatischen Universität in Zagreb. Sein vergebliches Werben für eine Kirchenunion von Kroaten und Serben unter einem gemeinsamen »jugoslawischen« Dach machte den Panslawisten sowohl bei den Habsburgern wie beim Vatikan suspekt. Rebecca West preist ihn in ihrem Reiseklassiker *Schwarzes Lamm und grauer Falke* als einen »furchtlosen Schmäher der k.u.k.-Tyrannei«. Den Donaumonarchen warnte er geradezu seherisch davor, fortdauerndes Missmanagement in Bosnien-Herzegowina werde zum Zusammenbruch des Kaiserreiches führen, und beim Ersten Vatikanischen Konzil gehörte dieser kroatische Bischof zu den erbitterten Gegnern des Dogmas von der päpstlichen Unfehlbarkeit, weil er befürchtete, dies werde ein weiteres Hindernis bei einer Aussöhnung mit den orthodoxen Serben sein. Strossmayer starb 1905 im Alter von neunzig Jahren. Seine Ideen vom Jugoslawentum griff ein halbes Jahrhundert später, dabei die Religion gegen die kommunistische Ideologie austauschend, der Kroate Josip Broz Tito auf. Aber auch der sollte letztlich scheitern.

Johannes Paul II., derselbe, der den Klerikalfaschisten Stepinac seligsprach, erwies bei seiner hundertsten Auslandsreise Strossmayer seine Reverenz mit einem Besuch am Grab in der Krypta der Kathedrale von Djakovo. Dass dieser Papst gleich dreimal Kroatien besuchte, zeugt von der herausragenden Stellung der Kirche in diesem Land, dessen 4,5 Millionen Bewohner sich zu 87 Prozent zum römisch-katholischen Glauben bekennen. Die Kroaten zählten zu den ersten Slawenstämmen, die zur Balkanhalbinsel vorstießen, zunächst im Tiefland der Save siedelten und dann auch an der Adriaküste von Istrien bis hinunter zur Bucht von Kotor. Ihre Christianisierung begann Mitte des 7. Jahrhunderts von der Küstenstadt Split aus im Auftrag von Papst Johannes IV., der selbst aus Dalmatien stammte. Teile ihrer Gebiete standen unter fränkischer Herrschaft, andere unter der von Byzanz. Erst dem Fürsten Trpimir I. gelang es im 9. Jahrhundert, sich von beiden zu lösen, und im Jahr 925 ließ sich ihr mächtigster Stammesführer Tomislav im Dom von Split zum ersten König Kroatiens krönen. Nicht weit davon lagen die Ruinen des Kaiserpalastes von Diokletian, einem der fünf römischen Herrscher illyrischer Herkunft. Doch Kroatiens Unabhängigkeit blieb nicht lange gewahrt, der Staat musste zwischen mächtigen Nachbarn lavieren, zwischen Rom und Byzanz, zwischen Ungarn und Venedig, das einundzwanzig Kriege um Dalmatien führen sollte. Es begann, wie es der Autor Klaus Liebe in seinem kulturhistorisch beeindruckenden Jugoslawienbuch *6mal Jugoslawien, 1mal Albanien* beschrieb, »ein Jahrtausend der verpassten Möglichkeiten, ein Jahrtausend der Abhängigkeit, ein Jahrtausend der unterbliebenen eigenen Regungen. Es ist das Jahrtausend der kroatischen Vergeblichkeit.« Anders als die Serben ordneten sich die Kroaten unter. Ihr Adel rief als Schutzherrn König Ladislaus von Ungarn ins Land. Dessen Nachfolger Koloman wurde 1102 auch zum König von Kroatien gekrönt, das dann acht Jahrhunderte bis zum Ende des Ersten Weltkriegs in Personalunion mit Ungarn verbunden blieb, laut Papst Leo X. das »Bollwerk des Christentums« gegen den Westdrang der Osmanen. Die Serben haben diese kroatische Vergeblichkeit und Unterwürfigkeit mit Verachtung bedacht, die Kroaten wiederum fühlten sich durch die Bindung an Mitteleuropa ihren orthodoxen Brüdern kulturell weit überlegen, und das demonstrierten sie gern.

Nirgendwo sticht diese kulturelle Blüte mehr ins Auge als in Zagreb, Kroatiens Metropole oberhalb der Save und ohne Zweifel eine der schönsten Städte im Balkanraum. Das gilt insbesondere für den geschlossen erhaltenen Komplex aristokratischer Paläste, Repräsentationsbauten, Museen und eleganter Bürgerhäuser aus dem 18. und 19. Jahrhundert auf dem Hügel der Oberstadt. Sie schmiegen sich um die Markuskirche mit ihrem gotischen Portal und den farbigen Ziegeln auf dem Dach, von dem die Wappen Kroatiens und Zagrebs leuchten. Auf der Flucht vor den Tataren fand der ungarische König Béla IV. Schutz hinter den Mauern dieser Oberstadt. Er ernannte als Dank dafür Zagreb 1242 in einer Goldenen Bulle zur »Königlichen Freistadt«, und diese Festung Gradec wurde Sitz des kroatischen Ban oder Vize-Regenten. Für Touristen sind die Gassen des schmuck herausgeputzten Viertels bei einem Rundgang heute eine Augenweide. Am Katharinenplatz mit der Jesuitenkirche tauchen neben kroatischen Straßenschildern nunmehr auch wieder alte deutsche Straßennamen auf aus der Zeit, als Zagreb noch Agram genannt wurde und zum Reich der Habsburger gehörte.

Denen haben sich die Kroaten indes nicht immer so willig untergeordnet, es gab Unruhen und bewaffneten Aufruhr gegen Zentralismus und Germanisierung. Etwa mit dem Aufstand der Adelsfamilien von Petar Zrinski und Krsto Frankopan, die sich in der zweiten Hälfte des 17. Jahrhunderts dem obersten Lehnsherrn Österreich widersetzten. Es war die Zeit der Türkenkriege sowie der fein gesponnenen Intrigen zwischen Venedig und Konstantinopel, zwischen Paris und Wien. Und es ging um die Rechte des lokalen Adels und seiner Ansprüche auf rückeroberte Territorien. Die beiden mächtigsten Adelsgeschlechter scheiterten mit ihrer Rebellion gegen Kaiser Leopold, der Sultan hatte ihrem Unterhändler die Freiheit Kroatiens versprochen; Spione erbrachten dafür offenbar Beweise. Der Habsburger sicherte den Verschwörern freies Geleit nach Wien für Verhandlungen zu, hielt sich aber nicht an sein kaiserliches Wort und ließ die beiden Kroaten wegen Hochverrats im April 1671 hinrichten. In seinem Bestreben, sich als Herrscher eines unabhängigen Kroatien krönen zu lassen, habe er »die größten Sünden begangen«, hieß es in der Urteilsbegründung gegen Zrinski, »statt einer Krone erwartet ihn ein blutiges Schwert«. Der betrunkene Henker musste zweimal zuschlagen.

Hundert Jahre zuvor war auf dem Markusplatz der Zagreber Oberstadt ein Aufrührer gegen das Ausbeutertum des kroatischen und ungarischen Feudaladels hingerichtet worden, der Bauernführer

Matija Gubec. Auch bei diesem Aufstand in der waldigen Hügelland-schaft der Zagorje ging es um mehr kroatische Selbstständigkeit, aus-gelöst durch ein neues Gesetz der herrschenden Gutsherren und Grafen, das den leibeigenen Bauern und Knechten die freie Wander-schaft verbot. Die Unruhen der Aufständischen mit der Hahnenfeder am Hut weiteten sich nach Slowenien aus, erst eine für den Türken-kampf ausgerüstete Söldnerarmee konnte die Bauerntruppen besie-gen. Das Ende von Matija Gubec war grauenvoll. Er wurde auf dem Marktplatz des heiligen Marco zu Tode gefoltert, mit einer glühenden Eisenkrone auf dem Haupt verhöhnt und anschließend geviertelt. Heute ist er ein kroatischer Nationalheld.

Kein anderer der jugoslawischen Nachfolgestaaten verfügt über eine solche landschaftliche Vielfalt wie Kroatien. Da sind im Osten die weiten Tiefebenen mit den Auwäldern an den Flüssen Donau, Drau und Save. Da gibt es die Karstgebiete mit einem der schönsten Naturparadiese Europas, dem Nationalpark der Wasserfälle und tür-kisfarbenen Plitvicer Seen, einst Drehort deutscher Karl-May-Wes-tern. Und da ist das mediterrane Kroatien, Kulturlandschaft schon unter Griechen, Römern, Venezianern, mit über tausend der Adria-küste vorgelagerten Inseln. Elf Millionen Gäste suchten die Ferien-orte zwischen Poreč und Cavtat zuletzt heim, obwohl die Preise dort längst nicht mehr verlockend sind. Die Einnahmen aus dem Touris-mus, rund sieben Milliarden Euro, stehen für ein Fünftel der gesam-ten Wirtschaftsleistung Kroatiens. Das offenbart eine unausgewogene ökonomische Struktur mit stets gefährdeter Basis: Denn ein Terror-anschlag oder drei Haifische vor den Stränden würden genügen, und die Saison an der Adria wäre zu Ende.

Kroatiens Wirtschaft mit der Dominanz des Dienstleistungs-sektors steht nicht auf sonderlich soliden Fundamenten. Nach dem Zusammenbruch des Selbstverwaltungssozialismus waren Deregu-lierung, Liberalisierung, Privatisierung sowie Konsum auf Pump an-gesagt, und dies einigermaßen hemmungslos. »Der kroatische Markt wurde von Importwaren überflutet, und ein großer Teil der ein-heimischen Produktion wurde zerstört«, kritisiert der Wirtschafts-wissenschaftler Ljubo Jurčić den extremen Liberalismus der Wirt-

Das mediterrane Kroatien: Drei Haifische
an den Stränden – und schon wäre die Saison
an der Adria vorbei

schaftspolitik nach dem Bürgerkrieg. Viele Unternehmen wurden
weit unter ihrem realen Wert verkauft. Die neuen Eigentümer, post-
kommunistische Geschäftemacher, fühlten sich nicht motiviert, das
investierte Geld durch Produktion zu verdienen. Ganze Sektoren verschwanden, die Zahl der Arbeitslosen stieg und die der Rentner verdoppelte sich, die Löhne der Beschäftigten sanken. Wie viele andere
Länder der Region steckt das hoch verschuldete Kroatien seit der
Finanzkrise in einer Rezession. Allerdings musste es, anders als etwa
Ungarn oder Serbien, noch keinerlei Kredite des Weltwährungsfonds
in Anspruch nehmen. Flächendeckende Einsparungen im Staats-
haushalt mit Lohnabsenkungen im öffentlichen Dienst gelten bislang
als ausreichend zur Bekämpfung der Krise. Was von den Staatsunternehmen übrig blieb, etwa die Schiffswerften mit über 15 000 Arbeitern in Rijeka, Pula oder Split, ist hoch subventioniert und international nicht wettbewerbsfähig. Doch es gibt vorerst keine Schließungen
und Entlassungswellen. Auch die Regierung des konservativen, im

Juli 2009 zurückgetretenen Premiers Ivo Sanader traute sich nicht, tiefe Einschnitte vorzunehmen. Deutschland, wo über 230 000 Kroaten leben, ist nach wie vor der wichtigste Handelspartner. Unter den Eigentümern ausländischer Banken sind Italiener und Österreicher am stärksten in Zagreb engagiert, die aus der Alpenrepublik mit Krediten von über 30 Milliarden Euro.

Seit Mai 2009 ist Kroatien Mitglied der Nato. Der für 2011 angepeilte Beitritt zur Europäischen Union hingegen gestaltet sich schwierig, und dies nicht nur wegen der innereuropäischen Verfassungs- und Integrationskrise. Die Verhandlungen in Brüssel waren bis zum Herbst 2005 sogar von Briten, Niederländern und Skandinaviern völlig ausgesetzt worden wegen des Vorwurfs, Zagreb beschütze den vom Haager Tribunal gesuchten und untergetauchten mutmaßlichen Kriegsverbrecher Ante Gotovina. Doch dann sorgte die Regierung Sanader dafür, dass das Versteck des Generals auf Teneriffa aufflog und er an den Internationalen Strafgerichtshof ausgeliefert wurde, bei dem seit März 2008 ein Prozess gegen ihn läuft wegen schwerer Verbrechen gegen die Menschlichkeit. Eine weitere Hürde baute danach das EU-Neumitglied Slowenien auf, mit dem man sich 1991 am gleichen Tage endgültig vom alten Jugoslawien losgesagt hatte. Ljubljana blockierte im Dezember 2008 durch sein Veto den Fortgang der Brüsseler Gespräche mit Kroatien zu elf der fünfunddreißig Verhandlungskapitel wegen des ungelösten Grenzstreits um die Hoheitsgewässer in der Bucht von Piran. Ein groteskes Manöver des slawischen Bruders und Nachbarn, der seinen Zugang zu internationalen Gewässern bedroht glaubt und von Kroatien das Abtreten eines Zufahrtkorridors verlangt. Dabei hatten beide Regierungen sich acht Jahre zuvor bereits auf ein Abkommen geeinigt. Der nun wieder aufgebauschte Konflikt ließe sich sicher einvernehmlich lösen, wenn beide Staaten der EU angehörten und Grenzfragen damit weniger Bedeutung zukäme. Doch Brüssel schaltete auf Desinteresse und trug mit dazu bei, dass Premier Sanader frustriert sein Amt niederlegte.

Allerdings, es gibt auch genügend hausgemachte Probleme und Stolpersteine, die Kroatien einen schnellen Zugang zur Europäischen Union erschweren. Sie haben sämtlich zu tun mit dem Oberbegriff

»Ermutigung für potenzielle Verbrecher«:
Staatspräsident Stipe Mesić (2005)

»Reformstau«. Wunde Punkte beim Heranführen an die EU-Stan-
dards sind das Justizwesen, die Agrarwirtschaft, ein Abspecken des
Subventionsniveaus bei der Schiffbauindustrie, die Inkompetenz
staatlicher Institutionen, mangelnde Effizienz der Verwaltung und
die unzureichende Bekämpfung der Korruption und organisierten
Kriminalität. »In dieser Gesellschaft müssen sich erst wieder Werte
etablieren«, moniert der Zagreber Politikwissenschaftler Nenad Zakošek mit Blick auf den »verrotteten« Zustand der Eliten.

Selbstbereicherung, Klientelismus, Bestechung und Käuflichkeit
sind in vielen Segmenten der kroatischen Gesellschaft endemisch.
Das gilt für Ärzte ebenso wie für Universitätsprofessoren oder Richter, wenn sie an Posten gelangen wollen. Da schreiben Ärzte Gefällig-
keitsgutachten zur frühzeitigen Pensionierung, arbeiten Herzchirur-
gen mit Bestechungsgeld, werden Studienplätze und Diplome von
Professoren wie Assistenten gegen satte Provisionen verhökert. Allein
an der Universität Zagreb gab es deshalb im Herbst 2008 bei einer
Razzia von Korruptionsfahndern an vier Fakultäten über hundert
Festnahmen. Die politischen Parteien finanzieren sich wie die katho-

lische Kirche aus dem Staatsbudget. Beide Lager, katholische Nationalisten und linksliberaler Block, nutzen die Regierungsverantwor-
tung zur Selbstbedienung, zur Verteilung von Pfründen. So wurde
per Sondergesetz Parlamentsabgeordneten, Staatsfunktionären und
Kriegsveteranen, also den Spitzen der politischen Klasse, das Recht
zugeschanzt, zehn Jahre früher als normale Arbeiter in Rente gehen
zu können. Politik als der Generator von Privilegien. Kaum verwun-
derlich deswegen, dass bei Umfragen nicht einmal 20 Prozent der
Befragten den Politikern vertrauen und Rechtschaffenheit einzig der
Kirche und dem Staatsoberhaupt zubilligen.

Die Ursachen für die gesellschaftlichen Verwerfungen sieht der
Politologe Nenad Zakošek im abrupten Übergang vom sozialistischen System zur Marktwirtschaft. Beim Verscherbeln öffentlichen
Eigentums wurden die Schleusen geöffnet für krasse Bereicherung,
»das hatte auch kulturell schlimme Folgen«. Nicht minder schädi-
gend sind nach Ansicht des Zagreber Juristen Ivo Josipović die Auswirkungen der Bürgerkriegsjahre gewesen: »Im Krieg formierte sich
ein Kreis von Leuten, denen alles erlaubt war – Häuser in Brand zu
setzen, zu plündern, zu schmuggeln, dem Feind Treibstoff zu verkaufen, nur weil sie ihre Verbrechen in Patriotismus verpackt hatten.
Diese Personen meinten, dass sie auch nach dem Krieg ihr Verhalten
fortsetzen können.« Ähnlich beschreibt Staatschef Mesić den Ge-
burtsfehler des neuen Kroatien, das abgesehen von den Ustascha-
Jahren seit dem Mittelalter ja nie als ein eigenständiger, unabhängiger Staat existiert hatte. Es seien keine Prozesse geführt worden
wegen der Verbrechen, die von Kroaten etwa an Serben in der Krajina begangen wurden, analysiert durchaus selbstkritisch der Präsident: »Und wenn es Prozesse gab, waren die Verurteilten danach bald
wieder auf freiem Fuß, es wurde ihnen Pardon gewährt. Das war eine
Ermutigung für potenzielle Verbrecher.« Außerdem hätten es bei der
Umwandlung des gesellschaftlichen Eigentums in Privateigentum
wie in Russland clevere Kriminelle, die vorher kein Geld besaßen, zu
einem enormen Kapital gebracht, hadert Mesić: »Dies führte wiederum in der Bevölkerung zu der Überzeugung, dass sich Verbrechen
lohnt.«

Bislang ist es jedenfalls nicht gelungen, die Unterwelt der kriminellen Kriegsgewinner auszuschalten. Ähnlich wie in Belgrad schlägt das organisierte Verbrechen offen und erbarmungslos zu, sobald es seine Macht bedroht sieht. So wurde, als Teil einer Serie unaufgeklärter Morde, Ende 2008 der umstrittene Enthüllungsjournalist Ivo Pukanić mitten in Zagreb Opfer einer Autobombe. Pukanić wusste um offene Rechnungen von Waffenlieferanten und Politikern aus der Zeit des kroatischen Unabhängigkeitskriegs, und er hatte seinerzeit im Magazin *Nacional* sowohl dem montenegrinischen Präsidenten Milo Djukanović wie dem Serbenpremier Zoran Djindjić Verbindungen zur balkanweiten Zigaretten-Mafia angelastet. »Entweder die oder wir«, leistete Präsident Mesić am Grabe seines Freundes den Schwur, künftig werde der Staat Kriminelle, Terroristen und die Mafia in einer unerbittlichen Kampagne bekämpfen. Die Anschläge bestätigten nicht zuletzt auch jene Zweifler in Brüssel, die bei den EU-Beitrittsverhandlungen Kroatiens rechtsstaatliche Defizite bemängelt hatten.

Nach wie vor ist diese Nation tief gespalten zwischen Anhängern eines radikalen Nationalismus und den geläuterten Nachfahren der kommunistischen Partisanen. Da werden Weltkriegsveteranen, darunter der Kommandant des KZ Jasenovac, in ihren Ustascha-Uniformen beigesetzt, gesegnet und gepriesen von Dominikaner-Mönchen. Oder es zieht mit dem Turbofolkstar Marko Perković ein Hass-Sänger durch die Lande. Benannt nach der Maschinenpistole, die er im Bürgerkrieg benutzte, trägt er den Beinamen »Thompson«, und er hetzt gegen »Antichristen, Freimaurer und Kommunisten«, die angeblich die »heilige« kroatische Nation vernichten wollen. Zehntausende Jugendliche, aber auch Minister der Regierung, strömen zu seinen Konzerten in die Fußballstadien. Viele tragen schwarze Kleidung und T-Shirts mit Symbolen der Ustascha oder dem Porträt des Generals Gotovina. Sie recken die Arme hoch zum faschistischen Gruß und schreien: »Tötet die Serben.« Die Spitze der katholischen Kirche bleibt dem Gedenken an die von Faschisten Ermordeten im KZ Jasenovac fern, Staatschef Mesić wiederum meidet einen Besuch in Bleiburg an der österreichisch-slowenischen Grenze, wo im Frühjahr 1945 von den Briten Zehntausende kroatischer Ustascha-Anhänger den Partisanen Titos ausgeliefert und Unzählige davon umgebracht wurden.

Kroatien ist weiterhin auf der Suche nach seiner Identität. Gefangen in den Fesseln einer noch nicht bewältigten Vergangenheit und nationalistischer Selbstverherrlichung zugeneigt, hat es den Reifetest für das gemeinsame Europa noch vor sich.

12
Ragusas Erben

Sie können einem schon gehörig auf die Nerven gehen, diese lärmenden Touristen von den Traumschiffen, die in der kobaltblauen Bucht zwischen der Adriainsel Lokrum und dem alten Hafen von Dubrovnik auf Reede liegen. Gleich vier Riesenpötte sind es an diesem brütend heißen Tag Mitte Juli. Im unentwegten Pendelverkehr der Barkassen werden Kreuzfahrer an die Kais vor dem mittelalterlichen Festungsring des einstigen Ragusa geworfen, um dann in Horden durch die Stadt zu stürmen. Vorbei an der Rolandsäule auf den marmorglatten Quadersteinen der Hauptpromenade Placa, dem Stradun, wälzen sich die Kolonnen hinüber zum Onofrio-Brunnen vor dem Pile-Tor. Das sind Heimsuchungen ohne großen wirtschaftlichen Wert für Süddalmatiens Metropole, die während der jugoslawischen Trennungskriege Ende 1991 durch monatelangen Granatenbeschuss der Serben schwer beschädigt wurde. Denn außer den Geldern für ein paar Postkarten und Souvenirs sowie der Kostenpauschale für das Betrachten der Kulturgüter dieses Kleinods im weißgrauen Felsennest lassen die auf ihren Schiffen rundum versorgten Besucher nichts Einträgliches zurück.

Gleichwohl sind Dubravka Šuica diese Eindringlinge hoch willkommen.»Das ist gut für unser Image, wir haben mit 700 000 Kreuzfahrern im Jahr jetzt schon halb so viele wie Venedig«, sagt die vormalige Stadtchefin, die für die konservative Regierungspartei HDZ als Abgeordnete im Zagreber Bundesparlament sitzt. Dabei mag die Begeisterung für die Sturmfluten der Stundenbesucher familiär davon beeinflusst sein, dass auch Ehemann Stijepo auf einem dieser Kreuzfahrtdampfer als Kapitän Dienst tut. Zupackend und pragmatisch hat diese»Gradonačelnika«, zuvor Universitätsprofessorin für

Englisch und Deutsch, in zwei Amtsperioden die Geschicke der 45 000 Einwohner Dubrovniks während des vergangenen Jahrzehnts maßgeblich bestimmt. Das Gemeinwesen Ragusa, wegen seiner unvergleichlichen Lage und Schönheit von George Bernard Shaw als »Paradies auf Erden« gepriesen, braucht die Touristen, jedenfalls jene, die in den Hotels dort ein wenig länger bleiben. Denn nur sie verschaffen der Stadt gut 80 Prozent der Budgeteinnahmen; Dubrovnik hat keine Industrie, lediglich einige kleine Handwerksbetriebe. Das Stadtoberhaupt residiert in einem der Prunkräume des neogotischen Rathauses. Es steht am Luža-Platz gegenüber der Barockkirche des Schutzheiligen St. Blasius zwischen Glockenturm und Rektorenpalais an der Stelle, die einst der abgebrannte Palast des Großen Rates der Stadtrepublik einnahm. Durch einen Gang im ersten Stock war er mit dem Rektorenpalast verbunden, und über der noch heute vorhandenen Tür mahnte eine lateinische Inschrift die Ratsmitglieder: »*Obliti privatorum publica curate* – Vergesst das Private, kümmert euch um öffentliche Angelegenheiten.« Venedig, die große Schwester an der oberen Adria und jahrhundertelange Rivalin, ist für die Dubrovčani auch heute noch eine Obsession. Dabei hatten beide Adelsrepubliken eine vergleichbare Gründungsgeschichte. Auf die Inseln der Lagune retteten sich 452 nach Christus die Flüchtlinge aus dem von Attilas Hunnen zerstörten Aquileia. Und im Jahr 614 verwüsteten die Awaren auf der südöstlichen Seite des Meeres in der Gegend des heutigen Cavtat die aus einer griechischen Kolonie hervorgegangene römische Stadt Epidaurum. Deren Überlebende flohen nach Norden auf eine kleine, steile Felseninsel. Am gegenüberliegenden Hang des Festlands mit seinem dichten Eichenwald *(dubrava)* lebten Kroaten. Mit der Zeit vermischten sich Romanen und Slawen, die Meerenge wurde im 12. Jahrhundert zugeschüttet und die gemeinsame Siedlung mit gewaltigen Befestigungsanlagen umgeben. Dubrovniks Flanierstraße Stradun war die Nahtstelle der zusammenwachsenden Völker. Auf ihr durfte seinerzeit kein Pferdegespann, soll heute kein Auto fahren.

Über Jahrhunderte stand diese *Res publica ragusana* unter Schutzherrschaft des Oströmischen Reichs in Byzanz, während der

Kreuzzüge wurde Venedig zum Kurator. Danach erkannte der Ministadtstaat die Oberhoheit der kroatisch-ungarischen Könige an, erstritt seine Autonomie und arrangierte sich aus Selbsterhaltungstrieb skrupellos mit der neuen Supermacht auf dem Balkan, den Osmanen, durch Neutralitätsbekundungen und satte Tributzahlungen. »Kommerzielle Macht und diplomatisches Genie waren die einzigen Waffen der Republik«, beschreibt Rebecca West zutreffend das Agieren, Lavieren und Überleben von Ragusa, das mit 160 Schiffen zeitweilig eine der größten Flotten im Mittelmeer und mit fünfzig Konsulaten sowie einem erfolgreichen Geheimdienst Verbindungen von Amerika bis Indien unterhielt. Die kleine Halbinsel in der Adria wurde vor allem mit dem Handel von Silber- und Bleierzen zu einem ökonomischen Riesen, dessen tüchtige Kaufleute in den weißen Flaggen ihrer Schiffe das Freiheitszeichen »L« für *libertas* mit sich führten. Und am Eingangstor der Felsenfestung Lovrijenac verkündete die in Stein gehauene Inschrift »*Non bene pro toto libertas venditur auro*« stolz das Stadtmotto nach einem Wort ihres größten Dichters Ivan Gundulić: »Die Freiheit verkauft man nicht für alles Gold der Welt.« Garantiert und gewahrt wurde auch das Recht auf Asyl, für Fürsten wie Gelehrte. Als nach der Schlacht auf dem Amselfeld einer der besiegten Serbenprinzen nach Ragusa flüchtete und dort gastfreundlich aufgenommen wurde, verlangte Sultan Murad II. dessen Auslieferung. Die Antwort des Stadtsenats lautete: »Wir, die Männer von Ragusa, leben nur nach unserem Glauben, und gemäß dieses Glaubens hätten wir auch Euch Schutz gewährt, wäret Ihr hierher geflohen.«

Zur Adelsrepublik gehörten damals der Küstenstreifen von der Halbinsel Pelješac bis hinunter nach Cavtat sowie die davorliegenden Inseln Mljet, Šipan und Lopud. In seiner Blütezeit als freier, unabhängiger Stadtstaat, der den gesamten Balkanhandel kontrollierte, war Ragusa im 15. und 16. Jahrhundert eine liberale, geradezu progressiv anmutende Oligarchie. Zwar gab es, wie überall in der damaligen Balkanwelt, Leibeigenschaft und eine Dreiklassengesellschaft mit einem strengen Kastensystem, das an den Hinduismus erinnerte: Einmal die Aristokratie mit den Grundbesitzern, darunter Bürger

und Arbeiter. Aber als erstes Land überhaupt erließ der Stadtstaat
Ragusa schon 1417 aus religiösem Idealismus ein Gesetz gegen den
Sklavenhandel, weil es eine große Schande sei,»dass der Mensch,
nach dem Bild des Schöpfers geschaffen, zu geldgierigem Profit gemacht und verkauft werde, als sei er ein empfindungsloses Tier«. Im
Wiederholungsfalle wurde Sklavenhändlern der Tod durch Erhängen
angedroht, das Freikaufen von mediterranen Sklaven gehörte zu den
philanthropischen Vorlieben ragusanischer Patrizier.
Alle Macht lag bei den alteingesessenen Adelsfamilien. Das
waren etwa im 15. Jahrhundert bei einer Gesamtbevölkerung von gut
20 000 Ragusanern kaum mehr als dreißig oder vierzig Sippen. Deren männliche Mitglieder stellten Gouverneure, Senatoren, Diplomaten, jeweils auf Lebenszeit gewählt. Aus der Mitte des Großen Rates
wurde als oberster Repräsentant des Gemeinwesens ein Fürst oder
Rektor bestimmt, der bei seinen Staatsauftritten mit roter Seidentoga
und schwarzer Samtstola über der linken Schulter prächtig daher-
kam, begleitet von Musikanten und zwanzig Palastwachen. Auf viele
solcher Darbietungen brachte es der Erwählte indes nicht. Denn um
diktatorischen Gelüsten und einem Missbrauch der Macht vorzu-
bauen, war die Amtszeit dieses Rektors auf gerade mal einen Monat
begrenzt, seine Wiederwahl erst nach zwei Jahren möglich. Über all
die Jahrhunderte hat Ragusa keine schweren inneren Fehden erlebt
und sich keines Usurpators erwehren müssen.
Die kleine Adriarepublik war reich und reichlich puritanisch. Es
gab eine der ersten Apotheken Europas, ein Waisenhaus und Alters-
heim in ihren Mauern, doch nie ein Theater. Künstler und Gaukler
waren dort nicht willkommen, sie galten als Verderber der Jugend,
die sich lieber mit naturwissenschaftlichen Themen beschäftigen
sollte. Und Ragusa war erzkatholisch. Man verstand sich als Vorposten Roms an der Grenze zum orthodoxen Christentum wie zum
Islam, war sich damit des Schutzes Spaniens gewiss und natürlich des
Papstes, der das scheckdiplomatische Techtelmechtel mit den Osmanen stillschweigend hinnahm. Andersgläubigen wurde die Eröffnung
von Kirchen auf dem Stadtgebiet strikt verwehrt. Mit einer Ausnahme: Von der Iberischen Halbinsel geflüchtete sephardische Juden

»Die Freiheit verkauft man nicht für alles Gold der Welt«:
Süddalmatiens Dubrovnik, das alte Ragusa

fanden Aufnahme als Händler, Bankiers oder Ärzte und durften im
Ghetto eine Synagoge unterhalten. Die Intoleranz aber gegenüber
den Orthodoxen sollte später fatale Folgen haben. Denn die Brüskie-
rung der russischen Herrscherin Katharina der Großen, die vergeblich für ein orthodoxes Gotteshaus in Ragusa geworben hatte, führte
1815 beim Wiener Kongress dann dazu, dass der beleidigte Zar Alexander einer nunmehr endgültigen Auflösung des Kleinstaats nicht
widersprach.

Ragusas Niedergang hatte sich schon 150 Jahre zuvor abgezeich-
net, nach der schrecklichen Erdbebenkatastrophe Anfang April 1667.
Erstmals barsten die Mauern des dalmatinischen Bollwerks, die
sämtlichen Belagerern standgehalten hatten. Unter den Trümmern
lagen über fünftausend Tote, darunter das Gros des Adels. Eine der
prächtigsten Städte am Mittelmeer mit romanischen Sakralbauten
und Renaissancepalästen war verwüstet. Mehrere Tage wüteten
Brände. Es dauerte lange, bis der Stadtkern im Stil schlichten römischen Barocks neu entstand. Aber die großen Zeiten Ragusas waren
vorüber, nicht zuletzt auch, weil sich die Handelsströme nach der

Entdeckung Amerikas westwärts verlagert hatten. Das napoleonische Frankreich schlug schließlich als Besatzer das Departement Raguse zu seinen Illyrischen Provinzen. Und im Jahr 1808 proklamierte Marschall Auguste de Marmont mit einem Gewaltstreich die Auflösung des Stadtstaats:»Die Republik Ragusa hat aufgehört zu existieren.« Vergeblich hofften nach dem Verschwinden des Korsen die Dubrovčani darauf, ihre Unabhängigkeit wieder herbeihandeln zu können. Es fehlten potente Fürsprecher. Nun griff Habsburg nach der»Perle der Adria« und gliederte sie ein in sein Kronland Dalmatien. Ragusa fiel herab auf den Status einer Provinzstadt und wurde nach dem Ersten Weltkrieg als Dubrovnik Teil des neuen Jugoslawien.

Mit dem aufkommenden Fremdenverkehr erschloss sich Ragusas Erben immerhin eine neue Einkommensquelle. Bereits den jüngeren Bruder von Kaiser Franz Joseph hatte die landschaftliche Schönheit des südlichen Dalmatien dermaßen begeistert, dass er sich 1859 auf der zauberhaften Waldinsel Lokrum im einstigen Benediktinerkloster ein neogotisch aufgehübschtes Sommerdomizil einrichten ließ. Allerdings konnte der Erzherzog Ferdinand Maximilian mit seiner Charlotte dieses Liebesnest nicht lange nutzen. Das Abenteuer seiner Rolle als Kaiser von Mexiko endete für den Habsburger tragisch mit der standrechtlichen Erschießung. Lokrum ist heute Lieblingsbadeplatz der Einheimischen von Dubrovnik.

Laut einer Mär haben nach dem Untergang Ragusas die Adelsclans per Gelübde die Nichtfortpflanzung beschlossen, damit ihre Kinder nicht die Namen von»Sklaven fremder Herren« würden tragen müssen. Dubravka Šuica lächelt fein zu dieser Geschichte und sagt:»Viele Aristokraten sind damals emigriert, aber es gibt noch einige Nachfahren ihrer Familien hier.« Die mögen hoch angesehen sein, das Sagen haben sie schon seit den Zeiten des Tito-Sozialismus nicht mehr. Kommunalpolitik in Dubrovnik unterscheidet sich in ihren parteipolitischen Konstellationen und Konfrontationen nicht sonderlich von der in Split oder Zagreb.

Auch von den Turbulenzen der postjugoslawischen Bürgerkriege war die einstige See- und Patrizierrepublik nicht verschont geblieben. Wie im Mittelalter die serbischen Könige suchte nun der serbische

Despot Milošević die von der Unesco zum »Denkmal der Weltkultur« erklärte Metropole Süddalmatiens unter seine Kontrolle zu bringen. Hässliche Narben von den Einschlägen der Granaten auf den Quadersteinen des Stradun signalisieren noch heute, wie knapp Dubrovnik im Spätherbst 1991 dem Schicksal anderer Städte entging, die von Belgrads Kriegsmaschinerie zermalmt wurden. Zweitausend Geschosse gingen allein auf die Altstadt mit ihren roten Ziegeldächern nieder, 824 Gebäude im mittelalterlichen Festungsring wurden getroffen. »Wir waren eine Insel«, beschrieb der seinerzeitige Bürgermeister Nikola Obuljen die Notlage im monatelangen Granatenhagel. Erst ein internationaler Aufschrei der Empörung über diese Barbarei rettete die Stadt davor, sturmreif geschossen zu werden. Die Soldateska der Serben und Montenegriner zog sich hinter die Karstberge unterhalb von Trebinje zurück, verwandelte dabei aber mit vandalischer Vernichtungswut die blühende Region südlich von Dubrovnik in ein Ruinenambiente. Etwa 70 Prozent der Hotels und Häuser um Mlini, Cavtat und Čilipi wurden zerschossen oder niedergebrannt, Straßen, Strom- und Wasserleitungen in die Luft gejagt, ganze Dörfer eingeebnet. Serbiens Schlag traf Dalmatiens Lebensnerv, der sich hauptsächlich aus den Devisenmilliarden des Feriengeschäfts speiste. Bis heute hat sich Dubrovniks Umgebung von dieser Heimsuchung nicht erholt.

Das mag mit erklären, warum in Dubrovnik die traditionelle Liberalität Ragusas nunmehr schwer zu kämpfen hat gegen nationalistische Vergiftung. Und auch, dass bei der südlichen Einfahrt zur Stadt Reisende aus Montenegro auf der Felsklippe über dem Meer von einer Plakatwand begrüßt werden, die neben dem kroatischen Staatswappen ein Porträt des Generals und mutmaßlichen Kriegsverbrechers Ante Gotovina zeigt. »Dieser Platz untersteht nicht unserer Verwaltung, wir haben kein Hinterland«, distanziert sich die HDZ-Politikerin Šuica matt von diesem Poster, aber auch im Hinterland regiert ihre Partei. Es gibt noch einige wenige jüdische Familien in der Stadt. Und etwa drei Prozent Serben. Die meisten, Pensionäre des roten Ancien Régime, haben ihre Villen auf der Halbinsel Lapad unterdessen verkauft, weil sie spürten, hier nicht mehr willkommen zu sein.

Weitgehend einig sind sich Ragusas Erben über die Zukunfts-pläne in der von Grund auf restaurierten Stadt. Statt bislang besten-falls sieben Monate sollen Besucher künftig das ganze Jahr über die Kassen füllen. Mit einem erweiterten Kulturangebot und Kongressen will man den Elitetourismus fördern, mit einer neuen Musik- und Theaterakademie die Studentenzahl verdreifachen. Und wenn die Autobahn von Split her bald fertiggestellt ist, sollen auch die Kolon-nen der Urlauber aus Mitteleuropa anrollen. Soweit der Traum. Aber diese Kolonnen dürften an Dubrovnik vorbeifahren. Denn ein Auf-enthalt in den bestgelegenen Herbergen unweit der historischen Stadtmauern ist für Normalverdiener kaum bezahlbar. In Hotels wie dem Argentina oder dem Excelsior sind in der Hauptsaison Einzel-zimmer unter 350 Euro nicht zu haben.

Es ist Abend in Dubrovnik, die herumdrängenden Kreuzfahrer sind verschwunden. Auf der Marmorpromenade des Stradun beginnt unter Schwalbenschwärmen kurz vor der Dämmerung der Corso der Einheimischen. Dargeboten wird ein Schauspiel narzisstischer Selbstdarstellung und Lebensfreude, so wie es als Beobachter aus der Gradska Kafana, dem Stadtcafé, der Schriftsteller György Konrád schilderte: »Bis zu den Schultern fällt das dunkle Haar der Mädchen, die große Nase zeigt einen klaren Schnitt, die dichten Augenbrauen sind zusammengewachsen, die Stirn ist hoch, das Kinn stolz, so wogen sie elastisch voran wie Segelschiffe. Sie gehen Arm in Arm, blicken geradeaus, sie paradieren wie ein vorbeiziehendes Gardere-giment. Langsamer Vorbeimarsch, auf und ab, von den Burschen, die an der Steinmauer stehen, werden sie blinzelnd beobachtet.«

Es scheint, als seien plötzlich alle Bewohner Dubrovniks auf den Beinen. Elegant gekleidet, schreiten sie gemessen im Schein der Stra-ßenlaternen zwischen den Gebäudereihen, die von Glanz und Größe der einstigen Adelsrepublik künden. Nicht mal eine Stunde dauert die Flanierschau. Dann ist wie von Zauberhand die Menge der Lust-wandler im Nu verschwunden, der Stradun des alten Ragusa liegt verlassen da.

13
Montenegro: Vom Schmuggelparadies zum russischen Protektorat

Der Weg zum Freiheitsberg der Montenegriner hinauf ist schwierig, er ist bisweilen auch gefährlich. Die Chauffeure auf dieser abenteuerlichen Passstraße erschienen dem irischen Schriftsteller George Bernard Shaw als »wahrhafte Künstler, aber die Mitfahrer, die sich ihnen anvertrauten, müssen verrückt sein«. Daran hat sich bis heute nicht viel geändert. Doch die Fahrt mit dem Auto aus der Bucht von Kotor über enge Serpentinen zum kalkiggrauen gewaltigen Karstgebirge des Lovćen lohnt jede Mühe, jedes Wagnis. Denn als Belohnung eröffnet sich aus über tausend Metern Höhe bei klarem Wetter der grandiose Fernblick auf ein unendliches Panorama, das zu Recht als eines der prächtigsten auf diesem Planeten gilt. Tief drunten windet sich die kobaltblaue Bucht wie ein Fjord in Kehren um die Felswände von Kotor, dem einstigen Catarro, bis in den Ersten Weltkrieg als Kriegshafen uneinnehmbarer Vorposten des Habsburgerreichs. Und hinter zerfurchten Bergrücken, die sich in diese Bucht bohren, schimmert in der Ferne türkisfarben die weite Adria.

Weil er diesen Blick noch einmal genießen wollte, ließ sich im Sommer 1851 der bedeutendste Herrscher und Dichter Montenegros den Steilhang hochschleppen, als er spürte, dass ihm die Tuberkulose nur noch wenige Tage gönnte. Gerade mal achtunddreißig Jahre alt war Fürstbischof Rade Petar II. Petrović, genannt Njegoš, als die Maultiere ihn, auf einem Lehnstuhl festgebunden, über Saumpfade zum Lovćen trugen, seiner letzten Ruhestätte. Auf einem der fünf Gipfel steht nunmehr sein marmorner Sarkophag in einem wuchtigen Mausoleum, erbaut nach den Plänen des Dalmatiners Ivan Meštrović zu Zeiten Titos als Wahrzeichen des ewigen Montenegro und des Freiheitswillens seines Volkes. Diesen sturmdurchtosten Platz hatte »der Adler«, wie er selbst sich nannte, für sein Grab gewählt, schrieb Milovan Djilas, der andere berühmte Montenegriner, mit archaisch-heroischem Pathos in seiner ergreifenden Njegoš-Biografie, »um ewig zwischen dem Donnern und Blitzen im Anblick des eigenen Landes zu verweilen, als Wache gegen das Böse und das Unglück«.

Das Böse und das Unglück suchten Crna Gora, das »Land der schwarzen Berge«, häufig heim. In Jahrhunderten des Blutvergießens, der Metzeleien, ständiger Guerillaaktionen, von Verrat und Mord. »Das Kreuz zu tragen ist uns bestimmt,/Grauenhafte Kämpfe mit Eigenen und Fremden«, klagt der Njegoš in seinem dramatischen Versepos *Gorski Vijenac (Der Bergkranz)*. Bei der »Montenegrinischen Vesper«, angeblich zu Ende des 18. Jahrhunderts, geht es um die gnadenlose Ausrottung der zum Islam übergelaufenen Brüder in Virpazar am Skutarisee. Dieser Genozid an den »vertürkten« Verrätern galt auch als religiöse Rache für den Märtyrertod der Christen auf dem Amselfeld, dem Urgrund allen serbischen Unheils: »Türk und Serbe nimmer sich vertragen / Eher könnte süß das Meer noch werden.«

Der Begriff *monte negro* wird erstmals 1435 in einem Vertrag erwähnt, mit dem der serbische Fürst Djuradj Branković seine Banschaft Zeta, das Gebiet um die heutige Hauptstadt Podgorica, der Oberhoheit Venedigs unterstellt in der vergeblichen Hoffnung, Schutz gegen die Eroberungszüge der Ottomanen zu finden. Damals mögen die Berge mit Kiefern und Tannen bis zur Küstenlinie dicht bewaldet gewesen, also schwarz und unheimlich erschienen sein. Heute trifft das nach den brutalen Abholzungen nur noch für das Landesinnere zu, zwischen Zetatal und Taraschlucht. Ihrer Herkunft nach sind die Montenegriner orthodoxen Glaubens eigentlich Serben, Hirtenstämme mit illyrischen Volksresten vermischt. Sie gehörten im Mittelalter zum serbischen Reich der Nemanjiden und blieben in ihrer Bergwildnis der einzige Staat der Serben, den die Türken nicht vollständig zu unterwerfen vermochten. Es war die Zeit der Helden und Mythen aufständischer Stämme und Clans. Sie lebten als

»Das Kreuz zu
tragen ist uns
bestimmt«:
Montenegros
Fürstbischof Rade
Petar II., genannt
Njegoš

Kriegerkasten und räuberische Haiducken in einer patriarchalischen
Bauerngesellschaft, die sich zuvorderst dem Familienverband, der
bratstvo, verpflichtet fühlte und Ehrenhändel nach den Gesetzen der
Blutrache austrug.

Wie die Türken, die aus den abgeschlagenen Häuptern der »Ungläubigen« auf dem Balkan ihre Schädeltürme errichteten, gingen
auch die Widerstandskämpfer der Schwarzen Berge auf Kopfjagd, für
sie ein feierlicher, ein heldenhafter Akt. »Das Abschneiden von Köpfen war eine Art Ritual, die heiligste Handlung im Leben eines Mon-
tenegriners«, schreibt Djilas und schildert die unbändige Freude des
Fürstbischofs Njegoš, als ihm der Kopf des gefürchteten osmanischen
Reitergenerals Smail Aga Čengić überbracht wird, eines zum Islam
konvertierten Serben. In seiner mit dem schweren Brustkreuz ge-
schmückten Soutane geht der Bischof dem getöteten Helden bis an
die Grenze seines Reichs entgegen. Er übernimmt den gewaschenen
und gekämmten Kopf, wirft ihn wie einen Apfel in die Höhe und ruft,
als er ihn wieder auffängt: »Nun bist auch Du, armer Smail, zu mir
gekommen.«

Seine Residenz in der Steinwüste von Cetinje pflegte der Dichterfürst mit auf Pfählen aufgespießten Türkenköpfen zu umgeben. Dabei war der Njegoš, anders als sein überwiegend analphabetisches Volk, belesen und hochgebildet. Außer Serbisch beherrschte er auch Deutsch, Französisch, Lateinisch und Russisch in Wort und Schrift. Er muss eine imponierende Erscheinung gewesen sein, dieser Mann mit der schlanken Statur von zwei Metern und drei Zentimetern. Gemälde zeigen ihn mit langem, schwarzem Haar unter einem roten Fes und mit schwarzem Bart. Meist trug dieser Fürstbischof einen scharlachroten, pelzbesetzten Überwurf, dazu einen weißen Mantel, blaue Kniehosen, weiße Strümpfe und eine karmesinrote Leibbinde voller Waffen. Mit zwanzig Jahren zum Bischof geweiht, gründete er die erste Schule in Montenegro und ließ die erste Druckerpresse in kyrillischer Schrift in Betrieb nehmen. Seine Gesetzeserlasse entsprachen dem mannhaften Zeitgeist seiner Untertanen, bei denen Frauen zu arbeiten und sich zu fügen hatten:»Bricht dein Weib die Ehe, so darfst du dein Weib töten.«

Politisch gelang es diesem Herrscher, die einander befehdenden Stämme zu einer staatsähnlichen Gemeinschaft zu formen und in Europa um Beistand zu werben für den Freiheitskampf seines Volkes. Dabei setzte der Njegoš insbesondere auf enge Beziehungen zum slawischen Brudervolk der Russen, wie das vor ihm schon Danilo I. mit einem Schelmenstück vorgeführt hatte, der mit seinem Zwergreich als Verbündeter von Peter dem Großen den Türken den Krieg erklärte. Der Zar honorierte diese Geste mit Geldern für das Haushaltsbudget des Fürstbischofs sowie der Entsendung einer Gesandtschaft, und er ließ fortan auf einer Marineschule in der Bucht von Kotor seine Seekadetten ausbilden. Es war dieses diplomatische Bündnis mit dem großen Zarenreich (»Wir und die Russen«), das dem winzigen Montenegro das eigenständige Überleben zwischen den Weltmächten sicherte. Obwohl im Räumlichen kaum auszumachen, sei dafür sein Name»umso klangvoller im Zeitlichen, in historischen Begebenheiten«, sagt Milovan Djilas:»Wie sonst hätte es sich zwischen den Mächten – Türkei und Venedig, Österreich und Türkei, Ost und West – behaupten können?«

Auch die Nachfolger des Njegoš verstehen es trefflich, auf der Klaviatur der panslawischen Gefühle zu spielen. Niemand von Montenegros Nachbarn wagt den Test, ob im Ernstfall der russische Bruder auch wirklich zu Hilfe eilen würde. Erst der Berliner Kongress der europäischen Mächte von 1878, mit Fürst Bismarck als Impresario, erkennt Montenegro als vollständig unabhängiges Fürstentum an. Der 13. Juli, Schlusstag des Diplomatenreigens, ist heute in Podgorica Nationalfeiertag. Achtundfünfzig Jahre regiert seit der Mitte des 19. Jahrhunderts Prinz Nikola den Ministaat, ein ebenso kluger wie gewissenloser Operettenfürst. Er lässt sich mit Apanagen von Petersburg und London aushalten, verbandelt seine Töchter mit europäischen Königs- und Fürstenhäusern in Rom, Belgrad und Petersburg. Der Despot spricht Recht unter einem Kastanienbaum, ernennt sich selbst zum König, organisiert den Weinanbau neu, indem er jede Familie, die freiwillig zweitausend Rebstöcke setzt, auf zehn Jahre von der Weinsteuer befreit. Obwohl von seinen Untertanen nur wenige lesen und schreiben können, lässt der Monarch unentwegt Sätze von Briefmarken drucken, die er Besuchern in Cetinje auch schon mal eigenhändig am Postschalter verkauft. »Als Poet und Romantiker macht Nikola keinerlei Unterschied zwischen seinem eigenen Geldbeutel und der Staatskasse«, notiert der journalistische Balkanreisende Leo Trotzki. Das Schlösschen des Liliputkönigs ist heute Museum, und man würde sich nicht wundern, erschiene im gebohnerten Audienzsaal plötzlich Nikola, so wie er dem rasenden Reporter Egon Erwin Kisch 1913 bei dessen eiliger Balkanfahrt entgegentrat: »Ein mit grauem Bart auf Wange und Hals geschmückter dicker Herr, der in hellblauen Hosen, hellrotem, goldgesticktem Rock und roter Schärpe noch dicker wirkt, die Röllchen rund und von majestätischer Größe.«

Gegen Ende des Ersten Weltkriegs setzt eine »Volksversammlung« den Monarchen ab, und Montenegro schließt sich dem neuen südslawischen Königreich Jugoslawien an. Nikola flieht nach Frankreich, wird von der Entente jedoch weiterhin als legitimer Herrscher anerkannt und mit 200 000 Franken monatlich ausstaffiert. Als zu Beginn der Versailler Friedenskonferenz Großbritanniens Außenminister Arthur James Balfour gefragt wird, ob sein Land nach wie vor den montenegrinischen König anerkenne, lautet die Antwort: »Ja, wir zahlen für ihn.« Nikola stirbt 1921 in Antibes.

Viel für ihre armen Vettern in den Schwarzen Bergen tun die Belgrader Herrscher freilich nicht. Sie lassen sich an einer der schönsten Buchten, bei Miločer unweit der einstigen Pirateninsel Sveti Stefan, in einem exotischen Park ihre Ferienresidenz errichten. Montenegro aber bleibt ein Aschenputtel. Noch 1939 besteht die Industrie nur aus einem Dutzend Unternehmen und Handwerksbetrieben, die insgesamt 1355 Personen beschäftigen. Über vier Fünftel der Bevölkerung leben von der Land- und Viehwirtschaft. Dies ziemlich kärglich, denn es gibt weit mehr Felsen als Felder und Weiden. Auf tausend Einwohner kommt am Vorabend des Zweiten Weltkriegs ein Krankenhaus und ein Telefonapparat, Strom besitzt lediglich jede dreiundvierzigste Siedlung. Moderne Straßen gibt es nicht, mehr als 50 Prozent der Montenegriner sind Analphabeten.

Das ändert sich nach dem Zweiten Weltkrieg, in dem viele Montenegriner gegen die italienischen und deutschen Besatzer den Kampf der kommunistischen Partisanen oder den der monarchistischen Tschetniks unterstützen. Sie zahlen dafür einen hohen Blutzoll. Danach aber wird im neu gebildeten sozialistischen Bundesstaat aus dem Aschenputtel beinahe ein Hätschelkind. Montenegro erhält den Status einer eigenen Nation und einer selbstständigen, gleichberechtigten Republik. In den Gremien auf Bundesebene gilt die Stimme der damals 560 000 Einwohner Montenegros genauso viel wie etwa die der 8,6 Millionen Serbiens. Und entsprechend dem Prinzip, den Mitgliedern der Föderation so viel Eigenständigkeit und Selbstverwaltung wie möglich zu gewähren, besitzt die kleinste Teilrepublik im jugoslawischen Vielvölkerstaat ihre eigene Verfassung und Flagge, eine aus drei Kammern bestehende Republik-Versammlung, eine regionale Verwaltung und Regierung, ein Republik-Präsidium sowie eine eigene Nationalbank und Fernsehstation.

Die Montenegriner, ihrem Naturell nach nicht besonders schaffensfroh, bekommen während der Regentschaft Titos vor allem von Slowenen und Kroaten des Öfteren zu hören, sie verstünden es besser als jede andere Teilrepublik, auf Kosten und vom Fleiß der anderen zu leben. Das ist wohl wahr, unter anderem aber auch deshalb, weil der Ministaat wie sämtliche Südregionen Jugoslawiens wegen eines enormen ökonomischen und infrastrukturellen Nachholbedarfs zu den Hauptkonsumenten des Bundesinvestitionsfonds zählt, einer Art innerjugoslawische Entwicklungshilfe. Davon mögen die Montenegriner in der Tat mehr profitieren als etwa die Mazedonier oder die Albaner im Kosovo. Schließlich besitzt auch keine andere Volksgruppe von Anbeginn in den Schlüsselpositionen der jugoslawischen Staats- und Parteiführung einen dermaßen überproportionalen Einfluss wie die clanbewusste »montenegrinische Mafia«. In Belgrad gibt der Volksmund dem Prominentenwohnviertel Dedinje bezeichnenderweise den Beinamen »Cetinje«. Die kleine Republik profitiert jedenfalls enorm von diesem Beziehungsgeflecht. Sie erhält bei Podgorica (damals: Titograd) ein eigenes Aluminiumkombinat und ein Stahlwerk in der Stadt Nikšić, wo auch das beste Bier des Balkans gebraut wird. In einem Industrialisierungsrausch entstehen Maschinen-, Textil-, Papier- und Zementfabriken, werden Blei- und Zinkgruben angelegt, wird durch die schwarze Gebirgswildnis mit der Eisenbahnlinie von Belgrad zum Adriahafen Bar Europas kühnster und kostspieligster Schienenweg gezwängt. Dies alles wirkt eindrucksvoll, doch gibt es bei näherem Hinsehen manchen Schönheitsfehler. Viele Großprojekte nämlich werden ohne Rücksicht auf den wirklichen Bedarf und einen geeigneten Standort errichtet, sie kommen aus der Verlustzone nie heraus. Aus reinen Prestigegründen werden Milliarden verpulvert. Und was Arbeitseffektivität und Rentabilität angeht, so rangieren auch im postkommunistischen Jugoslawien die montenegrinischen Industrieunternehmen ganz weit hinten.

Gewiss keine solide Basis, um dann ausgerechnet die Unabhängigkeit anzupeilen. Doch genau diese Sezession strebt nach den jugoslawischen Erbfolgekriegen der zunächst mit Serbien im Staatsverbund von Rest-Jugoslawien verbliebene Ministaat an, der mit seinem Territorium von 14 000 Quadratkilometern kleiner ist als Schleswig-Holstein und es mit 670 000 Einwohnern kaum auf die Bevölkerungszahl von Frankfurt am Main bringt. Treibende Kraft in diesem Abnabelungsprozess ist der 1962 in Nikšić geborene junge Wendekommunist Milo Djukanović, von Freund wie Feind auch *britva* genannt,»das Rasiermesser«. Anfangs kriegsbegeistert auf großserbischem Kurs seines Mentors Slobodan Milošević, erkennt der schlaksige Spross einer alteingesessenen montenegrinischen Familie seine Chance, sich auf Anraten der Amerikaner als eine demokratische Alternative zum Belgrader Despoten aufzubauen. Djukanović wird 1991, mit gerade einmal neunundzwanzig Jahren, Premier der Minirepublik und sieben Jahre darauf ihr Staatspräsident. Washingtons Außenministerin Madeleine Albright ermuntert ihn, direkt gegen Milošević als Herausforderer anzutreten, doch Djukanović ist zu schlau, sich auf solch ein Abenteuer einzulassen. Ihm geht es jetzt nur noch um die baldige Trennung vom»selbstherrlichen Regime in Belgrad«, wie der gelernte Betriebswirt seinerzeit im Interview einräumt und solchen Freimut füchsisch mit Lippenbekenntnissen zur Föderation umgarnt. Denn im benachbarten Kosovo verschärft sich der Konflikt mit den Albanern, und der Westen hat längst genug von all den Sezessionen, Vertreibungen und Schlächtereien auf dem Balkan. Er will dort kein weiteres Drama. Das weiß natürlich auch der smarte Montenegriner. Beredt betrauert er, dass» die jugoslawische Idee zur Farce gemacht« und um demokratische Reformen gebracht werde von dem Belgrader Autokraten,»einem Mann, der politisch isoliert werden muss«. Mit solchen Tiraden schafft es Djukanović rasch, zum politischen Liebling des Westens aufzusteigen. Der gestattet ihm, nach einer Schamfrist schließlich im Mai 2006 eine Volksabstimmung durchzuführen über die Unabhängigkeit seines Landes. Die Hürde bei diesem Plebiszit ist mit 55 Prozent Zustimmung aller Wahlbeteiligten hoch. Am Ende, welch Wunder, sorgt ein halbes Prozent mehr als notwendig für die Loslösung von Serbien.

Den neuen Staat führt Djukanović als Vorsitzender der»Demokratischen Partei der Sozialisten« wie seine Privatranch. Gegner werden brutal abserviert, Verflechtungen mit der Unterwelt sind offenkundig. Montenegro ist schon während der Jugoslawienkriege Drehscheibe des Zigarettenschmuggels nach Westeuropa, der Clan des Regierungschefs steckt mittendrin; die First Family wird auch zur reichsten des Landes. Seit 1993 ermittelt die italienische Staatsanwaltschaft in Bari gegen Djukanović wegen Beteiligung »an einer organisierten Vereinigung zum Zweck des internationalen Zigarettenschmuggels und Geldwäsche«. Enorme Dossiers mit Kontoauszügen aus Zypern und der Schweiz sollen belegen, dass Mafia-Organisationen wie die Camorra und Sacra Corona Unita da mitfingerten und wegen dieser Geschäfte zahlreichen europäischen Ländern Milliarden an Steuergeldern entgingen. Das mag durchaus zutreffen. Das kroatische Magazin *Nacional* behauptete im Mai 2001, Djukanović habe sich mit dem heute in Genf lebenden serbischen Geschäftsmann Stanko Subotić, angeblich »Kopf der gesamten Balkan-Mafia«, eine Milliarde Dollar aus dem Tabakhandel geteilt. Aber die Zigaretten wurden ja nicht auf dem Balkan produziert, sondern zunächst einmal aus westlichen Staaten dorthin geliefert. Djukanović hat die Transporte aus den Häfen Bar, Kotor oder Herceg Novi mit Schnellbooten über die Adria nie bestritten. Dies sei im Transit ein legaler Warenverkehr gewesen und in den schwierigen Jahren des Übergangs eine Notwendigkeit zum Überleben, rechtfertigt er sich. Für die Versteuerung jedoch seien letztlich die Empfänger der Zigaretten verantwortlich. Obwohl er sich hinter seiner Immunität verstecken könnte, macht der Premier im Frühjahr 2008 hierzu eine Aussage vor der Staatsanwaltschaft in Bari.

Das wirkt nach außen hin souverän, aber eine Reihe von Mitwissern und Anklägern daheim ist in der Zwischenzeit ja auch verstummt. So Duško Jovanović, ehemals Chefredakteur der regierungskritischen Zeitung *Dan*, die über das Anheuern albanischer Hilfskräfte für den Zigarettenschmuggel berichtete. Der Journalist wird im Mai 2005 erschossen. Einige Politiker und hohe Polizeifunktionäre, die an den Zigarettendeals beteiligt waren, sterben eines unnatürlichen Todes, offenbar als Opfer von Auftragskillern. Schließlich wird auch der mit der Aufklärung dieser Fälle betraute Untersuchungsbeamte ermordet; alle Anklagen werden mangels Beweisen fallen gelassen. »Wir sind heute weit von jeder Demokratie entfernt«, sagt Miodrag Perović, Mitbegründer der auflagenstärksten Tageszeitung *Vjesti*. Für ein solches Montenegro habe er nicht gekämpft, hadert der Mathematikprofessor mit der innenpolitischen Entwicklung, »hier geschieht nichts, was der Premier nicht wünscht«. Wer sich diesen Wünschen offen widersetzt, der riskiert, wie *Vjesti*-Chefredakteur Željko Ivanović, bei einem nächtlichen Überfall von Vermummten krankenhausreif geprügelt zu werden. Oder von der Regierung mit Schadenersatzklagen in Millionenhöhe eingeschüchtert zu werden. Allein gegen *Vjesti, Dan* und das politische Magazin *Monitor* laufen über sechzig solcher Verfahren. Mit Schaudern registriert ein interner EU-Report, Montenegro sei nicht nur ein Transitland für Zigaretten, Emigranten, Prostituierte und Drogen, sondern auch ein Eldorado für Nutznießer von Korruption und abgefeimter Kriminalität.

Nahezu 30 Prozent der Montenegriner, vor allem die im Norden des Landes, leben an der Armutsgrenze oder darunter. Das obere Dutzend der sich hemmungslos bereichernden Cliquen um den schlauen Machthaber zählt zu den Multimillionären. Ein offizieller Bericht zum Vermögensstatus der Abgeordneten weist für Djukanović ein vergleichsweise bescheidenes Vermögen von annähernd 1,5 Millionen Euro sowie den Besitz dreier Firmen und einer Universität aus. Die Opposition moniert, dass auch noch die Wohnungen und Jachten seines Sohnes, die Auslandsfirmen der Tochter erwähnt werden sollten sowie beträchtliche Anteile der Familie an dem angeschlagenen Geldinstitut »Prva Banka«, das einen Staatskredit von 44 Millionen Euro erhält. Ins Auge sticht überdies der immense Reichtum des älteren Bruders Aco, eines Bank- und Baulöwen. Als Mann fürs Grobe schlägt der lästigen Widersachern schon mal selbst mit einer Pistole den Schädel ein.

Er werde sein Land zu einem »Monte Carlo an der Adria« machen, hat Milo Djukanović, der dienstälteste Machthaber des Balkans angekündigt, dessen Konsorten ihren Wohlstand nicht nur den Schmuggelgeschäften verdanken, sondern auch dem Verscherbeln früherer Staatsunternehmen. 80 Prozent des vormals »öffentlichen Eigentums« befinden sich nunmehr in privater Hand, und Balkankenner wie der langjährige EU-Koordinator des Stabilitätspakts für

Südosteuropa, der Österreicher Erhard Busek, warnen davor, dass der Ministaat womöglich zu einem Spielcasino der russischen Mafia absacken könnte. Denn die Russen fallen wie die Heuschrecken über die Hügelketten an der 240 Kilometer langen Adriaküste her, jagen die Bodenpreise von einigen hundert Euro pro Quadratmeter auf bis zu 8000 Euro hoch, besetzen ganze Landstriche mit Hotels und Villen. Das Land scheint wie geschaffen zum Waschen schmutziger Gelder, und davon profitieren Oligarchen und Moskauer Mafiosi ebenso wie einstige KGB-Agenten, notfalls mit westlichen Geschäftsleuten als Strohmännern. Nach den Serben bilden die Russen mit 20 000 Residenten bereits die zweitgrößte Ausländerkolonie. Insider behaupten, dass sie auch schon gut 50 Prozent der montenegrinischen Wirtschaft kontrollieren.

Allerdings nicht immer mit nachvollziehbarem Interesse an Profiten. So ist bislang das Engagement des Oligarchen Oleg Deripaska, bis zum Ausbruch der Finanzkrise der reichste Mann Russlands, am Aluminiumkombinat KAP ein gigantischer Flop. Der mit einer Enkelin von Jelzin verheiratete Stahlunternehmer erwarb 2005 den größten Staatsbetrieb Montenegros mit rund viertausend Arbeitern für 48,5 Millionen Euro und der Verpflichtung zu weiteren Investitionen in Höhe von 55 Millionen Euro. Außerdem übernahm sein RusAL-Konzern Schulden in Höhe von 86 Millionen Euro und ließ sich angeblich auf die Abmachung ein, mit einem neuen Wärmekraftwerk die staatliche Energieversorgung zu garantieren. Aber aus all dem wurde nichts. Die Hütte, die immerhin 14 Prozent des montenegrinischen Bruttoinlandsprodukts erwirtschaftet, arbeitet mit Verlusten. Ihre Technologie ist veraltet, sie hat zu viel Personal. Schwarzer Rauch umhüllt das Gelände am Stadtrand von Podgorica, der Umweltschutz entspricht nicht einmal minimalsten Anforderungen.»Innerhalb von vier Jahren sind sechzig unserer Arbeiter mittleren Alters gestorben«, weiß der ehemalige Gewerkschaftsvorsitzende Momčilo Kaludjerović zu berichten. Seit Anfang 2009 droht dem Werk sogar die Schließung, die Arbeiter erhalten keine Löhne mehr. Der Milliardär Deripaska leitete vor dem Internationalen Schiedsgericht in Frankfurt ein Verfahren gegen den Staat Montenegro ein mit der Forderung von 300 Millionen Euro Entschädigung, weil er über den tatsächlichen Zustand des maroden Betriebs seinerzeit getäuscht worden sei.

Um Budva mit seinen zyklopischen Stadtmauern auf der felsigen Landzunge an der montenegrinischen Riviera fochten schon Griechen und Phönizier, Sarazenen, Kreuzritter, Türken, Venezianer. Heute geben die Russen hier den Ton an. Die verschachtelte Altstadt mit den engen Gassen ist kaum mehr auszumachen in dem chaotischen Gewirr der Asphaltschluchten zwischen Betonsilos und Apartmentblöcken, den während der letzten Jahre im Wildwuchs entstandenen Bettenburgen des Tourismus. »Budvas neue Zeitrechnung beginnt mit unserem Hotel«, sagt mit prallem Stolz Žarko Radulović, Direktor und Miteigentümer des »Splendid«, der einzigen Fünf-Sterne-Herberge an der Küste. Der ehemalige Schiffskapitän der jugoslawischen Marine hat eine Russin geheiratet, sich mit einem Schweizer Geschäftsmann und einem ehemaligen KGB-Funktionär als Investoren zusammengetan. Ein achtundzwanzig Meter langer Kronleuchter in der Lobby, schwere braune Ledersessel mit Blick auf das angrenzende Meer, zahlreiche Pools im Garten und ein künstlicher Bach lassen ahnen, welche Klientel das »Splendid« bevölkert: keine Durchschnittsverdiener, sondern die ganz gut Betuchten, zu 80 Prozent Gäste aus Russland, die vor hohen Übernachtungspreisen nicht zurückschrecken.

Vom luxuriösen Dachrestaurant des »Splendid« ist das umstrittene »russische Dorf« zu erkennen, eine in die Spitze eines Berges gewuchtete Siedlung mit Dutzenden Bungalows. Die Neureichen aus Russland hätten sich »wie Eroberer« ausgetobt, schimpfen Einheimische wie Branka Plamenac. Da wurden Olivenhaine und Obstgärten abgeholzt, unter Denkmalschutz stehende Gebiete plötzlich zu Bauland erklärt. »90 Prozent aller aus dem Boden gestampften Häuser und Hotels sind illegal und werden erst im Nachhinein im Bebauungsplan legalisiert«, ärgert sich die in Budva geborene Journalistin. Zu den neuen Grundbesitzern an der Küste zählen mittlerweile Moskaus Bürgermeister Juri Luschkow, der Kaliningrader Kosmonaut Alexej Leonow, vormalige Spitzenfunktionäre des KGB, Oligarchen und Jetset-Größen aus Film und Sport. Zwar hat die Stadt weder Krankenhaus noch Kino, von anspruchsvolleren kulturellen Einrichtungen ganz zu schweigen. Doch für einen Auftritt der Rolling Stones oder ein Gastspiel von Madonna finden sich mühelos Mäzene.

Allerdings: Die weltweite Finanzkrise hat mit fehlenden Krediten auch Montenegros Boombranche erwischt. An vielen Küstenorten stehen unterdessen riesige Baukräne bewegungslos vor überdimensionierten Rohbauten, warten mit Sand beladene Schubkarren auf die Rückkehr der beurlaubten Arbeiter. Und eine Fata Morgana bleibt vorerst die Ankündigung, Scheich Chalifa bin Sajjid al-Nahajan aus Abu Dhabi, der neue Spezi des Premiers Djukanović, werde zwei Milliarden Euro in den Bau weiterer Tourismuskomplexe bei Budva und am FKK-Strand von Ulcinj investieren. Beunruhigender könnte der schon in der letzten Saison verstärkt zu beobachtende Trend sein, dass mehr und mehr Urlauber aus Westeuropa, vor allem die Deutschen, Montenegro meiden, weil dort die Preise astronomisch, die Infrastruktur mäßig, der Service schlecht und viele Strände verdreckt sind. Dabei hat sich das Adrialand zum »ersten ökologischen Staat der Welt« erklärt, was Autofahrer bei der Einreise mit dem Erwerb einer Ökoplakette für acht Euro honorieren müssen. Zum Wegräumen der überall herumliegenden Müllberge reicht dies bislang indes nicht.

Ohne den Beistand der nationalen Minderheiten wäre es Djukanović schwergefallen, die Unabhängigkeit für den bevölkerungsmäßig kleinsten Staat der Region durchzupauken. Es waren die 14 Prozent Bosniaken und Muslime sowie die sechs Prozent Albaner, die bei dem Plebiszit den 43 Prozent Montenegrinern eine Mehrheit verschafften. 32 Prozent der Einwohner bekennen sich zum Serbentum. Hätten die über 250 000 Montenegriner, die heute noch in Serbien leben, seinerzeit mitstimmen dürfen, wäre es kaum zum Auseinanderbrechen Rest-Jugoslawiens gekommen. Die serbische Volksgruppe hüben wie drüben und das Problem der doppelten Pässe für die Auslandsmontenegriner bilden ein latentes Konfliktpotenzial, aus dem sich jederzeit nationalistische Funken schlagen lassen, sollte hier jemand Unruhe schüren wollen. »Krisen auf dem Balkan kehren periodisch wieder«, lautet einer der Grundsätze in Djukanovićs politischem Glaubensbrevier,»nur die gemeinsame Mitgliedschaft in der Europäischen Union bietet Schutz gegen einen neuerlichen Ausbruch von Kriegen.« Deshalb stellte Montenegro im Dezember 2008 offiziell den Antrag auf Beitritt zur EU in dem Bewusstsein, so der Ministerpräsident, »dass wir nun vor einer schwierigen Phase stehen«. Die Begeisterung in Brüssel hält sich vorläufig noch in Grenzen.

14
Albaniens Traum von einer besseren Zukunft

Es ist Freitagvormittag in der Hauptstadt Albaniens. Zwischen baufälligen, mit Satellitenschüsseln aufgerüsteten Wohnblöcken am alten Dinamo-Stadion quälen sich Mercedesfahrer hupend durch den Stau ins Wochenende. Auf den Bürgersteigen streben Gläubige ihren Moscheen zu. Mittendrin, unbeeindruckt vom Tohuwabohu im neuen Tirana, bahnt sich ein feiner alter Herr seinen Weg.

Er trägt Anzug und Krawatte unter staubfarbenem Trenchcoat, fischt mit flinken Fingern sein Mobiltelefon hervor und wirkt bei alledem unzweifelhaft wie ein Mann auf der Höhe der Zeit. Dass er vor nicht allzu langer Zeit der letzte Diktator war in Europas rückständigstem Land, des Völkermords angeklagt noch in den Neunzigern, verrät keine Geste. Im Café »Wasserfall« angekommen, lässt der alte Herr sich Espresso bringen, blickt durchs Fenster nach draußen und sagt:»Vom neuen Albanien bin ich nicht besonders beeindruckt.«

Als er, Ramiz Alia, noch Generalsekretär der kommunistischen Arbeiterpartei war, erster Mann also im letzten stalinistischen Staat auf europäischem Boden, da sah Tirana noch anders aus. Da stand im Zentrum eine Stalin-Büste, Westfernsehen und Privatautos waren verboten, Gebetsstätten für Sunniten, Orthodoxe wie Katholiken verriegelt oder zerstört.

Atheismus war Staatsdoktrin und die reine Lehre von Marx und Lenin Religionsersatz: Albanien verstand sich als Bastion gegen westlichen Imperialismus und östlichen Revisionismus gleichermaßen. Landesweit 700 000 graue Iglus aus Stahlbeton bezeugen noch heute die einstige Bunkermentalität im südöstlichen Adriastaat. Allabendlich bei Sonnenuntergang, während sich hinter dem Bojana-Fluss auf jugoslawischem Gebiet langsam der FKK-Strand Ada leerte, verriegelten die Albaner den einzigen Straßenübergang in ihr Land mit einem Vorhängeschloss.

Am 3. April 1992 erst, lange nach Beginn der Umwälzungen im Rest Südosteuropas, vollzog sich auch in Albanien die Zeitenwende: Ramiz Alia trat von der Staatsspitze zurück. Siebzehn Jahre später bereits, im April 2009, feiert Tirana den Beitritt zur Nato und den offiziellen Antrag auf EU-Mitgliedschaft in Brüssel. Vom Regime der gottlosen Steinzeitmarxisten zeugt zu diesem Zeitpunkt allenfalls noch der unbeugsame alte Herr hinter seiner Espressotasse.

War Nachkriegs-Albanien nur ein Irrtum, ein böser Traum, Ramiz Alia? Lässt sich, binnen weniger Jahre, ein ganzes Land samt seinem politischen Koordinatensystem vom Kopf auf die Füße kippen?

»Nein«, sagt der Alte, er beobachte das Tag für Tag: »Die Leute auf der Straße grüßen mich noch, sie lieben mich. Weil sie sehen, dass heute ein großer Teil der Bevölkerung zu verhungern droht; dass es Zehntausende Arbeitslose gibt und der ganze neue Reichtum aus Drogenhandel, Schmuggel und Diebstahl stammt. Wir hingegen haben damals für die Unabhängigkeit des albanischen Volkes und gegen das Analphabetentum gekämpft, die Diktatur des Proletariats durchgesetzt und schließlich den friedlichen Übergang ermöglicht; das sind Errungenschaften, die bleiben.«

»Wir«: Das war der Pluralis Majestatis für Enver Hodscha. Vier Jahrzehnte lang beherrschte der Französischlehrer aus guter Familie sein Land als kommunistischer Parteichef mit eiserner Hand – ihm zur Seite ergebenste Genossen, voran Ramiz Alia. Vom Beginn des gemeinsamen Partisanenkampfs gegen Hitler-Deutschland und seine Alliierten bis zum Tod Hodschas 1985 hielt Alia unbeirrbar die vorgegebene Spur. Keiner der Kurswechsel seines trickreichen Förderers warf ihn aus der Bahn.

Der Bruch 1948 mit Josip Broz Tito und anderen jugoslawischen Kampfgenossen aus der Partisanenzeit? War unumgänglich, sagt Ramiz Alia, »Jugoslawien wollte uns zu seiner siebten Republik machen«. Stalin, das bezeugt der Tito-Gefährte Milovan Djilas in seinen Erinnerungen, hatte der Einverleibung Albaniens in den Bundesstaat

Jugoslawien bereits zugestimmt. Mit den Worten »je früher, desto besser«. Warum kam es dann aber, ab 1948, zum Bündnis ausgerechnet mit Stalins Sowjetunion? »Gute Beziehungen zu Moskau hatten wir nur während der Eiszeit mit Tito«, sagt Alia. Und verschweigt dabei, dass unzählige »Titoisten« verhaftet und nach Schauprozessen liquidiert wurden. Albaniens vorübergehender Flirt mit dem großen Bruder UdSSR gipfelte in öffentlich zelebrierter Zerknirschung nach Stalins Tod 1953, als trauerndes albanisches Volk am Skanderbeg-Platz zu Tirana auf Knien um die Büste des Sowjetdiktators rutschte. Der aufstrebende Ramiz Alia vertrat da schon Albanien in Moskau – bei der Ehrenwache an Stalins Sarg. Die Bilder hat er vor sich, bis heute. Er sieht den toten Stalin, er sieht sich, er sieht Enver Hodscha und die Logik der Partei. Und die gebot dann, 1961, einen weiteren Bruch. Nach der Rede des Stalin-Nachfolgers Nikita Chruschtschow auf dem XX. Parteitag der KPdSU, dem Auftakt zu Entstalinisierung und »Tauwetter« in Moskau, flohen Albaniens Genossen flugs in die Arme Mao Tse-tungs. Ab 1967 entstand ein Außenposten der chinesischen Kulturrevolution an der östlichen Adriaküste. Hodscha erklärte auch Gott den Krieg und proklamierte Albanien zum ersten atheistischen Staat der Welt.

Nach Maos Tod und der Zerschlagung der »Viererbande« 1976 war wieder Schluss mit den Finanzspritzen für Albanien und auch mit der Völkerfreundschaft. Zwei Jahre später brach Hodscha endgültig mit China. Um Ideologie sei es dem Führer des albanischen Volkes von jeher weniger zu tun gewesen als um das Wohl seiner Nation, sagt der lang gediente Komparse Alia: »Die dominierende Logik war nicht Treue zum Marxismus-Leninismus, das haben wir nur öffentlich behauptet. Es ging um die Freiheit Albaniens. Sie war unser Ziel.«

Von 1978 an ist Albanien das einsamste Land auf dem Kontinent. Ohne Verbündete, ohne Märkte, ein halbes Jahrtausend nach Beginn der osmanischen Herrschaft zum ersten Mal ganz ohne Schutzpatron. Die Nabelschnur zur Außenwelt ist abgetrennt, 85 Prozent der Arbeiter sind ohne Beschäftigung. Als CSU-Chef Franz Josef Strauß

1984 im Jeep zur Pionierfahrt nach Albanien aufbricht und Kredite offeriert, sieht er ein Land, in dem knapp drei Millionen Menschen auf einer hermetisch abgeschirmten, von Bergmassiven zerklüfteten Terra incognita inmitten Europas überdauern. 1992 erst macht Ramiz Alia, unter dem Druck rebellischer Studenten, den Weg für den Machtwechsel frei. Ihm selbst wird bald darauf die Rechnung präsentiert: Die Anklageschrift im ersten Prozess erwähnt seine Mitschuld an der Hinrichtung von zweiundzwanzig Menschen ohne Gerichtsverfahren im Jahr 1951; und am Schicksal von mindestens 60 000 Albanern, die bis 1991 aus politischen Gründen verhaftet oder verbannt worden waren. An die sechstausend Hinrichtungen in kommunistischer Zeit gelten darüber hinaus als verbürgt.

Nach seiner Verurteilung verbüßt Alia dreieinhalb Jahre Haft. Einem weiteren Schuldspruch wegen Völkermords entkommt er 1997 mit knapper Not. Auch weil die Stimmung im Land sich schon wieder gedreht hat: Der Eiseshauch postkommunistischer Inquisition ist verflogen. Dass Alia sich, anders als rote Potentaten wie Rumäniens Ceauşescu, nie persönlich bereicherte und am Ende noch den Übergang zum Mehrparteiensystem moderierte, wird nun als schuldmindernd bewertet.

Wenn Ramiz Alia, Jahrgang 1925, heute auf Tirana schaut, dann sieht er eine Stadt, über die der Wandel gekommen ist wie Blitzschlag über morsches Gebälk. Die Einwohnerzahl ist um fast das Vierfache angestiegen, die Fassaden vieler Wohnblöcke sind kunterbunt gestrichen und die Bastionen kommunistischer Macht geschleift. Alia sieht die Fahnen der Nato-Staaten, aufgepflanzt ausgerechnet vor dem früheren Gebäude des Zentralkomitees; er sieht zur Happy Hour Cocktailtrinker in Enver Hodschas alter Villa; und am Boulevard der Märtyrer, menschenleer, das Hotel Dajti. Die Renommierherberge von einst, wo Ausländer unter den Augen nimmermüder Spitzel mit Froschschenkeln und Cognac bewirtet wurden, ist verrammelt.

Die Ausländer sitzen inzwischen, mit aufgeklappten Laptops und Dolmetschern im Schlepptau, ein wenig weiter den Boulevard der

Märtyrer hinab, in der Lobby des Hotels Rogner. Hier hat 1999 Gerhard Schröder genächtigt, als erster deutscher Bundeskanzler überhaupt zu Besuch in Albanien. Nachts beim Wein, nachdem er in Enver Hodschas altem Mercedes 600 durch die Stadt kutschiert und unter vollmondbeschienenen Zypressen mit einem »Lilli-Marleen«-Ständchen geehrt worden war, sinnierte der Kanzler über die Zukunft dieses so nahen und doch so fernen Landes. Schröders Besuch im Jahr des Kosovokriegs 1999 war auch als Geste des Dankes gedacht. Dafür, dass die Regierung in Tirana 400 000 geflüchteten Landsleuten aus der benachbarten serbischen Provinz Unterschlupf bot. Die Aufnahme in die Nato zehn Jahre danach sollte später Lohn sein.

Ist damit Albanien, als »Leuchtfeuer des Sozialismus in Europa« jahrzehntelang besungenes Sehnsuchtsziel westdeutscher Kommunisten, endgültig angekommen in der demokratischen Wertegemeinschaft? Viele, in den Machtzirkeln Washingtons wie Westeuropas, wollen das so sehen. Weil die politische Führung in Tirana für das Fehlen einer Zivilgesellschaft im Land mit bedingungsloser Bereitschaft zu strategischen Bündnissen entschädigt.

Albanien ist kleiner als Nordrhein-Westfalen und von weniger Menschen besiedelt als Berlin. Und doch war es in seiner Geschichte selten so umworben wie dieser Tage. Der Nato-Beitrag der »Adlersöhne« mit einer Armee von 12 000 Mann – gerade einmal drei Prozent der Sollstärke zu kommunistischer Zeit – hat dabei bestenfalls symbolischen Wert. Wichtiger ist die Rolle des Mittelmeerhafens Durrës als Endstation für Pipelines, durch die zentralasiatisches Gas und Öl künftig, an Russland vorbei, in den Westen gepumpt werden soll; und als unverzichtbar gilt Albanien beim Aufbau einer stabilen Ordnung im westlichen Balkan.

Denn nur die Hälfte der etwa sechs Millionen ethnischen Albaner in Südosteuropa wird von Tirana aus regiert. Der Rest lebt mehrheitlich im angrenzenden Kosovo und in Mazedonien, aber auch in Montenegro, Serbien und Griechenland. Hinzu kommen Hunderttausende nach West- und Südeuropa, in die Türkei und die USA Ausgewanderter.

Durch alte Clanstrukturen und neue Geschäftszweige im post-sozialistischen Raum miteinander verbunden, spinnen die Albaner quer durch den Flickenteppich der Völkerschaften auf dem Balkan Fäden. Für die in Kleinrepubliken zersplitterte Region birgt dieses Netzwerk Sprengstoff: die rote Flagge mit dem schwarzen Doppeladler, Emblem der Republik Albanien, wird mehr oder minder offen auch jenseits der Staatsgrenzen als Ausweis skipetarischer Identität verstanden und gezeigt. Die Albaner bezeichnen sich als das älteste Volk auf dem Balkan, als Abkömmlinge der indogermanischen Illyrer; gleichzeitig sind sie die im Schnitt jüngste und am schnellsten wachsende Nation des Kontinents. Über Staatsgrenzen hinweg suchen sie derzeit nach ihrem gemeinsamen Nenner.

Der Landstrich, den die Skipetaren von alters her bevölkern, ist den meisten Deutschen allenfalls durch Expeditionen des Karl-May-Geschöpfs Kara Ben Nemsi vertraut. In »drohenden, kalten Schluchten und Gründen« tummeln sich da, vor den Augen des redlichen Germanen, zwielichtige Bartträger und schwerbewaffnete Mordbuben, »die nur das eine Gesetz kennen, dass der Schwächere dem Stärkeren zu weichen hat«. Von Radebeul aus besehen, der Heimat Karl Mays, erfüllt Albanien wie kaum ein anderes Land die Erwartungen des Mitteleuropäers an den Balkan – an einen dunklen Flecken am Rand des aufgeklärten Kontinents also, voll von wilden, verschlagenen, dabei gastlichen Menschen.

Der Westen sehe Albanien, wie er es sehen wolle, befand 1927 der Schriftsteller Joseph Roth, der sich – anders als Karl May – selbst ins Land der Skipetaren aufmachte. Und der am Ende zu der lakonischen Schlussfolgerung kam: »Von Berlin aus betrachtet ist Blutrache interessanter.«

Am Anfang des 21. Jahrhunderts geht es, nicht nur von Berlin aus betrachtet, vor allem um die Frage, ob das Land zwischen Adriaküste und Schargebirge zur künftigen Regionalmacht in Südosteuropa taugt. Die Albaner sind ja, nach Jahrzehnten der Demütigung als kommunistisches Fußvolk und Jahrhunderten osmanischer Fremdherrschaft, gerade dabei, sich neu zu entdecken: ihre historischen Wurzeln und ihr Zusammengehörigkeitsgefühl.

Kind des alten und Galionsfigur
des neuen Albanien: Sali Berisha

Dass nach dem Berliner Kongress 1878 große Teile des albanischen Siedlungsgebiets unter serbische und bulgarische Kontrolle gerieten, ist als historische Ungerechtigkeit tief im nationalen Gedächtnis verbucht. Dass nach den Balkankriegen 1913 immerhin ein albanischer Staat in den bis heute gültigen Grenzen entstand, hat daran nichts geändert. Ganze zwei Jahre nur, mit dem Segen der faschistischen Besatzungstruppen Mussolinis ab 1941, waren die Albaner vereint und unterstützten dabei die deutsche Wehrmacht mit einer eigenen SS-Division »Skanderbeg«, die Kriegsverbrechen an serbischen Zivilisten verübte. Insgesamt aber zu wenig Zeit nach dem Geschmack einer Nation, über die der Dichter Pashko Vasa schrieb: »Die Religion des Albaners ist das Albanertum.«

Vor dem Gespenst Groß-Albanien müsse sich dennoch niemand mehr fürchten, denn »alle Parteien, die dafür geworben haben, sind gescheitert«, sagt Sali Berisha in seinem herrschaftlichen Amtszimmer in Tirana. Der verdiente Herzchirurg der Hodscha-Zeit hat sein Land bereits ab 1992 als Präsident durch erste, anarchische Jahre der

Demokratie gelotst; und als Ministerpräsident im April 2009 dann in die Nato. Politische Affären, Volksaufstände und Wahlschlappen steckte er auf seinem langen Weg durch die Institutionen weg wie ein Boxer halbherzige Haken.

Berisha ist Kind des alten und Galionsfigur des neuen Albanien – Sinnbild einer Demokratie, die bis heute an den Allmachtsphantasien einiger weniger Partei- und Provinzfürsten krankt:»Der Tumor heißt Berisha«, war aus der Opposition bereits 1997 zu hören, »und er muss raus.« Zwölf Jahre später ist Berisha, und mit ihm sein Clan, noch immer dick drin. Bei den Parlamentswahlen im Juni 2009 stimmt das Volk mit 48 Prozent der Stimmen wieder für den Altvorderen und seine Partei.

Zu den seltsamen Blüten, die Albaniens politische Landschaft treibt, zählt die Tatsache, dass der ehemalige Nomenklaturist Berisha seit der Wende unter der Flagge der »Demokratischen Partei« segelt, sein Widersacher hingegen, der Maler und Ex-Dissident Edi Rama, unter dem Banner der Sozialisten – der Nachfolgepartei von Hodschas stalinistischer Kaderreserve. Dem hünenhaften Rama, einem Politiker mit dandygleichen Allüren und prominenten US-Beratern, ist jede Selbstironie fremd, wenn er sagt:»Der Kommunismus in Albanien gleicht einer Atombombe, die explodiert ist – sie strahlt immer weiter.« Das zielt, natürlich, auf Berisha. Den Mann, den noch das alte Regime als Unterhändler zu den rebellischen Studenten geschickt hat. Und der schon Anfang 1992, im Wintermantel Minusgraden in seinem ungeheizten Parteibüro trotzend, von baldiger internationaler Unterstützung für sein isoliertes Land schwärmte. Auch von der bevorstehenden Ankunft ausländischer Investoren – zu einem Zeitpunkt, als die Industrieproduktion Albaniens gerade auf das Niveau von 1976 zurückgefallen war.

Ein Visionär?

Berisha wirkt, siebzehn Jahre später, wie einer, dem der Einzug ins Lager der westlichen Wertegemeinschaft nicht unbeträchtlich zu Kopf gestiegen ist. Er spricht, als habe sein Volk, das »auf Schlachtfeldern mehr gelitten hat als jedes andere«, mit dem Nato-Beitritt nur überfälligen Lohn eingestrichen. Kriminalität und Korruption in

Albanien seien auf dem Rückzug, sagt der Politveteran, Volkswirtschaft und Bildungsniveau entwickelten sich, der Tourismus sei die Branche der Zukunft.

In Wahrheit war die zügige Westintegration Albaniens von Anfang an ein Schlüsselprojekt Washingtons. Und der Projektleiter stand zeitig fest: George Bush senior hat Berisha 1991 als Oppositionsführer ins Spiel bringen lassen; George Bush junior hat ihn dann, knapp zwei Jahrzehnte später, mit der Eintrittskarte zum Nordatlantischen Bündnis belohnt.»Die Amerikaner sind uns seit eh und je in den wichtigsten Momenten unserer Geschichte beigesprungen«, sagt Berisha dankbar, das bleibe unvergessen:»Kleine Nationen haben ein langes Gedächtnis.« Die Gewissheit, in den USA – nach Tito-Jugoslawien, der Sowjetunion und China – nun wieder einen Alliierten von Rang an der eigenen Seite zu wissen, tröstet viele Albaner. Ihr Glaube an baldigen Wohlstand nämlich ist bereits 1997 zerbrochen. Dutzende von Pyramiden-Sparsystemen stürzten damals wie Kartenhäuser zusammen. Ersparnisse Hunderttausender Bürger im Gesamtwert von mehr als einer Milliarde Dollar wurden vernichtet. Das Land geriet an den Rand des Bürgerkriegs. Waffendepots wurden geplündert, die Grenzen geschlossen, Ausländer evakuiert.

Es folgte das Ende der ersten Ära Berisha: Der Präsident trat zurück. Auch zwölf Jahre später aber hat sich Albanien von den Erschütterungen noch nicht erholt. Das nach Moldawien zweitärmste Land des Kontinents weist als durchschnittliches Monatseinkommen 220 Euro aus. Rund ein Viertel der Bevölkerung lebt unterhalb der Armutsschwelle. Korruption und organisierte Kriminalität behindern ein rascheres Fortkommen der Wirtschaft. Die Wachstumsrate von zuletzt knapp sechs Prozent ist großteils dem Wildwuchs der Baubranche und Projekten mit internationaler Finanzierung geschuldet.

Der Westen habe in Albanien auf die falschen Leute gesetzt, urteilt der Schriftsteller und Physiker Fatos Lubonja: auf Leute von gestern eben, wie Berisha, ehemals Parteisekretär der Medizinischen Fakultät. Was lasse sich von solchen Typen erwarten?»Die sagen, wir sind jetzt am richtigen, am westlichen Ufer, wir wollten da schon immer hin, es gab nur ein paar Unfälle unterwegs.« Das sei ein klassisch marxistischer Ansatz, spottet Lubonja.

Von seiner bürgerlichen Wohnung hinter dem Skanderbeg-Platz aus nimmt der bärtige Intellektuelle Lubonja unerbittlich das neue Albanien unter Beschuss. Max Weber, Ernest Gellner und Karl Marx ins Feld führend, zürnt er der machtversessenen Politikerkaste und spielt Kassandra in Fernsehen wie Presse. Seine Vergangenheit gibt ihm Aplomb: Als Sohn des staatlichen Fernsehdirektors einst Mitglied von Tiranas Jeunesse dorée, saß Lubonja ab 1974 wegen Agitation gegen das Regime im Gefängnis. Für sein Anderssein-Wollen büßte er insgesamt siebzehn Jahre lang hinter Gittern.

Seither ist Lubonja einsamer Mahner in einem Land, dem er nach Jahrzehnten der Isolation wieder geistigen Anschluss an Europa wünscht. Weil es sich noch immer bevorzugt Themen widmet, die von versunkener albanischer Größe handeln – Stoffen, wie sie der ewig nobelpreisverdächtige Dichter Ismail Kadare unters Volk bringt. Ausgerechnet Kadare, schäumt Lubonja vor Bücherwänden: »Erst schreibt er nach der Wende seinen Roman um, dichtet Mönche und Christuskreuze dazu – alles, was unter Hodscha verboten war. Und neuerdings erklärt er sogar Freiheitskämpfer aus dem 15. Jahrhundert zu geistigen Vorreitern des Nato-Beitritts.« In Wahrheit sei die entscheidende Komponente im Nationalcharakter der »konformistische Geist« der Albaner, sagt Lubonja: »Beim Besuch von George W. Bush 2007 herrschte exakt die gleiche Masseneuphorie wie damals, als Chruschtschow oder Chou-En-lai nach Tirana kamen.« Seine Landsleute machten es sich in jeder Form von Käfig bequem: »Dabei müssten wir, um wirklich frei zu sein, den Schlüssel zum Käfig endlich selbst in die Hand nehmen; auch wenn es ein goldener Käfig ist.«

Der Mythos von den freiheitsliebenden Skipetaren aber wurzelt, Lubonjas Tiraden zum Trotz, so tief im Volk, dass selbst Enver Hodscha sich seiner bediente. Um Sehnsucht nach einer Diktatur des Proletariats wecken zu können, in einem Land, das zwar über reichlich Bauern, aber kaum Proletarier verfügte, stilisierte der Parteichef sich selbst zum obersten Vaterlandsverteidiger in der Festung Albanien. Und seine Gefolgsleute aus der Partei zu neuen, treusorgenden

Begs, Clanfürsten, im kommunistischen Gewand. Alles, selbstredend, unter Berufung auf das Vermächtnis von Albaniens einzigem Nationalhelden: Fürst Gjergj Kastrioti, genannt Skanderbeg, geboren 1405. Als »Christi tapferster Soldat« seinerzeit auf dem Balkan war er der Liebling der Päpste und leistete ein Vierteljahrhundert lang übermächtigen osmanischen Heeren Widerstand. Das stempelt ihn bis heute zur Vaterfigur aller Albaner – wiewohl die sich in ihrer Mehrheit zum Islam bekennen und zu osmanischer Zeit weniger durch Rebellion gegen den Sultan auffällig wurden denn durch das Streben nach einträglichen Posten im Herrschaftsapparat.

Wer aber den Albanern ihren Skanderbeg nehmen will, so wie sie ihn zu kennen glauben, der kratzt am Fundament der Nation. Vom Staatsoberhaupt über den Nationaldichter Kadare bis hin zu den Leitartiklern sind sie deshalb vereint über den Schweizer Historiker Oliver Jens Schmitt hergefallen. Weil der, wie es hieß, »Märchen« verbreiten helfe, Ausgeburten der Phantasie von »Sklavenseelen«.

Schmitt hat es gewagt, in seinem Ende 2008 erschienen Buch *Skanderbegs letzte Jahre* der offiziösen albanischen Geschichtsschreibung ein paar neue Dokumente entgegenzusetzen. Der als orthodoxer Christ erzogene, am Hof des Sultans zum Muslim und später zum Katholiken konvertierte Skanderbeg kam demnach nicht nach Albanien zurück, um seine Heimat zu befreien, sondern um Blutrache zu üben für den Mord an seinem Vater. Dessen Vorname wiederum sei in alten Urkunden, so Schmitt, mit Ivan angegeben.

Der Vater des Nationalhelden am Ende ein Slawe? Sein Sohn ein gewöhnlicher Bluträcher? Und die Albaner damals nur ein Volk unter vielen im Kampf gegen die osmanischen Eroberer? Der Sturm der Entrüstung, den Schmitts Thesen entfesselten, legt Zeugnis ab vom angestauten Zorn einer späten, zersplitterten Nation.

Schon beim Berliner Kongress 1878 traf ja Albaniens Gesandter erst ein, als alles entschieden war und Bismarck nur noch zu bemerken beliebte, von einem albanischen Volk sei ihm bisher nichts bekannt. Ein Jahr nach der Unabhängigkeit 1913 hievten die Großmächte einen nachrangigen rheinischen Prinzen namens Wilhelm zu

Wied auf Albaniens Thron. Dem Ersten Weltkrieg folgte eine Königsdiktatur skipetarischer Prägung und dem Zweiten Weltkrieg das Regime der Stalinisten.

Während der letzten Monate von Ramiz Alias Herrschaft schließlich, im Frühjahr 1992, erleben die Albaner noch einmal, was es heißt, von der Restwelt nicht wirklich geliebt zu werden. Sie wollen fliehen, sie wollen nach Westen, doch man lässt sie nicht – sie sollen bleiben, wo sie sind. Wie vollgefressene Libellen schweben Chinook-Hubschrauber, von der italienischen Küste kommend, über dem Hafen Durrës ein, schwer beladen mit Zucker, Mehl und Getreide. Mehrmals wöchentlich ist Fütterung an der albanischen Adria, der Käfig aber bleibt verriegelt: Italien hat sich mithilfe seiner Küstenwache zur Vorwärtsverteidigung entschlossen, nach ersten Erfahrungen mit rostigen Frachtern voll verzweifelter Albaner in den Gewässern vor Bari und Ravenna.

Was ist seither aus den Menschen in Durrës geworden? Über die Schnellstraße von Tirana Richtung Westen, wo hundertjährige Weiden während der harten Wendewinter gefällt und zu Brennholz gemacht wurden, vorbei an der Heroinhändler-Hochburg Shijak, führt der Weg in die bedeutendste Stadt an der 360 Kilometer langen Adriaküste Albaniens: Griechische Fundamente und ein römisches Amphitheater gibt es in Durrës, byzantinische Stadtmauern, venezianische Türme. Und, zunehmend, an der gesamten Küste Touristen auch aus dem Westen. Sie suchen Sonne, Strand und Exotik zu kleinen Preisen. Verirrt sich einer von ihnen, weil er, hinter den vielen »Lavazh«-Schildern fälschlicherweise Espressobars vermutend, vor einer Autowaschanlage landet, wird durch freundliche Einheimische weitergeholfen. Küstenbewohner sind fremdsprachenkundig, und hier zeigten die Antennen schon früher nach Westen.

Durrës ist Albaniens Tor zur Außenwelt, Schleuse und Schlupfloch in einem. Kosovarische Kriegsgewinnler versilbern an der Adria ihre Beute durch Hotelbauten und bonbonfarbene Apartmentblocks. Drogenhändler nutzen den Hafen als Endstation der Balkanroute und Ausgangspunkt für nächtliche Heroinlieferungen mit Schnellbooten über die Straße von Otranto nach Mitteleuropa. Die allgegenwärtigen, in Stahl und Beton gegossenen Zeugnisse der Zügellosigkeit im neuen Albanien sind kaum irgendwo besser zu besichtigen als in und um Durrës. Mit Mercedeslimousinen brettert die Herrscherklasse hier über den Sandstrand zu Zweitwohnungen südlich der Hafenstadt, und wer hungrig ist, lässt sich im »Ajblis« gegrillten Zackenbarsch und Sardinen servieren. Vom alten Chefkoch Enver Hodschas, der nun vor fordernden Neureichen mit verwöhnten Kindern im Schlepptau sein Bestes am Herd gibt. Die Diktatur des Proletariats zeigt sich im neuen Albanien bevorzugt durch Mangel an Stil.

Auch hoch über dem blaugrün schimmernden Meer in der Bucht von Durrës soll demnächst die Neuzeit anbrechen. Alte Pinien- wie Zypressenhaine und wuchernde Neubauten überragend, liegt hier die einstige Sommerresidenz des Königs Ahmed Zogu. Pläne für einen künftigen Komplex von Luxuswohnungen rund um das historische Gebäude sind von Nachfahren des Monarchen bereits gebilligt. Zogu, Spross aus albanischem Adelsgeschlecht, hatte sich 1928 selbst gekrönt und später das standesgemäße Domizil am Hügel bezogen. Hinter vanille- und malvenfarbenen Mauern erinnern noch Böden aus Eichenparkett, Stuckdecken und Marmortreppen an den Lebemann auf Albaniens Thron: Der Pokerspieler, Revolverheld und Kettenraucher Zogu ließ sich zur Hochzeit 1938 von Adolf Hitler einen roten Mercedes schenken und Mussolinis Außenminister als Trauzeugen schicken. Kaum ein Jahr später floh Zogu Hals über Kopf vor anrückenden italienischen Faschisten. Sein Sohn, Prinz Leka Zog, war da gerade zwei Tage alt.

Leka Zog liegt heute, nach langem Exil zurückgekehrt in die albanische Heimat, schwerkrank in seinem Geburtshaus gleich hinter dem Boulevard der Märtyrer von Tirana. Am Eingang zum »Royal Court of Albania«, so der großspurige Titel der bescheidenen Residenz, empfängt stellvertretend »His Royal Highness Crown Prince Leka Anwar Reza Zog Baudouin Msiziwe«. Der Enkel des Vorkriegskönigs ist blond, hoch aufgeschossen und bevorzugt vornehm genäseltes Upperclass-English. Er hat die Militärakademie Ihrer Majestät in Sandhurst absolviert, ist inzwischen zum Berater des albanischen

Außenministers bestellt und berichtet, während ein Bediensteter in weißem Handwerkerkittel Getränke aufträgt, über sich und die Seinen in der dritten Person Singular: »Die Königliche Familie ist 2002 eingeladen worden, endgültig zurückzukehren.« 1997 hatte ein Referendum über die Wiedereinführung der Monarchie ein beachtliches Drittel an Ja-Stimmen unter den Albanern zutage befördert. Das Thema sei in der Folge zwar zu den Akten gelegt worden, sagt der Kronprinz, aber »wenn das Volk laut riefe, wären wir selbstverständlich da«. Bis auf Weiteres kümmere man sich um Karitatives. Und um die Kontakte zu potenziellen Untertanen in den Nachbarstaaten.

Beinahe zwei Millionen davon leben allein im benachbarten Kosovo. Im April 2009 machte deshalb der kranke Vater, der sich »Leka I. König der Albaner« nennt, dem kosovarischen Staatspräsidenten seine Aufwartung. Sein Sohn, der Kronprinz, sprach derweil mit Ramush Haradinaj über wirtschaftliche und kulturelle Zusammenarbeit zwischen Albanien und dem Kosovo. Mit jenem Haradinaj, den sie vor dem Uno-Kriegsverbrechergericht in Den Haag der Verbrechen gegen die Menschlichkeit überführen wollten. Und der im April 2008 dann aus Mangel an Beweisen freigesprochen wurde. Von den ursprünglichen Zeugen der Anklage, die gegen ihn, den einstigen Anführer der Rebellenorganisation UÇK, aussagen sollten, waren zum Zeitpunkt des Urteils bereits mehrere ums Leben gekommen).

Der albanische Journalist Altin Raxhimi veröffentlichte, pünktlich zum Besuch der Königsfamilie im Nachbarstaat, einen Bericht, der die Rolle Albaniens während des von der Nato geführten Kosovokriegs in neues Licht rückt. Die Befreiungsarmee UÇK, angeführt von den späteren Regierungschefs Agim Çeku und Hashim Thaçi, habe in Albanien außer logistischen Stützpunkten auch ein halbes Dutzend Gefängnisse unterhalten, heißt es in dem Report. Dort seien neben Serben auch Roma und Albaner gefoltert worden. Achtzehn Häftlinge sollen allein in der grenznahen Stadt Kukës getötet worden sein.

Das alte Schleuser- und Schmugglernest Kukës, unweit des Dreiländerecks Albanien-Kosovo-Mazedonien gelegen, steht als Knotenpunkt bis heute beispielhaft für die verschlungenen Pfade, auf denen die Albaner nach Jahren der Trennung wieder zueinanderfinden. In und um Kukës rüsteten sich nicht nur die Kämpfer der kosovarischen UÇK. Hier tagten, im Sommer 2001, auch Befehlshaber der mazedonischen UÇK, während der Gefechte mit den Truppen der von Skopje aus regierten Nachbarrepublik.

Es waren Männer mit dem albanischen Adler auf dem Uniformärmel, die da beim Whiskyfrühstück im Kaffeehausgarten am Markt ungeniert über ihren Kampf jenseits der Grenze für die groß-albanische Sache sprachen. Und die sich beim Träumen von einer besseren Zukunft nicht durch das greifbare Elend der Gegenwart in Kukës beirren ließen. Durch eine Kulisse wie in Klein-Bombay, mit qualmenden Müllhalden, klapprigen Kühen und spielenden Kindern dazwischen. Mit Krähenschwärmen über den Köpfen der Koranschüler auf dem Weg zur Moschee und Müßiggängern in den Gassen, denen böig einfallende Sandstürme Unrat um die Ohren bliesen.

Kukës ist als Knotenpunkt im Kalkül der Albaner noch heute von Bedeutung. Die Autobahn, die künftig den Hafen Durrës über Tirana mit Priština im Kosovo verbindet, führt über das gottverlassene Nest. Die neue Verkehrsader soll eine Milliarde Euro kosten, die Fahrzeit zwischen beiden Hauptstädten von neun auf drei Stunden verringern und den Kontakt zwischen den lange isolierten Landsleuten beidseits der Grenze wieder in Schwung bringen.

Das klingt nach einem Hauch von Hoffnung für eine Gegend, wo die Bauern noch im 21. Jahrhundert mit Holzknüppeln auf geerntete Ähren eindreschen, um ihnen Korn abzuringen. Und wo im industriellen Brachland nur noch rostige Eisenrohre, hingestreckt wie verrenkte Elefantenglieder, an jene nicht so ferne Zeit erinnern, als hier noch Fabrikschlote Ruß spien.

Für die Region, sagen die Politiker, sei die Autobahn ein Meilenstein. Und Fatmir Limaj, Kosovos Minister für Verkehr und Kommunikation, Ex-UÇK-Kommandeur, auch er freigesprochen vom Vorwurf der Verbrechen gegen die Menschlichkeit in Den Haag, schwärmt bereits von einem neuen Verhältnis zu den einstigen Todfeinden: Die Schnellstraße werde es serbischen Touristen erleichtern, künftig zum Baden an Albaniens Küste zu kommen. Kunstvoll komponierte Sirenenklänge, bestimmt für die Verbündeten im Westen? Bekenntnisse zu Frieden und Völkerfreundschaft sind Pflicht, ehe neue Milliarden bewilligt werden für Förderprojekte, Kredite, Investitionen. Das ahnen, das verstehen die Albaner. Eines ihrer Sprichworte besagt:»Du fängst mehr Fliegen mit Honig als mit Essig.«

Unverwüstlich wie Ochsenblutfarbe unter zu dünner Tünche schimmert allerdings, zwischen den Zeilen glatt geschmirgelter Politiker-Prosa, weiter das Wunschbild des einfachen Volks durch: nach einem einzigen Staat für alle Albaner. Schon Schulkinder in den entlegensten Winkeln zwischen östlicher Adria und Amselfeld lernen, dass nur die Einheit der Volksgemeinschaft vor dem Verderben schützt.

Sie lernen es von Sami Frashëri, dem Vordenker der Bewegung zur nationalen Wiedergeburt im 19. Jahrhundert. Sein Schwarz-Weiß-Porträt ziert karg möblierte Klassenzimmer landesweit. Den albanischen Nachgeborenen hat er ins Stammbuch geschrieben:»Nationen sind wie Raubfische, die einander auffressen. Gnade dem, der schwach ist.«

15
Das mazedonische Labyrinth

Er bricht sich Bahn wie seit Jahrtausenden. Jung und ungestüm zu Beginn, im Bergland nah der albanischen Grenze; am Ende, da es dem Süden, dem Golf von Saloniki zugeht, beinah majestätisch. Der Fluss Vardar kennt sein Ziel, nichts hält ihn auf. Moscheen und byzantinische Kirchen, wuchernde Roma-Slums und stille griechische Dörfer lässt er an den Ufern zurück auf seinem Weg – quer durchs Vielvölkergewirr in den Landschaften des antiken Mazedonien.

Die einstigen Stammlande Alexanders des Großen sind 1913, nach dem zweiten Balkankrieg, unter Albanien, Serbien, Bulgarien und vor allem Griechenland aufgeteilt worden – unter den »vier Wölfen«, wie die Regionalmächte der Gegend genannt werden. Ein fünfter, ein neuer Staat entstand hier erst 1991, aus der Erbmasse Jugoslawiens: Mazedonien.

Seither liegt die junge Zwei-Millionen-Einwohner-Republik mit ihrer Hauptstadt Skopje, umzingelt von den größeren Nachbarstaaten, im Herzen des Zentralbalkan wie das Häppchen auf dem Präsentierteller. Und gilt auch achtzehn Jahre nach ihrer Geburt noch, an der Schwelle zur Volljährigkeit, als Stiefkind Europas.

Ein Kind, das bis heute keinen richtigen Namen hat.

»Republik Mazedonien« steht auf den Pässen der Einwohner. »FYROM« hingegen steht auf den Papieren, die UN-, EU- und Nato-Vertreter über die Lage im Land anfertigen. FYROM ist das englische Kürzel für: »Ehemalige Jugoslawische Republik Mazedonien« – ein Wort wie ein Kainsmal, geprägt auf griechischen Druck hin. Es soll klarmachen: Die Bürger von FYROM sind nicht mehr, was sie mal waren – Jugoslawen; und noch lange nicht, wofür sie sich halten: echte Mazedonier.

Im Kern des Namensdisputs steckt die Frage: Dürfen Slawen, die erst tausend Jahre nach der Blütezeit der mazedonischen Königsdynastie diesen geschichtsträchtigen Boden zu besiedeln begannen, sich heute Mazedonier nennen? Nein – echte Mazedonier sind Nachfahren Alexanders des Großen und sprechen Griechisch. So lautet die Position Athens, ihr folgt die Weltgemeinschaft. Mehrheitlich verständnislos zwar, aber ohnmächtig. Denn in den Gremien von Nato wie EU macht Griechenland bisher sein Vetorecht geltend bei jedem Versuch, den nördlichen Nachbarstaat unter seinem gewählten Namen willkommen zu heißen.

Wer die Wurzeln dieses Streits verstehen, das mazedonische Labyrinth samt seiner blinden Winkel ausleuchten will, der muss nur dem Lauf des Vardar folgen, 388 Kilometer weit. Von der Quelle im Westen Mazedoniens bis zur Mündung in die Ägäis. Oder, besser noch, in umgekehrter Richtung – dem balkanischsten Teil des alten Tito-Jugoslawien von griechischer Seite sich nähernd. Vom Land der mazedonischen Königsgräber, von Vergina her.

Vergina heute ist eine bescheidene Siedlung im Rücken des Olympmassivs westlich der Mündung des Vardar, den die Griechen Axios nennen. Gackernde Hühner, ab und an ein Traktor auf der Dorfstraße, vereinzelte Restaurants und Souvenirgeschäfte. Hinter dem Anschein ländlicher Abgeschiedenheit aber verbirgt die alte Königsstadt Kostbarstes: Zeugnisse der untergegangenen mazedonischen Hochkultur.

Im Bauch eines sanft gewölbten Grabhügels sind sie ausgestellt, die Ende 1977 von dem Archäologen Manolis Andronikos entdeckten Schätze, die mehr als zwei Jahrtausende lang unbeschadet im Boden geruht hatten – ein Nachlass unschätzbaren Wertes aus der kaum zwei Generationen währenden Glanzzeit der Mazedonier unter König Philipp II. und seinem Sohn Alexander dem Großen. Ein goldener Eichenlaubkranz und fein ziselierte Elfenbeinfiguren, reichlich Tonschalen und schweres Geschmeide sowie die bronzenen Beinschienen des lahmenden Herrschers sind geborgen worden aus den Grabkammern jener Dynastie, die unter Philipp II. erstmals Griechenland einte. Und deren Herrschaftsbereich sich dann, zur Zeit von Alexanders Tod, bereits über Ägypten, Persien und den Hindukusch bis zum Indus erstreckte – ein eurasisches Imperium im Zeichen der Sonne.

Sechzehnstrahlig ziert sie als Emblem der mazedonischen Könige das goldene Kästchen, in das die Schädel- und Knochenreste Philipps II. gebettet wurden. Gleichfalls sechzehnstrahlig zierte sie plötzlich, fast zweieinhalb Jahrtausende später, die Fahne der neuen Mazedonier aus dem Norden. Die Sonne von Vergina, in deren Zeichen halb Asien unterworfen wurde – wohlfeiler Wappenschmuck für zwei Millionen frisch aus dem Sozialismus entlassene Slawen, Vlachen, Roma und Albaner? Vaterlandsliebende Griechen schäumen bei diesem Gedanken bis heute. Ihre nördlichen Nachbarn aber beharren auf dem Namen ihrer Republik und auf der Sonne als ihrem Symbol. Nur die Zahl der Sonnenstrahlen im Wappen haben sie halbiert, nach zähem Ringen und internationalem Druck. Zu besonderen Anlässen allerdings, zur Handball-Weltmeisterschaft 2009 in Kroatien etwa, wird von Hardlinern noch immer die Fahne mit der Original-Vergina-Sonne aus dem Schrank geholt. Auch kursieren in der jungen Republik bisweilen TV-Werbespots mit Alexander dem Großen in tragender Rolle sowie Landkarten, die ein in antiken Grenzen wiedervereintes Mazedonien zeigen – gespickt mit slawischen Ortsnamen.

Leichtfertige Geschichtsklitterung nur oder doch handfester Konfliktstoff, aus dem sich wie so oft auf dem Balkan Verschwörungsmuster stricken lassen? Muss der Nato-Staat Griechenland einen kleinen Nachbarn mit einer Armee von 16 000 Mann fürchten? Oder kommt Athen am Ende das Gezänk um Ländernamen, Sonnensymbole und hellenistisches Heldenerbe ganz gelegen – bei der Verdrängung der wenig glorreichen Gegenwart? Griechenland ist ja, nahezu drei Jahrzehnte nach dem Beitritt zur EU, noch immer größter Netto-Kassierer der Gemeinschaft und wird bei der Staatsverschuldung nur von Italien übertroffen. Der griechische Durchschnittslohn entspricht gerade noch dem polnischen. Selbst in Sachen Analphabetenquote zählen die Nachfahren hellenischer Götterkinder bis auf Weiteres zu den Schlusslichtern im EU-Vergleich. »Wir sind zwar in der Pisa-Studie ganz unten, haben aber dafür die Akropolis und alte Lorbeerkränze aus der Zeit, als ihr noch in Fellen und mit Pfeilen herumgelaufen seid«, spottet der Soziologe Michael Kelpanides in Saloniki. So etwa lasse sich das griechische Selbstverständnis im Umgang mit der Restwelt beschreiben.

Schließlich waren es die Griechen, die den Völkern im Norden erst Ahnung von klassischer Schönheit und innerer Freiheit vermittelt haben durch Kolonisierung der Küstenstädte zwischen Adria und Schwarzem Meer. Und die den Slawen später die Bibel und das Alphabet gebracht haben, durch die »Slawenapostel« Kyrill und Method, zwei Fromme aus Saloniki.

Das griechische Sendungsbewusstsein wurzle tief, sagt Professor Kelpanides, und isoliere das Land von seinen natürlichen Nachbarn: »Sobald es um den Balkan geht, nehmen wir uns sowieso aus. Der Balkan, das sind immer die anderen – die, auf die man herabblicken kann.«

Dabei zeigt Griechenland, rein geografisch das größte Land der Balkanhalbinsel, im Kern seines Staatswesens durchaus balkanische Züge. Neben grassierender Korruption fällt dabei vor allem der Hang zur Vetternwirtschaft ins Gewicht – beispielhaft verkörpert durch die jahrzehntelange Herrschaft der Politdynastien Karamanlis, Mitsotakis und Papandreou. Hinzu kommt die unangefochtene Stellung der orthodoxen Kirche. Und das Bedürfnis nach Feindbildern zur Definition eigener Identität.

Griechenlands Norden mit der Millionenstadt Saloniki als Zentrum war aus Sicht Athens zu Zeiten des Kalten Krieges Frontgebiet. Eine Zone der Abschottung gegen den linksdriftenden Kernbalkan: gegen die Kommunisten im nahen Bulgarien, die Steinzeitmarxisten im angrenzenden Albanien und die blockfreien Sozialisten in Jugoslawien. Bis heute skandieren bei festlichen Paraden in den Straßen Salonikis Armeeoffiziere inbrünstig: »Mazedonien ist griechisch« – als ließe sich komplizierte Geschichte durch einfache Antworten erledigen. Saloniki war bis zum Anschluss an Griechenland 1913 eine kosmopolitische Metropole, mehrheitlich von Juden bewohnt, dazu von einer türkischen Minderheit, in die auch Mustafa Kemal hineingeboren wurde – unter dem Namen Atatürk später Gründer der modernen Türkei. Selbst die Rädelsführer der slawisch-mazedonischen Freiheitsbewegung, denen die Regierenden in Skopje heute huldigen, zündelten Ende des 19. Jahrhunderts von Saloniki aus. Nach Balkankriegen, Erstem Weltkrieg und gescheitertem Feldzug der Griechen gegen die Türken 1922 wurde das anders. Durch Zwangsumsiedlungen wandelte sich das moderne Griechenland zum Nationalstaat: Slawen wurden in Richtung Zentralbalkan, Türken in die Türkei verfrachtet. Mehr als eine Million kleinasiatischer Griechen folgte im Gegenzug dem Ruf des Vaterlands in den verwaisten und vom Krieg verwüsteten Norden rund um Saloniki.

Es gab Dörfer, da fanden die Neuankömmlinge nicht einen einzigen Bewohner vor, der des Griechischen mächtig gewesen wäre. Selbst wer heute, beinahe hundert Jahre später, von Saloniki aus nordwestwärts fährt, an den Fuß des Nidzamassivs, das sich wie ein Riegel zwischen Griechenland und die Republik Mazedonien schiebt, findet noch Grund zum Staunen. Über Geschichten wie jene im grenznahen Dorf Ahlada.

Vierhundert Einwohner leben hier rund um eine schneeweiß getünchte Kirche. Im Kafeneion am Hauptplatz lässt ein Häuflein Alter schweigend Kombolois, Holzperlenketten, um die Handrücken kreisen und den Vormittag verstreichen. Eine verschlafene griechische Bilderbuchidylle, auf den ersten Blick zumindest. Zu osmanischer Zeit nämlich hieß das Dorf noch nicht Ahlada, sondern Krusoradi, nach dem slawischen Wort für »Birnbaum«. Als Folge der Aufteilung Mazedoniens erst ist die Siedlung Griechenland zugeschlagen und umbenannt worden – ein Geschichtskapitel, das hier sorgsam verschwiegen wird. Vor allem neugierigen Fremden gegenüber, die sich dem zweistöckigen Anwesen am Ende des Kirchwegs nähern.

Das Gebäude steht leer seit mehr als einem halben Jahrhundert. Der Bewohner von einst, so bezeugt es ein Kriegerdenkmal beim Schulhaus, fiel im Jahr 1940 beim griechischen Kampf gegen das faschistische Italien: Nikos Gruios, so steht es da geschrieben, gab sein Leben »für die Heimat«.

Das wäre bestenfalls eine Randnotiz der Geschichte, hätte nicht

Nikola Gruevski, der Enkel des Gefallenen, im Sommer 2008 einen Brief an die Regierung in Athen geschickt. Einen Brief, in dem er die offizielle Anerkennung einer slawisch-mazedonischen Minderheit in Griechenland forderte, und die Rückübertragung des Eigentums Slawischstämmiger, die nach 1945 aus Griechenland flohen. Der Brief sorgte für Aufsehen, weil Nikola Gruevski ihn schrieb: der Enkel des für Griechenland gefallenen Nikos Gruios ist Premierminister des ungeliebten Nachbarstaats – der Republik Mazedonien. Aus Athen hat ihm sein Amtskollege Kostas Karamanlis dann eine Antwort zukommen lassen, die an Deutlichkeit wenig zu wünschen übrig ließ. Was nicht existiere, so Karamanlis, könne nicht anerkannt werden: »Es gibt keine ›mazedonische‹ Minderheit in Griechenland. Und es hat nie eine gegeben.«

Ein echtes Bubenstück aus balkanischer Feder: Der Regierungschef in Skopje wird da belehrt, dass es Menschen wie seine Vorfahren, Vater und Großvater, gar nicht gegeben haben kann – slawische Mazedonier, die im griechischen Teil des historischen Gebiets groß wurden und noch mit aufgezwungenen griechischen Familiennamen ihrer Muttersprache treu blieben.

Wie er das finde? »In sich logisch«, sagt Nikola Gruevski in Skopje. »Gäben die Griechen zu, dass bei ihnen slawische Mazedonier leben, so wäre klar, dass wir uns auch Mazedonier nennen dürfen. Genau deshalb geben sie es nicht zu. Wenn wir als EU-Anwärter mit Minderheiten so umgingen wie das EU-Mitglied Griechenland – nicht auszudenken, was wir zu hören bekämen.« Gruevski, noch keine vierzig Jahre alt, ist ein eher robuster denn diplomatischer Verfechter der slawisch-mazedonischen Sache. Aber trotzdem schlau genug, die eigene Familiengeschichte nicht zu bemühen als Argument in einem Streitfall, der seit Jahren Spitzenpolitiker der Vereinten Nationen, Nato und EU beschäftigt. Er sei natürlich in Ahlada gewesen, auch den »kleinen Besitz« seines Vaters habe er besichtigt, sagt Gruevski, aber um private Ansprüche seinerseits gehe es nicht. »Das Problem an sich« müsse gelöst werden, das Problem der Griechen mit ihrem Geschichtsbild.

Aus dem griechischen Norden geflohenen Slawen wird bis heute die Rückgabe einstigen Eigentums verweigert. Und der Schafhirte, der neben dem leer stehenden Haus von Gruevskis Vorfahren wohnt, ist zuletzt von einem Mitglied der Neonazi-Partei »Goldenes Morgengrauen« mit dem Tod bedroht worden. Damit er nicht öffentlich über das spricht, was er weiß: über die alteingesessene slawische Bevölkerung des Dorfes, über ihre Unterstützung für die Kommunisten im Bürgerkrieg bis 1949 und ihre anschließende Flucht über die Grenze ins Jugoslawien Titos.

Der Gründungsmythos des modernen Griechenland fußt auf der Idee von einer monoethnischen Nation. Weg vom Völkergewirr der byzantinischen und osmanischen Zeit, zurück zur Reinheit der Antike – »ein Heldenstaat, in lotrechter Linie zurückgehend auf Perikles und Sokrates«, wie Pavlos Voskopoulos spottet. Der Vorsitzende der Partei »Regenbogen«, die für Belange der slawischen Minderheit eintritt, spricht von »bis zu 200 000 Menschen« auf griechischem Boden, die Mazedonisch sprächen oder zumindest verstünden. Mit denen »drüben«, in der Republik Mazedonien, teilen die Slawen im Norden Griechenlands zwar Sprache, Lieder und Bräuche, nicht aber den politischen Ansatz. Töricht sei es, sagen sie, dass jetzt hinter der Grenze mit Billigung der Regierung in Skopje Denkmäler für Alexander den Großen wie Philipp II. gebaut und die Griechen weiter provoziert würden.

Die Gegend beidseits der Grenze birgt so schon Sprengstoff genug. Der Boden ist mit Blut getränkt, auch deutsche Stiefelspuren finden sich. Friedrich Eberts Sohn, gefallen an der Salonikifront im Ersten Weltkrieg, liegt nahe dem Grenzgipfel Kajmakcalan begraben. Unter Adolf Hitler, der den Zweiten Weltkrieg durch die Drohung vorwegnahm, »mit den mazedonischen Zuständen« an der Ostgrenze aufräumen zu wollen, marschierten die Deutschen wieder auf dem Zentralbalkan ein.

Zankapfel, Pulverfass, Wespennest: Mazedonien spielte in so gut wie allen blutigen Konflikten der jüngeren europäischen Vergangenheit eine zentrale Rolle. In seinem Buch *Das makedonische Jahrhundert* zeichnet der Südosteuropa-Historiker Stefan Troebst das Röntgenbild einer »verspäteten« Nation, deren Siedlungsgebiet Be-

»Archaisch anmutendes Bataillon von Brandstiftern«:
Kosovarische Flüchtlinge an der mazedonischen Grenze
(2001)

gehrlichkeiten bei den Nachbarn weckt – allein Bulgarien nimmt,
von den Balkankriegen bis zum Zweiten Weltkrieg, drei Anläufe zur
gewaltsamen Aneignung. Dass Mazedonien ab Ende des 19. Jahrhunderts zur Heimstatt von anti-osmanischen Aufrührern, Terroristen
und Nationalrevolutionären verschiedenster Couleur wird, hat mit
der sich abzeichnenden Neuordnung des Kontinents zu tun. Das
Land der wahlweise als »Westbulgaren«, »Südserben« oder »slawophone Griechen« vereinnahmten Mazedonier gilt als quasi herrenlos,
als lohnende Beute. Es macht den Nachbarn Appetit. Auch heute,
hundert Jahre später, ist die Frage noch immer umstritten: Wer sind
sie wirklich, die Menschen, die nun Pässe der Republik Mazedonien
mit sich tragen? »Nüsse von tausend Bäumen«, wie die Griechen
spotten? Ein kunterbuntes Gemisch also, wie es die Italiener im Sinn
hatten, als sie ihren Obstsalat »*Macedonia di frutta*« tauften?

Die slawisch-mazedonische Nation habe ihre Wurzeln im
9. Jahrhundert, sagen die einen Historiker. Nein, mindestens tausend
Jahre später, sagen die anderen. »Entscheidend ist«, urteilt der Leipziger Professor Troebst über die neuzeitlichen Mazedonier, »dass sie

wissen, wer sie nicht sein wollen, nämlich weder Bulgaren noch Serben und schon gar nicht Griechen oder Albaner.« Diese Erkenntnis habe sich verfestigt erst ab 1943, im Partisanenkampf gegen Hitler-Deutschland.

Einer, der damals schon an vorderster Front dabei war, sitzt 160 Kilometer nördlich der griechischen Grenze, in Skopje, unter dem Dach eines schnöden Hochhauses nahe dem Vardar-Ufer: Kiro Gligorov empfängt, auch im zweiundneunzigsten Lebensjahr noch aufrecht im Sessel, wachen Geistes und bester Laune. Der Altpartisan und Gefolgsmann Titos, letzter großer Überlebender aus der Zeit des jugoslawischen Politbüros und erster Präsident der unabhängigen Republik Mazedonien, hat auf diesem Flecken Erde zwei Weltkriege und fünf verschiedene Staatsformen erlebt. Er spricht besser Serbisch als Mazedonisch, er war bulgarischer Staatsbürger während der Besetzung seiner Heimat im Zweiten Weltkrieg. Aber er sagt: »Schon mein Urgroßvater, geboren um 1830, hat mir beigebracht – Bub, merk dir, wir sind keine Serben, Bulgaren oder Griechen; wir sind Mazedonier.«

Gligorovs Großvater war als Organisator am Ilinden-Aufstand 1903 gegen die osmanischen Herrscher beteiligt. Gligorov selbst schloss sich während des Zweiten Weltkriegs dem mazedonischen Flügel der kommunistischen Partisanenbewegung an und zählte 1944 zu den Gründern des »Antifaschistischen Rats der Volksbefreiung Mazedoniens«. Er wurde so zum Augenzeugen und tatkräftigen Helfer bei der Geburt einer Nation. »Wer bis zum Krieg noch mit dem Bulgarentum geliebäugelt hatte, war spätestens dann kuriert, als er die Bulgaren an der Seite Hitlers sah«, sagt Gligorov. Im Partisanenkampf hätten sich die Mazedonier endgültig gefunden: »Wir waren eine kleine Nation, aber wir standen auf der richtigen Seite.« Tito habe das schließlich zu würdigen gewusst – die wackeren Kämpfer von der Südflanke wurden innerhalb des sozialistischen Jugoslawien zur Nation erhoben. »Ein außerordentlicher Beitrag zum heutigen Mazedonien«, sagt Gligorov.

Und sein Urteil zählt, ist er doch kapitaler Kronzeuge des »mazedonischen Jahrhunderts«: Geboren noch als Untertan des serbischen

Monarchen, groß geworden im Königreich der Serben, Kroaten und Slowenen, unterworfen von bulgarischen Besatzern, aufgestiegen im neuen Jugoslawien, hat Gligorov ab 1991 mit Vernunft und Mäßigung seinem unabhängig gewordenen Land als erstes Staatsoberhaupt gedient. Anders als in Slowenien und Kroatien, in Bosnien-Herzegowina und Kosovo, zog Jugoslawiens Volksarmee ohne einen einzigen Schuss aus Mazedonien ab. Das war nicht zuletzt das Verdienst des in Belgrad gut vernetzten Gligorov. Ein bis heute ungeklärter Mordanschlag aus dem Jahr 1995 hat ihn gezeichnet, nicht gebrochen. Mit zentimetertiefer Narbe über dem rechten Auge wirbt der alte Partisan weiter für eine Verständigung mit Griechenland. Und für die Einsicht, dass der Frieden in seinem Land nicht durch Provokationen aufs Spiel gesetzt werden dürfe: »Mazedonien«, sagt Gligorov, »ist alles, was wir haben.«

Draußen, vor Gligorovs Tür in Skopje, scheinen die Warnungen des Alten wie vom Alltagsgetöse des politischen Betriebes verschluckt. Da wird, quer durch die Lager, lautstark gestritten und gefeilscht. Der Namensstreit mit Griechenland ist längst zur Glaubensfrage erhoben worden in diesem Land, das sichtbar noch auf der Suche nach sich selbst ist.

Seit beim Bukarester Nato-Gipfel im April 2008 der vor allem von Washington unterstützte Beitrittswunsch Mazedoniens am Veto Griechenlands scheiterte, haben die Regierenden in Skopje das Visier heruntergelassen. »Uns wurde klar, dass wir nun nichts mehr zu verlieren haben«, sagt Premier Nikola Gruevski über Mazedoniens Verhältnis zu Griechenland und zur Restwelt: »Was da passiert, ist klassische Erpressung.« Deshalb setzt der Premier samt Regierungskollegen und nachgeordneten Chargen seiner nationalistischen Partei VMRO-DPMNE (»Innere Mazedonische Revolutionäre Organisation«) inzwischen auf schrankenlose Gegenoffensive. Als wolle er mit aller Macht beweisen: In einem Land vor unserer Zeit zwar, aber immerhin auf unserem Boden, wurde Weltgeschichte geschrieben.

Auf Schritt und Tritt finden sich nun Hinweise auf die vorgeblich glanzvolle Vergangenheit des Landstrichs, den Gruevski regiert. Marmorbüsten, Bronzehelme und Geschmeide zieren die Lobby des

Regierungssitzes. Das benachbarte Fußballstadion ist zu Ehren König Philipps II. umbenannt worden. Dessen Sohn, Alexander dem Großen, sind bereits der Flughafen von Skopje und die Autobahn in Richtung Griechenland gewidmet. »Würde Alexander heute noch leben, er stünde in Den Haag vor Gericht«, zürnt zwar der ehemalige Bürgermeister von Skopje Trifun Kostovski: »Trost in der Vergangenheit« zu suchen, bei blutrünstigen Feldherren wie dem Mazedonierkönig, zeuge von mangelnden »Visionen für die Zukunft«. Aber auch der millionenschwere Geschäftsmann Kostovski hat während seiner Amtszeit bis März 2009 der mazedonischen Hauptstadt keinen prägenden Stempel aufdrücken können.

Skopje bleibt, was es war: Balkan, wie er leibt und lebt. Eine auf die Brache des Erdbebens von 1963 hingewürfelte, lebenslustige, vielgesichtige Stadt: mit schäbigen Wohnblocks aus der Tito-Zeit und dicht an dicht geduckten Häusern in der muslimischen Altstadt am nördlichen Ufer des Vardar. Mit fröhlichem architektonischem Wettstreit der Volksgruppen auch, der dazu geführt hat, dass einem Denkmal des albanischen Nationalhelden Skanderbeg zu Pferde nun ein Bastard aus Feldstein und Glas zu Ehren von Mutter Teresa am »christlichen« Ufer gegenübersteht. Und dazwischen, auf der Steinernen Brücke über den Fluss, machen Roma Kasse beim Hütchenspiel.

Wer den Männern abends auf ihrem Heimweg in den Wellblechslum Topana folgt, durch die muslimische Altstadt bergan zu den Ruinen der osmanischen Festung, der erkennt am Hügel in Umrissen einen 100 Millionen Dollar schweren Komplex, der aussieht wie die Balkanfiliale von Fort Knox: hohe Mauern, Straßensperren, Überwachungskameras und angeblich zehn bis fünfzehn Stockwerke unterirdisch – die neue US-Botschaft in Skopje ist ein betongewordenes Bekenntnis der Geopolitiker in Washington zur kleinen, gebeutelten Balkanrepublik Mazedonien. Und ein Hoffnungsschimmer für deren Bewohner. Denn im globalen Wettstreit um Erdöl und Gas aus dem Kaspischen Meer suchen Amerikaner wie Europäer Transportwege, die durch russische Kontrolle oder Engpässe am Bosporus nicht gefährdet sind. Von Bulgariens Schwarzmeerhafen Burgas aus soll deshalb Öl durch Mazedonien zum Mittelmeer gepumpt werden.

Die fälligen Transitgebühren müssen für das architektonische Schandmal am Hügel über Skopje entschädigen. Amerika ist »unser strategischer Partner«, sagt Premier Gruevski ungerührt, die neue, zugegeben »sehr große« US-Botschaft belege das nur.

»Das wird vermutlich die amerikanische Geheimdienstzentrale für die ganze Region, die Ergänzung zum militärischen Stützpunkt, den sie mit ›Camp Bondsteel‹ schon drüben im Kosovo haben«, kontert Ljubomir Frckoski. Der smarte Politiker, Typ Weltmann auf Durchreise, sitzt im »Café Roma« von Skopje und erklärt, was aus seiner Sicht schiefläuft mit Mazedonien. Mit dem Stiefkind Europas, für das er sich zuständig fühlt: »Ich bin ja quasi der Vater«, sagt Frckoski: »Ich habe die Verfassung geschrieben und das Friedensabkommen von Ohrid nach dem Konflikt mit den Albanern 2001 mit ausgearbeitet.« Inzwischen muss er ohnmächtig mit ansehen, wie die regierenden »Marsmenschen« von der Gruevski-Partei, diese »Nationalbolschewiken«, die alle Macht und Deutungshoheit im Land an sich gerissen hätten, mit der Zukunft des Landes spielen. Weil er, bei den Präsidentschaftswahlen 2009 auf dem Ticket der Sozialdemokraten gescheitert, seinen Wunsch nicht wahrmachen kann, Mazedonien schleunigst aus der Isolation zu befreien, die dem Konflikt mit Griechenland geschuldet ist. Selbst positive EU-Fortschrittsberichte bewirken nichts gegen das Veto Athens. Frckoski sagt: »Wir sitzen fest, während sich um uns herum alles bewegt. Bulgarien und Rumänien sind in der EU, Albanien ist Nato-Mitglied.«

Jahrelangem solidem Wirtschaftswachstum zum Trotz, kommt Jugoslawiens ehemals ärmste Teilrepublik nicht vom Fleck. Mit einem Durchschnittsverdienst von monatlich 276 Euro netto gilt Mazedonien inzwischen selbst nach regionalen Maßstäben als Sorgenkind. Armut verstärkt die Fliehkräfte: 30 000 bulgarische Pässe sollen republikweit bereits in Umlauf sein, sie sind begehrte Faustpfänder für freies Reisen in Länder der Europäischen Union. Dass selbst der Ex-Premier und Anführer des nationalen Lagers, Ljubčo Georgievski, inzwischen mit bulgarischem Pass unterwegs ist, sorgt nicht nur bei Kritikern des neuen Mazedonien für Spott.

Die 500 000 ethnischen Albaner, die vorwiegend entlang der

westlichen Staatsgrenze siedeln, fühlen sich ohnehin traditionell eher ihren Stammesgenossen in Albanien, Serbien, Montenegro und vor allem Kosovo verbunden als dem slawischen Mehrheitsvolk Mazedoniens. Die Albaner stellen, Tendenz steigend, ein Viertel der Bevölkerung in der Balkanrepublik und markieren, nach den Griechen im Süden, den zweiten Frontabschnitt, an dem sich jede Regierung in Skopje zu bewähren hat.

Dass sie nicht gewillt sind, Mazedonien als »Nationalstaat des mazedonischen Volkes« zu verstehen, wie es in der Präambel der ersten Verfassung von 1991 festgeschrieben war, haben die Albaner spätestens im Frühjahr und Sommer 2001 klargemacht. Damals, als die Kämpfer der Kosovo-Befreiungsarmee UÇK ihre Schlachten auf dem Amselfeld siegreich geschlagen und Zeit für neue Abenteuer in der Nachbarschaft hatten, drohte Mazedonien erstmals vom Strudel der postjugoslawischen Umwälzungen erfasst zu werden. Es ging bei den monatelangen erbitterten Kämpfen zwischen mazedonischer Armee und albanischer Guerilla offiziell um mehr Rechte für die Albaner: um eine angemessene Zahl von Posten im Staatsapparat, eine eigene Universität, die Anerkennung des Albanischen als offizielle Sprache und das Recht, die Flagge mit dem Doppeladler auf blutrotem Grund zu hissen – identisch mit dem Staatswappen Tiranas.

Inoffiziell ging es um mehr: um einen Probelauf für »Groß-Kosovo«, weshalb dann auch in Albanerhochburgen Südserbiens heftig gezündelt wurde; und um interne Machtkämpfe im clanstrukturierten albanischen Lager – durchs westliche Grenzgebiet Mazedoniens verlaufen zentrale Schmuggelrouten im weltweiten Drogen- und Waffenhandelsgeschäft. Als endlich im August 2001 unter der Federführung von Nato und EU das Rahmenabkommen von Ohrid zur Befriedung der Volksgruppen unterzeichnet, der Gewalt zwischen Staatsorganen und albanischen Rebellen also ein Ende gesetzt wird, ist die Freude im alten Europa beträchtlich. Der Triumph ausgereifter Krisendiplomatie über ein archaisch anmutendes Bataillon von Brandstiftern wird als wegweisend bewertet. In Wahrheit war der Preis hoch, den die westliche Wertegemeinschaft für den Frieden am Fuß des Schargebirges zahlte. Weil sie eine Kohorte von Wegelagerern, Söldnern und Balkansheriffs, ausgerüstet mit Kalaschnikows und Kopfschals voller Koranverse, in den Rang von Verhandlungspartnern erhob – Männer, die mit geflochtener Reitpeitsche auf ihren Schimmeln im Grenzland Wildwest spielten. Und so die zivilisierte Welt zum Kniefall zwangen.

Reiten, sagt Ali Ahmeti, der Anführer und politische Kopf der Aufständischen von 2001, betrachte er heute nur noch als Zeitvertreib. Damals hingegen sei die Auswahl an Transportmitteln begrenzt gewesen. Zu den Verhandlungen mit dem niederländischen Nato-Unterhändler Pieter Feith, dem Gesandten des weltweit mächtigsten Militärbündnisses, kam Ahmeti folgerichtig geritten. Inzwischen regiert er von einem mit Nato-, EU- und Tirana-Flagge dekorierten Neubau in der Albanerhochburg Tetovo aus und müht sich sichtbar um Salonreife. Zum Anzug trägt Ahmeti längst die Miene des Staatsmanns. Seine Partei, die »Demokratische Union für Integration«, führt das albanische Lager an und stellt fünf Minister sowie den Vize-Premier in der regierenden Koalition. Als Bilanz für einen Ex-Guerillero, den die USA noch 2001 wegen Terrorismusverdachts auf ihrer schwarzen Liste führten, lässt sich das sehen. »Erst wurde ich als Terrorist behandelt, dann als Befreiungskämpfer«, sagt Ali Ahmeti mit undurchdringlicher Miene. EU-Chefdiplomat Javier Solana und Nato-Generalsekretär George Robertson hätten schließlich Abbitte bei ihm geleistet mit den Worten: »Wir haben uns in Ihnen getäuscht; Sie sind einer, der Wort hält.« Und: Was damals gegolten habe, gelte auch heute noch – für das Verhältnis zu den slawischen Mazedoniern.

Solange die ihre vertraglich festgelegten Zusagen über die Rechte der Albaner einhielten, werde alles friedlich bleiben: »Wir wollen ein anderes Klima im Land, Barrieren einreißen, den Eisberg zum Schmelzen bringen«, sagt Ahmeti kühl. Gelinge das nicht, schiebt er nach, so genüge es, »alle albanischen Vertreter an einen Tisch« zu bringen und zum Boykott des politischen Betriebes zu bewegen – schon sei das Land, gemäß Verfassung, lahmgelegt.

»Eine Katze und eine Maus können nicht zusammenleben«, haben die Albaner noch 2001 in Tetovo, in den Tagen des Granatendonners, gemurmelt. Und hinzugefügt, dass sie ihre Rolle als rechtlose Komparsen der Mazedonier im neuen Staat leid seien: »Das Pferd vergnügt sich, und der Esel ist schuld.«

Hat sich etwas verändert seither? Ist Mazedonien vorangekommen auf seinem Weg zu einem Staat, der nicht nur Slawen und Albanern, sondern einem Dutzend Völkerschaften insgesamt Heimat sein könnte, unter welchem Namen auch immer?

Wo der Vardar entspringt, wo der Fluss Anlauf nimmt für seine Reise zum Mittelmeer, im Mischwald oberhalb des Weilers Vrutok nahe der albanischen Grenze, liegt leicht erhöht der Friedhof der Orthodoxen. Mittendrin steht ein bärtiger, verwilderter Geselle mit Zipfelmütze: Mile Mihajloski. Die Kirchenglocken repariert er hier, in der Friedhofskapelle, für fünfzig Euro Lohn pro Monat – zum Leben zu wenig, zum Sterben zu viel, mazedonische Verhältnisse eben.

Er wolle nicht klagen, sagt Mihajloski. Froh wäre er schon, die eigene Tochter besuchen zu können, die einen Slawen im Norden Griechenlands geheiratet hat, ein Stück den Vardar abwärts nur.

Aber: in der EU. Für das Visum allein, sagt der Mann auf dem Friedhof, müsse ein Mazedonier wie er, Bürger eines Landes, das noch immer keinen Namen hat, beinah einen Monat lang arbeiten. Er werde deshalb wohl demnächst die Tochter bitten müssen, zu kommen.

16
Zwei Donauufer, zwei Welten:
Die EU-Neulinge Rumänien und Bulgarien

Bei Flusskilometer 811 ist am linken Donauufer zum Abendmahl angerichtet. Auf Holztischen unter einer alten Linde dampft in Weißwein gedünstetes Zicklein, daneben stehen Krautwickel mit Gänsefleischfüllung bereit. Es wird selbst gekelterter Sauvignon und Tresterschnaps gereicht.

Regie an der Tafel führt der Hausherr, ein Mann von bald sechzig Jahren mit Genießerfigur und angegrautem Stiftenkopf: Mircea Dinescu. Der früh vollendete Lyriker war Rumäniens wohl wortmächtigster Rebell der Ceauşescu-Zeit. Gegen die vom Kommunistenführer und selbst ernannten »Genie der Karpaten« errichtete Mauer des Schweigens schleuderte er, im Namen des Volkes, zornige Verse: »Mit der Spitzhacke brech ich die Wand auf und lass Euch hineinschaun.«

Dinescu stand monatelang unter Hausarrest, ehe sein Gesicht am 22. Dezember 1989 mit einem Mal auf allen rumänischen Bildschirmen zu sehen war. Im Studio 4 des staatlichen Fernsehens zu Bukarest, das er und seine Mitstreiter zuvor gestürmt hatten, fasste er das Unerhörte in Worte: »Der Diktator ist geflohen«, sprach er, und: »Die Armee ist mit uns. Das Volk ist mit uns.«

Die siegreiche Revolution, der Mircea Dinescu seine Stimme lieh, bezahlten mehr als tausend Rumänen unter den Kugeln von Armee und Geheimdienst mit ihrem Leben. Es war das blutige Finale der ein Vierteljahrhundert währenden Herrschaft Ceauşescus. Nahezu vollständig isoliert von der Außenwelt und überwacht durch eine halbe Million Spitzel im Sold des Geheimdienstes Securitate, ausgezehrt von stundenlangem Schlangestehen und Überwintern in eisigen Wohnungen, hatte das Volk sich gegen den Diktator erhoben.

Zwanzig Jahre später sitzt der einstige Bukarester Revolutions-

Revolutionsheld Dinescu: »Der Balkanengel
will fliegen, aber kommt nicht vom Fleck.«

held Dinescu auf seinem Landgut an der Donau und verströmt
Wohlbehagen. »Großgrundbesitzer« nennt er sich neuerdings, nur
halb im Scherz. Den mit 15 000 Euro dotierten Herder-Preis für seinen Beitrag zur Erhaltung europäischen Kulturerbes hat er in den
Ankauf von Mähdreschern gesteckt. Inzwischen bewirtschaftet Dinescu, mit EU-Fördermitteln bedacht und von Alteingesessenen
misstrauisch beäugt, hundert Hektar Weinberge. Er hält Strauße,
Gänse, Ziegen, und in den klassizistischen Gemäuern seines Land-
guts gehen junge Künstler ein und aus.

»In welchem anderen Land hat ein verrückter Dichter die
Chance, sich einen ganzen Hafen unter den Nagel zu reißen?«, fragt
der Altrevolutionär, und bescheinigt sich selbst »selbstmörderischen
Enthusiasmus«. Der Donauhafen Cetate war einmal größter Um-
schlagplatz für Getreide aus der Kornkammer Rumänien. Dinescu
hat einen »Kulturhafen« daraus gemacht, mit Theaterabenden, Le-
sungen und verfeinerter Küche. Es ist sein Versuch eines ästhetischen
Gegenentwurfs, nach Jahrzehnten staatlich geförderter Proletarier-
lyrik und Kombinatskantinenkost in Rumänien.

Vorbei an der Anlegestelle gleiten pro Jahr siebenhundert Kreuz-
fahrtschiffe auf dem Weg ins Donaudelta. Den Touristen an Bord zum
Gruß hat Dinescu in seinem Garten Skulpturen aufgestellt: Engel mit
nur einem Flügel etwa – sie müssten sich umarmen, das ist die Botschaft, um fliegen zu können. Auch soll demnächst, sagt der Dichter,
noch eine Bronzestatue mit zwei Flügeln, aber gefesselten Füßen die
Flusslandschaft bereichern:»Das ist dann der Balkanengel – er will
fliegen, aber kommt nicht vom Fleck.«

Der Balkan: Von Dinescus Ländereien aus ist an klaren Tagen
drüben, am bulgarischen Ufer, das Gebirge zu erkennen, das der ganzen Halbinsel den Namen gab – grün und sanft geschwungen liegen
sie da, die ersten Ausläufer des Balkanmassivs. Wo, wenn nicht hier,
im Dreiländereck Rumänien-Bulgarien-Serbien, ließe sich begreifen,
was den Balkan ausmacht? Den geografischen Raum zwischen den
Flüssen Donau und Save also, vor allem aber: das historische Span-
nungsfeld, das Mitteleuropäer meist als Minenfeld begreifen.

Rumänien und Bulgarien sind nach Jahrhunderten der Knecht-
schaft unter wechselndem Joch, nach gewaltsamen Grenzverschie-
bungen und Völkervertreibung, autokratischer Monarchie und kommunistischer Diktatur inzwischen Mitglied in Nato wie EU. Pioniere
gewissermaßen, beim Projekt, Europas traditionelle Krisenregion zu
stabilisieren. Nur: Wie schnell heilen die Wunden der Vergangenheit?
Ist milliardenschwere Schützenhilfe aus Brüssel der richtige Weg, um
den gefesselten Balkanengel fliegen zu lehren?

Beinahe achthundert Kilometer beidseits der Donauufer entlang
sind es von Dinescus Hafen Cetate bis zum nordöstlichsten Zipfel
des Balkan – bis zum Fischerdorf Periprava im Delta. Bis dorthin soll
die Reise gehen, durch zwei von kommunistischer Misswirtschaft
geschundene, uralte Kulturlandschaften; durch zwei Länder auch, die
aus Sicht von Brüsseler EU-Beamten vieles verbindet: Armut, Korruption, dazu das Regiment alter Seilschaften in neuem Gewand.

In Wahrheit könnten die Donauanrainer unterschiedlicher kaum
sein. Rumänien, seit vorchristlicher Zeit römisch geprägt, versteht
sich bis heute als»lateinische Insel im slawischen Meer«, als Brücke
zum westlichen Europa. Selbst das halbe Jahrtausend osmanischer

Herrschaft über den europäischen Südosten hatte in den Fürstentümern Walachei, Moldau und Siebenbürgen weniger verheerende Folgen als im angrenzenden Bulgarien. Im Kalten Krieg, ab 1945, wählte Rumänien noch einmal einen Sonderweg: Die letzten Sowjetsoldaten verließen das Land 1958; gut zehn Jahre später schon ließ US-Präsident Richard Nixon sich in Bukarest bejubeln.

Bulgarien hingegen galt bis zuletzt, bis 1989, als verlässlicher Vasall Moskaus. Die Wurzeln dieser Völkerfreundschaft reichen tief. Den Feldzug zaristischer Truppen 1877/1878, der nach fast fünfhundert Jahren osmanischer Herrschaft die Freiheit brachte, haben die Bulgaren den Russen nicht vergessen – was sie allerdings nicht daran hinderte, während beider Weltkriege an der Seite Deutschlands gegen die Russen zu kämpfen. Mit Kaiser Wilhelms und später Hitlers Hilfe sollten Bulgariens Grenzen wieder ausgedehnt werden: Edirne (heute Türkei), Saloniki (Griechenland), Skopje (Mazedonien) oder Durrës (Albanien) waren Teil des mittelalterlichen Kaiserreichs Bulgarien, einer Großmacht zwischen Schwarzmeer- und Adriaküste.

Bis heute teilen Bulgarien und Russland das kyrillische Alphabet. Es fußt auf jener Schrift, die von den Slawenaposteln Kyrill und Method für ihre Bibelübersetzung aus dem Griechischen erdacht wurde. Die dazugehörige Sprache, das in Bulgarien entwickelte Altkirchenslawische, dominierte in der russischen Literatur bis zum 18. Jahrhundert. Blutsbande kommen hinzu: die Protobulgaren, die sich ab dem 7. Jahrhundert zwischen unterer Donau und Schwarzmeerküste mit früher zugewanderten Slawen und altansässigen Thrakern mischten, stammen von zentralasiatischen Steppenvölkern ab.

Von den Rumänen zu den Bulgaren, von der »lateinischen Insel« also hinein ins »slawische Meer«, führt auf 470 Flusskilometern eine einzige Donaubrücke. Wer das Landgut Mircea Dinescus verlässt, um den großen Strom zu überqueren auf dem Weg in die alte Hafenstadt Vidin, der sollte Zeit und Geld mitbringen: auf eine Fähre warten, 29 Euro Gebühr bezahlen, plus Kopfgeld pro Besucher und Straßenmaut in Bulgarien.

Rumänen, die hier den spärlichen Grenzverkehr beleben, fahren nach Bulgarien vor allem, um günstig einzukaufen oder Gebrauchtwagen mit bulgarischen Nummernschildern versehen zu lassen – so sparen sie sich die in der Heimat fällige Umweltsteuer und lernen dabei staunend eine fremde Welt kennen. Eine Welt voll kyrillischer Schriftzeichen; bevölkert von seltsamen Menschen, die den Kopf schütteln, wenn sie ja sagen wollen; und die zumeist schon von Weitem als Nicht-Rumänen zu erkennen sind: der halslos-gedrungene Körperbau vieler bulgarischer Männer verrät die Abkömmlinge einer glorreichen Gewichtheber- und Ringernation.

Bulgarien abseits der Schwarzmeerküste, noch von Reisenden im 19. Jahrhunderts als »vollkommene Terra incognita« bestaunt, ist Anfang des 21. Jahrhunderts unverändert ein Land in Randlage. Die Peripherie der Peripherie bildet der Nordwesten um die alte Bischofsstadt Vidin – der ärmste Sprengel im ärmsten Staat der Europäischen Union. Von ehemals 80 000 Einwohnern zu kommunistischer Zeit sind in Vidin gut die Hälfte geblieben. Briten, Iren und Amerikaner, die sich neuerdings zu Spottpreisen ab 5000 Euro für ein Eigenheim mit Grundstück hier niederlassen, profitieren bei mildem Klima von der Endzeitstimmung in der Industrieregion.

Hinter den trostlosen Mauern des Vidiner Chemiekombinats, das einst 10 000 Menschen Lohn und Brot gab, sind nur noch wenige Arbeiter am Werk, zu Monatslöhnen von gut 200 Euro. »Wer etwas kann, ist längst im Ausland, die Guten gehen immer zuerst«, heißt es in Vidin. Im fünfzehnstöckigen Turm der Stadtverwaltung wird das blanke Elend der Gegenwart und das ruhmreichere Erbe der Vergangenheit mit sowjetisch geschultem Stoizismus verwaltet.

Auf den Wehrgängen der mächtigen Baba-Vida-Festung, deren Ursprünge noch aus römischer Zeit stammen, sonnen sich Müßiggänger; die einst prunkvolle Synagoge am Donauufer verfällt. Im alten türkischen Konak, wo Polizeikräfte des Sultans das Regiment führten, wird nun die Geschichte der bulgarischen Befreiungsbewegung im 19. Jahrhundert bebildert.

Doch erst in der Festung rund um die 230 Millionen Jahre alten Sandsteinfelsen von Belogradtschik, direkt am Fuß des Balkangebirges, wird deutlich, wie sehr die Bulgaren ihre jüngere Geschichte als Abfolge von Demütigungen verstehen. Und wie stark das Bedürfnis nach eigenen Helden ist. Einen der Felsen, ein verwunschenes Wunderwerk aus Stein, das einem scharfkantigen Schädel gleicht, haben sie nach dem Haiduken Velko benannt. Die Geschichte des vom Volksmund viel besungenen Rädelsführers gegen die Türken kennt in Bulgarien jedes Kind.

Das Balkanmassiv ist ja das Herz des Haidukenlands, der Wurzelboden nationalen Selbstverständnisses. Hier lag das Rückzugsgebiet von Rebellen wie Wassil Lewski, dessen Hinrichtung 1873 die so blutigen wie vergeblichen Aufstände gegen die Osmanenherrschaft auslöste. Im Nationalepos *Unter dem Joch* hat Iwan Wasow den Zehntausenden Opfern von damals ein Denkmal gesetzt. Bis heute bezeichnet »Balkan« im Bulgarischen als positive Chiffre eine schroffe, dicht bewaldete Bergwelt, die vom *balkandzija*, dem stolzen, unbeugsamen Bergmenschen bewohnt wird.

Nicht-Bulgaren verbinden mit dem Attribut »balkanisch« eher das Gegenteil von Unbeugsamkeit: die Kunst, sich zu verstellen, scheinbar zu unterwerfen oder auf schlitzohrige Weise zu bereichern. Auch dafür gibt es Belege, am südlichen Donauufer. Wenige Kilometer nördlich von Vidin soll eine zweite Brücke über den Strom Bulgarien und Rumänien einander näher bringen: 1391 Meter lang, eine Viertelmilliarde Euro teuer, größtenteils mit EU-Geld finanziert. Das Projekt wurde 1999 erdacht, in der Zeit des Kosovokriegs, als die Nato weiter nördlich gelegene Donaubrücken zerbombt hatte. Doch zehn Jahre später, im Sommer 2009, ist von der »Brücke der Hoffnung« noch immer nicht viel zu sehen.

Die Rumänen wollten das Herzstück des Verkehrskorridors IV zwischen Westeuropa und Griechenland wesentlich weiter östlich gebaut sehen, damit Trucker und Touristen beim Durchqueren der Walachei mehr Gelegenheit hätten, Geld zu lassen. Die Bulgaren wünschten sich, naheliegenderweise, das Gegenteil. Die EU schließlich entschied zugunsten einer Brücke bei Vidin. Der Auftrag wurde am Ende einem spanischen Konzern zugeschanzt, der seither mithilfe von Hungerlöhnen für bulgarische Bauarbeiter den Rahm abschöpft.

Was bleibt den Einheimischen? Die Hoffnung auf ein Stück Land dicht bei der Brücke. Da wird gehandelt und gefeilscht, geschoben und gefälscht, da werden Flurnummern frisiert, und alte Grundbucheinträge gehen verloren. Da zeigt sich das bulgarische System von jener Seite, die selbst bei der mit langsamen Mühlen mahlenden Brüsseler EU-Maschine am Ende Alarm auslöst: Knapp 800 Millionen Euro an Fördermitteln wurden im Sommer 2008 vorübergehend eingefroren.

Bulgarien, das ärmste und korrupteste Land der EU, gilt auch beim Gros der eigenen Bürger als Krisenfall. Zwei Drittel sind der Meinung, unter den Kommunisten sei es ihnen besser ergangen, und die Zahl derer, die Korruption als Grundübel des Landes bezeichnen, hat sich in den vier Jahren bis 2009 mehr als verdoppelt – auf 64,7 Prozent. In einer Studie des Sofioter Zentrums für Demokratie-Studien ist von »verlangsamten Bemühungen zur Bekämpfung der Korruption seit Beginn der EU-Mitgliedschaft« die Rede. Der Preis, den Bulgariens Gesellschaft dafür zu zahlen habe, werde durch »den dramatischen Einbruch des Wirtschaftswachstums« noch wesentlich schmerzlicher ausfallen als bisher.

Auf jährlich fünf Milliarden Euro wird das Volumen der bulgarischen Schattenwirtschaft beziffert. Mehr als zwei Millionen Fälle von Korruption landesweit im Jahr 2008 sind verbürgt. Das entspricht vier Delikten pro Sekunde. Zu den wesentlichen Ursachen, so urteilen die Demokratieforscher, zähle die ungebrochene Macht des organisierten Verbrechens: Außer den Führungsetagen von Exekutive und politischen Parteien kontrollierten Bulgariens Oligarchen auch »Parlamentarier, Staatsverwaltung und Gerichte«.

Der Mann, der im Sommer 2009 angetreten ist, um mit diesen Zuständen gnadenlos aufzuräumen, heißt Bojko Borissow. Der bullige, stoppelhaarige Ex-Bürgermeister von Sofia kombiniert sportlich-elegantes Äußeres mit markigen Sprüchen und dem Image des furchtlosen Machers. Borissows Ende 2006 gegründete konservative »Partei für eine europäische Entwicklung Bulgariens« (GERB), die enge Beziehungen zur CSU-nahen Hanns-Seidel-Stiftung unterhält, hat die politische Landschaft im südöstlichen Balkanstaat in kurzer Zeit umgepflügt.

Der neue Premierminister war zuvor unter anderem Karate-champion, Leibwächter des langjährigen Staats- und Parteichefs Todor Schiwkow und verantwortlich für die Sicherheit des zurück-gekehrten Simeon II. von Sachsen-Coburg. Der als Sechsjähriger 1943 zum Zaren ausgerufene Simeon übernahm, einmaliger Fall selbstgewählter Verbürgerlichung, achtundfünfzig Jahre später das Amt des Premiers in Sofia. An seiner Seite verdiente der Leibwächter Borissow sich, im langen schwarzen Ledermantel, den Beinamen »Batman des Königs«.

Offensiv zur Schau gestellte Virilität ist seither, wie im Frank-reich Sarkozys oder in Berlusconis Italien, auch in Sofia zum politi-schen Faktor moderner Mediendemokratie geworden. Beim Wahl-volk verfängt die Masche. Dass es in Bulgarien keine Lesben gebe, »nur Frauen, die Bojko Borissow noch nicht getroffen« haben, zählt zu den landesweit verbreiteten Bonmots über den Mann im höchsten Regierungsamt.

Seine charakterliche Qualifikation zum Saubermann hingegen ist strittig. Über Borissows Jahre als Chef einer privaten Sicherheits-firma und dann als oberster Mafia-Bekämpfer im Generalsrang heißt es in einem 2005 verfassten, vertraulichen Dossier ehemaliger US-Kriminalbeamter, aus dem die renommierte amerikanische Wochen-zeitschrift *Congressional Quarterly* zitiert: Borissow sei »Geschäfts-partner und ehemaliger Mitarbeiter einiger der wichtigsten Gangster in Bulgarien« gewesen; während seine hochrangigen Weggefährten von einst in der Folge vorankamen, seien ihre »Konkurrenten syste-matisch ermordet« worden.

Borissow hat die aus den USA stammenden Vorwürfe wiederholt dementiert. Doch gegen die Zahlen, die EU-Ermittler im Mai 2006 veröffentlichten, kurz vor Bulgariens Beitritt zur Union, fehlen auch ihm die Argumente: »Über 150 Auftragsmorde mit Bezug zur orga-nisierten Kriminalität und keine einzige Verurteilung« habe es allein ab dem Jahr 2000 gegeben – die meisten davon während seiner Amtszeit im Innenministerium.

Die »Tragödie der heutigen bulgarischen Gesellschaft«, urteilt der Autor Jürgen Roth in seinem Buch *Die neuen bulgarischen*

Dämonen, wurzle in der »ungebrochenen Herrschaft eines Geflechts politischer, wirtschaftlicher und krimineller Kreise«. Es werde von Geheimdiensten im Hintergrund kontrolliert und von blauäugigen Europapolitikern geduldet. EU-Kommissions-Vize Franco Frattini etwa hat Kritik an seinem gemeinsamen Skiurlaub im Februar 2007 mit dem skandalumwitterten Innenminister Rumen Petkow als Majestätsbeleidigung missverstanden. Im Juni 2009 erhält Frattini, inzwischen italienischer Außenminister, für seinen Beistand in kritischer Zeit einen bulgarischen Verdienstorden 1. Klasse.

Seit dem geglückten EU-Beitritt am 1. Januar 2007 stehen Bulgarien Milliarden aus den EU-Strukturfonds zu – Basis für eine zweite Goldgräberphase im Land. Schon während der Privatisierungswelle in den Neunzigern landeten von möglichen 30 Milliarden Dollar Erlös nach Schätzung einzelner Wirtschaftsexperten allenfalls zehn Prozent in den Staatskassen; der Rest erleichterte cleveren Schnäppchenjägern den Start in die Neuzeit. Den Mehrwert in Milliardenhöhe bringen sie nun beim Run auf EU-Projekte zum Einsatz.

Im Norden des Landes allerdings, entlang des Donauufers, ist von Investitionen weiter wenig zu sehen. Der Norden ist Fabrikruinenland, ein Freilichtmuseum industriellen Niedergangs mit schläfrigen Dörfern, die eher getrennt denn untereinander verbunden sind durch abenteuerliche Schlaglochpisten. Bei Flusskilometer 703 liegt die Stadt Kosloduj.

Kosloduj ist eine der wenigen Siedlungen in dieser Gegend, die im Rest Europas Interesse wecken. Nicht weil hier der Khan Asparuch, im Jahr 679 Gründer des ersten Bulgarischen Reiches, seine Garnison hatte. Und auch nicht, weil hier ein Nachbau des Raddampfers »Radetzky« vor Anker liegt, den der Dichter und Revolutionär Christo Botev mit Genossen kaperte, ehe er zum Gefecht gegen die Türken in die Berge zog – und nach vier Tagen den Tod fand.

Kosloduj ist ein Begriff im Westen, weil hier das größte Atomkraftwerk der Balkanhalbinsel steht, mit sechs Reaktorblöcken sowjetischer Bauart. Die Bulgaren sind stolz auf ihr Kraftwerk, das westliche Europa hingegen denkt an Tschernobyl und fordert die Abschaltung der letzten zwei noch aktiven Blöcke. Ein neuer Meiler, kurioserweise in einem Erdbebengebiet gut hundert Kilometer donauabwärts, dafür aber diesmal mit Siemens-Technik und RWE als Betreiber, soll Ersatz schaffen. »Der Westen will natürlich seine eigene Technologie verkaufen«, sagt kühl der Bürgermeister von Kosloduj.

Wie EU-Politik funktioniert, haben inzwischen auch die Bulgaren verstanden. Und: dass sie ein ernsthaftes Imageproblem haben. In der alten Handelsstadt Russe, an Flusskilometer 493, bekämpfen sie es. Russe an der Donau gilt seit jeher als Bulgariens Tor nach Europa. Ihren Beinamen »Klein-Wien« verdankt die Stadt stuckstrotzenden Prachtbauten im Sezessionsstil rund um den Platz der Freiheit, wo sich internationale Hochfinanz nach Bulgariens Unabhängigkeit 1878 einen Stützpunkt für den Ost-West-Handel schuf.

Der prachtvolle Bahnhof, eine marmorne, mit Kronleuchtern geschmückte Kathedrale für Fernreisende, erinnert an die Glanzzeiten des Orientexpress, dessen Passagiere, unterwegs von Paris nach Istanbul, hier Halt machten. Philharmonie, Opernhaus und Dramentheater am Ort werden unverändert bespielt, ganz so, als sei Russe, wie einst, noch immer Bulgariens bedeutendste Stadt.

Rumänen, Russen und Türken, Griechen, Armenier, Tscherkessen und Zigeuner lebten zusammen mit Bulgaren in Russe. Und: jüdische Sepharden, »Spaniolen« genannt. Der Literaturnobelpreisträger Elias Canetti, einer von ihnen, hat seiner Geburtsstadt in *Die gerettete Zunge* rückblickend ein Denkmal gesetzt: »Alles, was ich später erlebt habe, war in Rustschuk schon einmal geschehen.«

Was Rustschuk, wie die Türken die Hafenstadt Russe nannten, gewesen ist, ein Mikrokosmos auf bulgarischem Boden, Klein-Europa am Donauufer – kann Russe das wieder werden? Es gibt Anlass zur Hoffnung. Denn es finden sich Unermüdliche, die im alten, leer stehenden Kolonialwarenladen von Canettis Großvater, wo über blinden Schaufenstern an der Prunkfassade noch die Initialen »EC« in Stuck erhalten sind, neuerdings Kulturtage veranstalten.

Es spricht sich herum, dass das traditionsreiche Opernhaus unter der Leitung des auslandserprobten Intendanten Nayden Todorov seinen Ruf als führende Bühne im Land behauptet, mit avantgardistischen *Così fan tutte*-Inszenierungen etwa vor ausverkauftem Haus – abgetragenem rotem Samtgestühl und blätterndem Putz an der Decke zum Trotz.

Und es gibt inzwischen 137 Absolventen aus neun Ländern, die am Bulgarisch-Rumänischen Interuniversitären Europazentrum (BRIE) in Russe ihren Abschluss gemacht haben – junge, hochgebildete Menschen mit grenzüberschreitendem Weltbild.

»Mit dem Balkan«, sagt die BRIE-Direktorin Mimi Kornasheva, »wollen ja die meisten nichts zu tun haben; ich aber liebe meine Balkanidentität, diese Mischung aus Orient und Okzident.« Die Absolventen ihres Instituts sollen später, in den Führungsetagen von Politik, Verwaltung oder Wirtschaft, diesen Geist verkörpern – den Mut, Brücken zu schlagen.

Es sind, seit jeher, vor allem die Frauen, die in Russe nach vorne schauen. Frauen wie die Baba Tonka, die hier 1871 das Revolutionäre Komitee gründete. Oder, mehr als hundert Jahre später, die legendären »sechs Frauen« von Russe, Angestellte der Grünanlagenverwaltung, die mit ihrem öffentlichen Protest gegen Chlorgaswolken aus einer Chemiefabrik am rumänischen Ufer Glasnost und Perestroika nach Bulgarien brachten. Die Hand auf der Bibel und im Namen der Gesundheit ihrer Enkel schworen sie, nun sei es Zeit zur Revolte.

Es war dies der Anfang vom Ende für Staats- und Parteichef Todor Schiwkow, der schließlich am 10. November 1989, im sechsunddreißigsten Jahr seiner schier ewig währenden Regentschaft, den Weg frei machte – für Bulgariens Abschied vom Einparteienstaat. Nicolae Ceaușescu, sein Widerpart am anderen Donauufer, von wo aus das giftig-blaue Chlorgas über die Altstadt von Russe gespien wurde, sah damals noch keinen Grund zur Kurskorrektur. Fünfundvierzig Tage später starb er im Kugelhagel dreier Männer vom 64. Fallschirmjägerregiment.

»Er hat mir in die Augen geschaut, brach in Tränen aus, sang die Internationale, und dann feuerte ich – es musste zu Ende gebracht werden«: Dorin Cârlan, der Mann, der Nicolae und seine Gattin Elena Ceaușescu erschoss, vor einer schnöden Mauer unweit der

Kasernentoilette von Târgoviște, spricht noch zwanzig Jahre später über den Moment, als er zum Werkzeug der Geschichte wurde, wie einer, der sich pausenlos rückversichern will, das Richtige getan zu haben.

Cârlan, inzwischen ein massiger Mann mit lichtem Haar, der vergeblich auf einen Staatssekretärsposten hoffte und sich nun als juristischer Berater in Bukarest durchschlägt, wird die Bilder von damals nicht los. Er sieht, wieder und wieder, wie sie ihn, den als Waisenkind aufgewachsenen Unteroffizier im Eliteregiment der Fallschirmjäger, aussuchen für eine namenlose, »streng geheime« Mission. Wie das Diktatorenpaar in den Gerichtssaal geführt wird. Wie sie dann mit gefesselten Händen an der Mauer stehen und er abdrückt, dreißig Schuss, zuletzt »vor allem auf sie, weil sie noch zuckte«.

Es war eine »Mission der Ehre« für ihn, sagt Cârlan, er bereue nichts. Vom Glauben an Ceaușescu abgefallen sei er aber erst Tage zuvor: weil bei den Kämpfen in Timişoara (Temeswar) klar wurde, dass die Armee den Befehl hatte, aufs eigene Volk zu schießen. Als das »Genie der Karpaten«, der »Erlöser der Erde« und »geliebteste Sohn des rumänischen Volkes« schließlich im voll besetzten Hubschrauber tot abtransportiert wird, sitzt Cârlan – aus Platzmangel – auf seiner »Trophäe«, wie er das nennt. Ob die Leichen der Ceaușescus wirklich zum Bukarester Friedhof Ghencea gebracht wurden, wo heute ihre Grabsteine stehen – er weiß es nicht: »Ich wurde zuvor abgesetzt. Regie führte bei der gesamten Operation General Stănculescu.«

Revolution, Putsch oder Staatsstreich? Was während der Dezembertage 1989 wirklich in Rumänien passierte, ist bis heute ungeklärt. Und General Victor Stănculescu, damals Vize-Verteidigungsminister und vom Staatschef liebevoll »Victorchen« gerufen, hat wenig zur Aufklärung beigetragen. Er, der sowohl Ceaușescus Flucht per Hubschrauber vom Dach des ZK-Gebäudes am 22. Dezember als auch Prozess und Hinrichtung drei Tage später orchestrierte, beschreibt die rumänische Zeitenwende bevorzugt in Anekdoten.

Wunderbar lakonisch kann er davon erzählen, wie er sich sein unversehrtes Bein eingipsen ließ, um bei der Flucht des Herrscherpaares nicht dabei sein zu müssen; oder wie nach deren Hinrichtung Soldaten die »zwei Päckchen« mit den Leichen nahe beim Friedhof in Bukarest beinah vergessen hätten, wäre nicht ihm, Stănculescu, der Verlust aufgefallen.

Der General hat nach der Wende, als Geschäftsmann im Kammgarnsakko, eine neue Karriere gestartet. Verurteilt mit neunzehn Jahren Verspätung wegen seiner Rolle bei der Niederschlagung der Revolte in Timişoara, durfte er nach nur fünf Monaten Haft, im Juni 2009, wieder die Gefängniszelle verlassen, aus gesundheitlichen Gründen. Stănculescu scheint ebenso entschlossen wie der erste Staatspräsident der Wendejahre, Ion Iliescu, sein Geheimnis bis ins Grab zu hüten: die Antwort auf die Frage, wer nach der Flucht Ceauşescus den Befehl gab, aufs Volk zu schießen; und warum mehr als achtzig Prozent der insgesamt 1104 Todesopfer erst nach dem Sturz des Diktators ihr Leben ließen.

»Solange Stănculescu und Iliescu nicht in die Lager gesperrt werden, in denen wir saßen, werden wir die Wahrheit über die Revolution 1989 nicht erfahren«, sagen die Männer vom Verband ehemaliger politischer Gefangener in der Schwarzmeerstadt Constanţa. Stolz und ungebrochen trotz hohen Alters, in akkurat gebügelten Hemden und mit Strohhüten auf dem Schoß sitzen sie da, Überlebende allesamt der stalinistischen Umerziehungs- und Vernichtungslager aus der Zeit nach dem Zweiten Weltkrieg. Was ab 1945 geschah und was 1989 passierte – sie wollen, dass es im nationalen Gedächtnis verankert wird.

Dass ausgerechnet in Rumänien, und nur dort, der Sieg über den Kommunismus in der Hinrichtung des Staats- und Parteichefs gipfelte, besagt viel über das Ausmaß der vorhergehenden Willkürherrschaft. Die sprichwörtliche Langmut seiner Landsleute beschrieb der Dichter George Coşbuc, kunstfertiger Seismograf der ländlichen rumänischen Seele: »Wir tragen noch, wir dulden noch, den Pferdezaum, das Ochsenjoch.« Im Sprichwort heißt es südlich der Karpaten: »Der Säbel schlägt kein geneigtes Haupt ab.«

Nur, alle Leidensfähigkeit hat Grenzen. Wer dem Lauf der Donau Richtung Osten folgt, hinein in die zum engeren Balkan gerechnete

Dobrudscha, der geht den Kreuzweg des rumänischen Volkes. Er ist bis heute kaum beschildert. Eine Betonstele, versteckt im Nirgendwo, erinnert an fünftausend Menschen, die hier in Arbeitslagern nach dem Krieg, zu Zeiten des Diktators Gheorghe Gheorghiu-Dej, ihr Leben ließen bei der Zwangsarbeit am Donau-Schwarzmeer-Kanal, dem sogenannten Dobrudscha-Durchstich. Der Ungezählten, die verhungert, erfroren oder totgeprügelt in Lagern weit abseits des Kanals starben, gedenken allenfalls die Hinterbliebenen.

Der in den Achtzigern vollendete Durchstich zur Küste verkürzte den Weg für Frachtschiffe von Rotterdam über Regensburg nach Constanța um 250 Kilometer. Rumäniens größte Hafenstadt gilt heute als bedeutendster Warenumschlagplatz am Schwarzen Meer. Wie aber hat sich Constanța, das antike Tomis, verflucht und in düsteren Farben gemalt vom aus Rom verbannten Dichter Ovid, durch zwei Jahrzehnte der Öffnung nach Westen verändert?

Es hat an Zauber eingebüßt. Und an strategischer Bedeutung gewonnen. Ein neues Containerterminal ist entstanden. Die US-Armee betreibt jetzt vor den Toren der Stadt hinter hohen Mauern und Zäunen einen geheimnisumwitterten Militärstützpunkt. Und die rumänischen Hochseekapitäne in der Bar an der Mole erzählen neuerdings von Ausflügen in die grenzenlose Güterverkehrswelt.

Sie dürfen jetzt 160 000-Tonnen-Schiffe im Sold westlicher Reedereien für karges Gehalt in Zwei-Monats-Schichten nach China und durch die halbe Welt zurücksteuern; und sie müssen dabei, möglichst dreisprachig, das Regelwerk der globalisierten Welt parat haben. Das heißt: keinen Tropfen Wasser aus Shanghai ungefragt im Hafen Hamburg von Bord kippen – die Elbfauna könnte leiden; auch nach Dienst keinen Tropfen Alkohol an Bord; und auf hoher See neueste Studien über den Klimawandel im Kopf haben – die inzwischen bis zu sechzehn Meter hohen Brecher können Schiffe kippen, die noch beim Stapellauf als unsinkbar galten.

Die Moderne ist mit Macht über die Menschen in der alten Stadt Constanța gekommen. Dabei scheint es, als ob der mürrischen Schönheit am Meer nur neue Etiketten angeklebt worden wären. Auf den abgelebten Fassaden der Häuser prangen nun, wie im Großteil Europas, die unvermeidlichen UniCredit-Vodafone-Carrefour-Western-Union-Werbeschilder wie Make-up auf dem Gesicht einer müden Hure. Am mehr als hundert Jahre alten Spielcasino aus der Gründerzeit, einem Marmorpalast über dem Meer, sind die Fensterscheiben eingeschlagen.

Für Casino-Kapitalismus sind im 21. Jahrhundert keine glanzvollen Fassaden mehr nötig. Was zählt, sind Geschäftsideen, gewachsene Beziehungen und die Aussicht auf eine anständige Marge. Das hat sich inzwischen auch bis ans Ende der europäischen Welt herumgesprochen, ins Donaudelta. Im größten Feuchtgebiet des Kontinents, wo sich der Strom nach fast dreitausend Kilometern Reise in drei Arme verzweigt und nur noch ein Ziel kennt, das Meer, sind unter den bis 2004 regierenden Sozialisten Fischerei- und Grundstücksrechte verscheuert worden wie sauer Bier.

Das Hotel Letzte Grenze für Öko-Touristen hat noch nicht geöffnet. Der Frühstücksraum aber, in dem einst die Lagerleitung vom Geheimdienst Securitate tafelte, und die Zimmer sind schon getüncht. Ein Elektroauto-Shuttle für Besucher steht bereit, Baby-Karpfen reifen in umliegenden Bassins dem Tod an der Sportangel entgegen, und überhaupt herrscht Aufbruchstimmung: Schon bald würden erste Besucher erwartet, sagt der Investor Sylvain Remetter. Er ist Franzose, hat beim Angeln Zugang zum Zirkel um den mächtigen Tennis-Altstar Ion Tiriac gefunden und sich außerdem »ins Delta verliebt«. Diese Liebe will er künftig mit zahlungsfähigen Gästen teilen.

Rund ums Hotel Letzte Grenze stehen noch schlammbraun unter Vogelbeerbäumen und hüfthohem Gestrüpp die Ruinen der alten Häftlingstrakte. Das Straflager »0830 Periprava« zählte zum Schlimmsten, was Rumänien zur Züchtigung politischer Gefangener anzubieten hatte. Sie mussten Schilf ernten und Dämme bauen, bei sengender Hitze und Mückenplage genauso wie während eisiger Winter. Wer die Norm von acht großen Bündeln Schilf pro Tag nicht erfüllte, wurde am Boden liegend mit Gummiknüppeln halbtot geprügelt.

Die bis zu dreitausend Häftlinge lebten auf Schleppkähnen und in Baracken, je 160 Mann auf vierundzwanzig Quadratmetern; sie aßen Haferbrei und tranken Donauwasser. Nur die Starken überlebten. Allein im Winter 1959/1960 wurden nacheinander nachts auf dem Dorffriedhof zweiundvierzig Tote im Massengrab verscharrt, nackt und mit Schilfmatten bedeckt, wie die Alten in Periprava berichten. Hinterbliebene erhielten später einen Totenschein ausgehändigt, sonst nichts. Die Leichen gehörten dem Regime.

Beinahe idyllisch ist es heute auf dem Gelände des Lagers. Fasanen und Störche brechen aus dem Schilf, steter Kuckucksruf zersichelt die Stille an der Stätte des Grauens, und in einer der alten Aufseherbaracken wird Fleischklößchensuppe gekocht. Er wolle hier erst einmal alles so belassen, wie es sei, bröckelnde Häftlingsbaracken und verlassene Wächterhäuschen inklusive, sagt ungerührt der französische Investor. Sobald sein Öko-Camp schwarze Zahlen schreibe, könne über eine Gulag-Gedenkstätte nachgedacht werden.

Auch in Periprava an der ukrainischen Grenze, am äußersten Rand der balkanischen Welt, wo zwischen schilfgedeckten Häusern aus Lehm die Zeit lange stillzustehen schien, wird nun also auf den Ruinen von gestern zügig, zu zügig vielleicht, Neues entstehen. Wie zuvor schon andernorts, donauaufwärts. Die Strömung, die den Wandel bringt, kommt aus dem Westen.

17
Die Deutschen und der Balkan

Es sollte ein tödlicher Coup werden, mit dem die Wehrmacht auf dem Balkan jenen Partisanenchef überrumpeln wollte, der im Herrschaftsgebiet des Deutschen Reichs Hitler am meisten zu schaffen machte. Die überfallartige Militäroperation trug den Namen »Rösselsprung«. Fahndungsplakate hatten »100 000 Reichsmark in Gold« demjenigen als Belohnung versprochen, der den jugoslawischen Kommunistenführer Tito tot oder lebendig übergibt. In einer Rede vor deutschen Offizieren hatte der »Reichsführer SS« Heinrich Himmler diese Symbolfigur des Partisanenwiderstands geradezu hymnenhaft gepriesen – als Beispiel für die Beharrlichkeit und Entschlossenheit von Führern, »die sich niemals ergeben, selbst wenn sie vollkommen eingekreist sind«. Gelänge es, diesen Partisanen zu fangen, müsse man ihn »an Ort und Stelle« vernichten.

Bis dahin hatte sich Josip Broz Tito, der schon mehrmals in brenzlige Situationen geraten und verwundet worden war, dem Zugriff seiner Verfolger immer wieder entziehen können. Doch nun, am 25. Mai 1944, kurz nach dem zweiundfünfzigsten Geburtstag Titos, schien im bosnischen Bergstädtchen Drvar die Falle zuzuschnappen. Hier hatten sich der Oberste Stab der Partisanen eingenistet sowie die britische, amerikanische und sowjetische Militärmission. Alle wähnten sich sicher, die nächsten Truppen Hitlers standen weit weg.

Dann das Überraschungsmanöver: Am frühen Morgen greifen Bomber den Talkessel an. Bald darauf landen 654 Fallschirmjäger. Jeder der deutschen Soldaten besitzt ein Bild Titos, der nach Möglichkeit lebend gefangen genommen werden soll. Der Schlag scheint zu gelingen. Da die nächsten Kampfverbände der Partisanen – gemäß einer Gepflogenheit Titos, Operationseinheiten nie in unmittelbarer Nähe seines Hauptquartiers zu halten – zwölf Kilometer entfernt stehen, erobern die Deutschen den Talkessel relativ schnell. Aber sie stoßen zu spät auf den Schlupfwinkel, der hoch über dem Fluss Unac in einer Felsenhöhle liegt. Unter dramatischen Umständen gelingt es Tito, sich mit seinen engsten Mitarbeitern sowie der Kriegsbraut Zdenka und dem Schäferhund »Tiger« aus der Grotte abzuseilen und in die Wälder zu entkommen. Alles, was die Deutschen von Tito in Drvar finden, sind eine frisch geschneiderte Marschallsuniform und ein Paar Stiefel. Das Partisanenphantom haben sie wieder nicht erwischt. Ein sowjetischer Pilot fliegt Tito in das italienische Bari aus, das bereits unter alliierter Kontrolle steht.

Mitte 1944, als die Alliierten in der Normandie landen, besitzen Titos Partisanen die Stärke einer regulären Armee, die sich nach der italienischen Kapitulation mit Beutewaffen schlagkräftig ausgerüstet hat. Das Volksbefreiungsheer kontrolliert mit seinen gut 300 000 Mann weite Teile Zentraljugoslawiens – es ist, so der Historiker Klaus Schmider, »die bei Weitem aktivste Partisanenbewegung Europas«. Drei Jahre zuvor, als Hitler glaubte, in Europas Hinterhof aufräumen zu müssen, um sich für den Feldzug gegen Russland den Rücken freizuhalten, hatte außerhalb Jugoslawiens noch kaum jemand den Namen Tito gehört. »Wir haben Stalin gerettet«, brüsten sich Jugoslawiens siegreiche Partisanenrevolutionäre später und behaupten, sie hätten mit ihren Aktionen die Kriegsplanung der Deutschen durcheinandergebracht. Tatsächlich wird der Angriff auf die UdSSR um fünf Wochen verschoben. Der Osteuropaexperte Holm Sundhaussen dagegen hält dies für eine »beliebte Legende«. Vielmehr habe die überraschend schnelle Kapitulation der jugoslawischen Streitkräfte nach elf Tagen eine Straffung des für den Griechenlandfeldzug vorgesehenen Zeitplans ermöglicht »und den Beginn des ›Unternehmens Barbarossa‹ eher erleichtert als erschwert«. Auch auf dem Höhepunkt der Partisanenbekämpfung 1943/1944 setzte die deutsche Wehrmacht nie mehr als 100 000 Mann in Jugoslawien ein.

Deutsche Auftritte auf dem Balkan waren in der Regel nie von Glück gesegnet und meist kriegerischer Natur. Am Anfang standen blaublütige Experimente, die scheiterten. Das galt für den bayerischen Export des Wittelsbacher Prinzen Otto, der 1832 Griechenlands erster König nach der Loslösung aus dem Osmanischen Reich wurde. Er blieb ein Spielball der Großmächte und musste dreißig Jahre darauf vor einem Volksaufstand ins Exil fliehen. Kurzlebiger gestaltete sich die Regentschaft des ersten bulgarischen Fürsten deutscher Herkunft. Das Los fiel nach dem von Bismarck orchestrierten Berliner Kongress knapp ein Jahr später, im April 1879, auf den Prinzen Alexander von Battenberg. Dem zweiundzwanzigjährigen Neffen des russischen Zaren gelang es nicht, sich der russischen Bevormundung zu entwinden. Seine Reformanläufe scheiterten in dem anarchischen Land, und er musste nach einem Militärputsch 1886 abdanken. Ihm folgte ein Jahr darauf als zweiter Fürst mit Ferdinand von Sachsen-Coburg ebenfalls ein Deutscher, der nach der Jungtürkischen Revolution im Oktober 1908 Bulgariens völlige Unabhängigkeit proklamierte und sich selbst zum Zaren, damit gleichsam die Führungsrolle der Slawen auf dem Balkan beanspruchend. Das gefiel den Anrainern weniger. Da spielten Pyromanen mit dem Pulverfass, kritisierte die Autorin Dorothea Gräfin Razumovsky und benannte als Verantwortliche der nachfolgenden Balkankriege die »Fürsten und Führer, die fast ausnahmslos nicht die Interessen der betroffenen Völker, sondern ihre eigenen, wenn nicht gar die Ziele vollkommen fremder Staaten im Auge hatten«. Bulgariens vorübergehende Gebietsgewinne in den verheerenden Nachbarschaftsturbulenzen wurden dann wieder zunichte gemacht, die Allianz mit den Mittelmächten während des Ersten Weltkriegs endete in der Kapitulation. Ferdinand wählte Coburg als sein Exil. Schon lange vor ihm hatte sich Wilhelm zu Wied aus den Schluchten des Balkans wieder davongemacht, der Anfang 1914 zum König unter der albanischen Flagge berufen worden war. Die deutsche Adelsleihgabe floh unter dem Geleit österreichischer Kriegsschiffe bereits nach sechs Monaten aus einem ungastlichen Land.

Es war die Zeit, in der Deutsche und Habsburger sich krude anmaßten, mit »Draufschlagen« auf dem Balkan »endlich mal Ruhe und Ordnung zu schaffen«. So formulierte Wilhelm II. dies gewohnt drastisch und übernahm dabei auch das in Wien kursierende Wort mit der Forderung: »Serbien muss sterbien.« Allerdings sprach sich der deutsche Kaiser in böser Vorahnung zuletzt und zu spät gegen einen Krieg aus, »dessen Folgen nicht zu kalkulieren sind«. Schon der Balkan-Makler Fürst Bismarck hatte »das aufschäumende, unwirsche Wesen« der Serben moniert, aber sich aus den Händeln der Stämme »da unten« und dem »orientalischen Geschwür« herauszuhalten vermocht. Antiserbische Affekte treiben schließlich auch Adolf Hitler an, als nach dem »Strafgericht« des deutschen Bombardements von Belgrad die Wehrmacht im April 1941 Jugoslawien besetzt. Hitler hasst die Serben. Er sieht in ihnen nicht nur südslawische »Bombenschmeißer«, sondern in der Adaption altösterreichischer Feindbilder auch die Hauptverantwortlichen für den Todesstoß gegen das Herrschaftssystem seiner Kindheitstage, die Donaumonarchie. Auf Widerstandsaktionen reagiert die deutsche Besatzungsmacht mit unvergleichlicher Härte: »In jeder von Truppen belegten Ortschaft des gefährdeten Gebiets sind sofort Geiseln (aus allen Bevölkerungsschichten!) festzunehmen, die nach einem Überfall zu erschießen und aufzuhängen sind«, verfügt Generaloberst Maximilian von Weichs. Solche Vergeltungsmaßnahmen werden öffentlich inszeniert und mit Fotos dokumentiert. So in Pančevo bei Belgrad. Dort werden als »Sühne« für die Ermordung von vier deutschen Soldaten sechsunddreißig Einwohner durch ein Standgericht zum Tode verurteilt. Vier werden sofort erschossen, am nächsten Tag exekutiert ein Peloton, eine kleine Truppeneinheit der Wehrmacht, einen Teil der Geiseln an der Friedhofsmauer, die übrigen Unschuldigen hängt man auf.

Der aus Österreich stammende General Franz Böhme wird von Hitler mit der Niederschlagung des Partisanenaufstands betraut, der sich trotz aller Repressalien ausweitet. Böhmes zwei Divisionen und ein Infanterieregiment in Serbien, die aus Frankreich und von der Ostfront abgezogen werden, bestehen meist aus »Ostmärkern« und Volksdeutschen. Ihnen schärft Böhme ein: »Eure Aufgabe ist in einem Landstreifen durchzuführen, in dem 1914 Ströme deutschen Blutes durch die Hinterlist der Serben, Männer und Frauen, geflossen sind. Ihr seid Rächer dieser Toten. Es muss ein abschreckendes Beispiel für ganz Serbien geschaffen werden, das die gesamte Bevölkerung auf

Etwa 80 000 Menschen umgebracht: Hinrichtung
serbischer Geiseln durch die Wehrmacht in Pančevo (1941)

das Schwerste treffen muss.« Mit weiträumigen Operationen gehen
die Deutschen gegen die Partisanen vor, plündern und zünden Dörfer an, ermorden im Herbst 1941 zwischen 20 000 und 30 000 serbische Zivilisten, darunter fast alle jüdischen Männer. Es gilt der Befehl, wonach für jeden getöteten deutschen Soldaten einhundert
Geiseln zu erschießen sind, für jeden verwundeten fünfzig. »Schon
aus Prestigegründen muss mit völliger Rücksichtslosigkeit durchge-
griffen werden«, verkündet der Chef der deutschen Militärverwaltung, Harald Turner, SS-Gruppenführer und preußischer Staatsrat.

Zwei der Vergeltungsmaßnahmen übertreffen in ihren Dimensi-
onen selbst die Kriegsverbrechen von Lidice und Oradour. Mitte Oktober geraten Soldaten des Infanterieregiments 749 unweit der mit-
telserbischen Stadt Kragujevac in ein Gefecht mit Partisanen. Zehn
deutsche Landser werden getötet, sechsundzwanzig verwundet. Eine
»Sühneaktion« führen die Infanterieregimenter 724 und 749 der
Wehrmacht mit einigen SS-Angehörigen durch. Bei einer Razzia
werden Tausende Männer zwischen sechzehn und sechzig Jahren
wahllos festgenommen und in zwanzig Scheunen eingesperrt. Ver-

geblich interveniert der Kreiskommandant von Kragujevac, Hauptmann Günther Freiherr von Bischofshausen, in Belgrad und weist auf die Unschuld der meisten Stadtbewohner hin. Im Falle einer Hinrichtung werde »der psychologische Effekt katastrophisch sein«. Zwar werden viele wieder freigelassen, vor allem Handwerker und Kaufleute, die man offenbar für spätere Zeiten zu benötigen glaubt. Aber am Morgen des 21. Oktober beginnt mit der Erschießung von Gruppen zu je einhundert bis sechshundert Mann der Massenmord nach der festgelegten Geiselquote. 2300 Bürger von Kragujevac sterben. Etwa zeitgleich erleiden über 1700 Bewohner von Kraljevo das gleiche Schicksal. Insgesamt dürfte die Wehrmacht im zerschlagenen Jugoslawien etwa 80 000 Geiseln umgebracht haben.

Beteiligt an diesen Aktionen ist auch die Waffen-SS-Division »Prinz Eugen«, der überwiegend Volksdeutsche aus dem Donauraum angehören. Einige Einheiten agieren wie im Blutrausch. Gefangene werden nicht gemacht, Verdächtige müssen ihre Unschuld beweisen können. Andernfalls gilt, so ein holperiger Vermerk der 113. Infanteriedivision über die Verfolgung von Partisanen, schlicht die Regel: »Wen Augenschein oder Untersuchung als Teilnehmer am Aufstand erwiesen, wurde erschossen.« Immer wieder fordert Hitler seine Generäle auf, im Partisanenkampf »brutal« durchzugreifen und »alle europäischen Hemmungen« abzustreifen. Schließlich sind »diese Banditen« als Freischärler nach der gängigen Interpretation der Haager Landkriegsordnung Vogelfreie. Ein von Generalfeldmarschall Wilhelm Keitel unterzeichneter Befehl sichert Wehrmachtsangehörigen Straffreiheit für alle im »Bandenkampf« begangenen Taten zu. Einige deutsche Militärs indes finden die kompromisslose Härte verheerend, weil sie kontraproduktiv wirkt. Die Kommunisten erhalten immer mehr Zulauf. Immerhin gelingt es deutschen Kampfdivisionen Ende 1941, den Aufstand zu ersticken und das Hauptkontingent der Partisanen aus Südserbien zu vertreiben. Titos Oberster Stab setzt sich nach Bosnien ab und errichtet im gebirgigen Zentrum und Süden des großkroatischen Ustascha-Staates systematisch »befreite Zonen«. Die von den Ustasche verübten Gemetzel – mehr als 320 000 Serben, Juden, Muslime werden umgebracht – entsetzen auch deutsche Militärstellen, zumal sie die Landbevölkerung den Aufständischen zutreiben. Sogar die SS interveniert und kritisiert in einer Lageanalyse:»Diese Ermordungen werden, weil die in Kroatien liegende (Wehrmachts-) Truppe diese Gräueltaten nicht verhinderte, letztlich den Deutschen zur Last gelegt.«

Durch die »Verdrängung und Massakrierung« sei der Serbenanteil seines Staates von 30 auf 12 Prozent geschrumpft, äußert sich Faschistenführer Ante Pavelić zufrieden gegenüber deutschen Diplomaten. Vergeblich fordert der österreichische Generaloberst Alexander Löhr, Oberbefehlshaber für den Balkan, mehrmals die Ablösung des Ustascha-Chefs wegen der »wahnsinnigen Ausrottungspolitik«. Hitler lehnt ab. Er sieht keinen Grund, seinen Vasallen zu rüffeln, dessen italienische Schutzherren sich längst abgewandt haben. Doch auch die Partisanen gehen mit ihren Widersachern nicht zimperlich um. Milovan Djilas beschreibt in seinen Kriegsmemoiren eine Blutherrschaft mit schauderhaften Massenerschießungen, dem »Töten eigener Verwandter, deren Körper man einfach in Bergschluchten warf«.

In mehreren Offensiven während der folgenden zwei Jahre versuchen die Deutschen das Partisanenheer einzukesseln und zu vernichten. Tito kann sich bei den Schlachten an Neretva und Sutjeska nur unter schweren Verlusten absetzen, entgeht aber der Eliminierung. Das Luftlandeunternehmen von Drvar ist Hitlers letzte Kugel gegen den erfolgreichen Bandenchef. Sie verfehlt ihr Ziel. Der Schlussoffensive der Partisanen haben die Deutschen beim Rückzug ihrer Heeresgruppe E vom Balkan nichts mehr entgegenzusetzen. Im Sommer 1944 schlägt sich Titos Truppe wieder nach Zentralserbien durch, am 20. Oktober wird Belgrad erobert, gemeinsam mit Panzern der aus Rumänien herangerückten Roten Armee.

Der Rest ist Abrechnung, ist grauenvolle Revanche für angetane Gewalt. Auch Zehntausende deutscher Kriegsgefangener und viele der in der Vojvodina zurückgebliebenen 200 000 »Donauschwaben« werden im neuen Jugoslawien Opfer von Vertreibung, Hinrichtungen und von Massenerschießungen. Oder sie kommen um bei der Zwangsarbeit. Dutzende Generäle und Repräsentanten der Militärverwaltung werden bis 1948 in Schauprozessen zwischen Ljubljana und Belgrad abgeurteilt, andere von Militärgerichten kurzerhand zu Kriegsverbrechern erklärt. Die Urteile lauten zumeist auf Kugel oder Galgen. So sterben auch Löhr und Turner. Noch Anfang 1949 sind hunderttausend Deutsche und Österreicher in jugoslawischer Gefangenschaft. Erst das Bestreben Belgrads, mit der Bundesrepublik Konrad Adenauers Handelsbeziehungen aufzunehmen, bringt 1952 die letzten tausend Freigelassenen nach Hause.

Die im gleichen Jahr erfolgte Aufnahme diplomatischer Beziehungen wird fünf Jahre danach von Bonn widerrufen, weil Belgrad die DDR anerkennt. Tito folgt nach der Aussöhnung mit Moskau damit den Wünschen der Sowjets. Ein Schritt, den sein Außenminister und vormaliger Elitepartisan Koča Popović später als »unnötig schnell« und die »Interessen Belgrads in Westeuropa gefährdend« kritisierte, zumal »die Ostdeutschen« sich wenig dankbar gezeigt, »Druck ausgeübt und noch mehr verlangt« hätten. Erst der unter den Großkoalitionären Kiesinger/Brandt einsetzende Ostrealismus Bonns bringt Ende Januar 1968 die Wiederherstellung der diplomatischen Beziehungen. Eine florierende wirtschaftliche Zusammenarbeit, mehr als eine halbe Million ständig im Bundesgebiet lebende Gastarbeiter und nahezu zwei Millionen westdeutsche Adriatouristen sorgen in der Folge für eine Vielzahl politischer, kultureller und sportlicher Begegnungen. Mit keinem sozialistischen Land unterhält die Bundesrepublik ein dichteres Netz von Verbindungen als mit dem größten Staat auf dem Balkan.

Doch als Hypothek einer unseligen Vergangenheit bleiben die Wiedergutmachungsansprüche Belgrads. Sie führen zu einem Eklat, als sie zu Ostern 1973 bei Beginn des Staatsbesuchs von Willy Brandt in den Belgrader Delegationsgesprächen vom jugoslawischen Ministerpräsidenten Džemal Bijedić knüppelhart angemeldet werden. Der sozialdemokratische Bundeskanzler setzt den Zwei-Milliarden-Wünschen unter Hinweis auf mögliche Präzedenzwirkungen ein striktes »Nein« entgegen und spricht sogar von »Rücktritt«. Erst bei den Unterredungen mit Tito auf Brioni wird die Kontroverse beigelegt. Der Marschall akzeptiert Brandts Vorschlag einer langfristigen Wirtschaftskooperation als einer »nicht an der Vergangenheit fixierten, sondern auf die Zukunft gerichteten Regelung« und verzichtet auf die alten Forderungen. Daraus wird eine Bonner Kapitalhilfe von insgesamt einer Milliarde Mark. Brandt ist gerade über die Guillaume-Affäre gestolpert, als Tito im darauffolgenden Jahr an den Rhein kommt. Wer diese Visite in den schwülheißen Junitagen zu Beginn der Fußball-Weltmeisterschaft miterlebt, sieht den zweiundachtzigjährigen Patriarchen in bester Form. Charmant und aufgekratzt, braun gebrannt und erstaunlich vital, mit seinen Gastgebern auf Deutsch parlierend und sich selbst mit Blick auf seinen letzten Deutschlandaufenthalt im Jahr 1912 als »erster Gastarbeiter« porträtierend, sagt er: »Wäre ich damals in Deutschland geblieben, hätte ich es wohl zum Großaktionär gebracht.« Doch ansonsten meidet Tito sentimentale Erinnerungen oder den Blick zurück in die gemeinsamen »schweren Tage der Bitterkeit«, widmet sich lieber Zukunftsperspektiven und genießt die Würdigung durch den neuen Kanzler Helmut Schmidt als »erfahrenster und erfolgreichster Staatschef«. Da ziehen zwei Politiker einen historischen Schlussstrich und suchen das bilaterale Verhältnis auf eine neue Ebene des Vertrauens zu heben, ungeachtet aller unterschiedlichen Positionen und ideologischen Gegensätze. Die Ankündigung des dienstältesten kommunistischen Parteichefs Europas, er habe sein Haus bestellt und eine »homogene Führungsequipe« etabliert, die den blockfreien sozialistischen Selbstverwaltungskurs nach seinem Abgang unbeirrt weiterverfolgen werde, erfüllt sich indes nicht. Elf Jahre nach Titos Tod stehen, eine üble Laune der Geschichte, ausgerechnet die wiedervereinigten Deutschen als Sterbehelfer an Jugoslawiens Bahre.

Sie werden später von Politikern des Balkans, aber auch von ihren Westalliierten rüde beschuldigt, in neudeutscher Großspurigkeit mit ihrem Parforceritt bei der Anerkennung von Slowenien und Kroatien dem Vielvölkerstaat den Todesstoß versetzt und die ethnischen Konflikte dort unfreiwillig bis zum großen Brand angeheizt zu haben. Ein Vorwurf, der Hans-Dietrich Genscher, damals Außenminister der christliberalen Regierung von Helmut Kohl, noch heute als »zutiefst ungerecht« empört. Wie die gesamte internationale Staatengemeinschaft, so sein Einspruch, sei auch Deutschland bis weit ins Jahr 1991 hinein entschieden für den Erhalt des jugoslawischen Staatsverbands eingetreten. Als dann aber im Frühsommer, unter der Ägide des Großserben Milošević, die Jugoslawische Volksarmee in den nach Unabhängigkeit strebenden Teilrepubliken Slowenien und Kroatien intervenierte, sahen die Deutschen in einer Internationalisierung des Konflikts durch völkerrechtliche Anerkennung beider Länder die beste Chance, weiteres Blutvergießen zu verhindern. Denn, so Genscher, »ein Hinausschieben der Anerkennung hätte zu einer Eskalation der Gewalt durch die Jugoslawische Volksarmee und einer Ermutigung ihrer Eroberungspolitik führen müssen«.

Dass Jugoslawiens Einheit unrettbar verloren war, ließ sich spätestens nach den serbischen Attacken gegen die kroatischen Städte Vukovar und Dubrovnik schwerlich bestreiten. Anlass zu Unmut jedoch gab das Ausbrechen Bonns aus dem europäischen Geleitzug der Anerkennungsbefürworter, was Genscher vehement bestritt. Irritieren musste überdies der Widersinn, die Internationalisierung eines Konflikts, also notfalls den Kriegsfall, unbekümmert anzusteuern, ohne die Bereitschaft, sich selbst an solch einer Friedenstruppe auch mit dem Einsatz deutscher Soldaten zu beteiligen. Den wollten Kohl und Genscher unter allen Umständen vermeiden. »Noch vor dem Weihnachtsfest«, kündigte der Bundeskanzler Ende November 1991 im Bundestag an, solle die Anerkennung derjenigen Republiken erfolgen, »die dies wünschen«. Damit stand sein freidemokratischer Vize bei den Beratungen der Europäischen Gemeinschaft unter Termindruck. Genscher setzte am 16. Dezember in der Sitzung der zwölf Außenminister als gemeinsame Haltung die Anerkennung Sloweniens wie Kroatiens zum 15. Januar des neuen Jahres mit der Ankündigung durch, Bonn wolle diesen Schritt bereits am 19. Dezember vollziehen. Alle Fraktionen des Bundestags unterstützten diesen Beschluss. Am Tag nach der EG-Entscheidung ließ sich Kohl auf dem Dresdner CDU-Parteitag nicht nur als Kanzler der deutschen Einheit, sondern nunmehr auch als Friedensbringer auf dem Balkan feiern. Und er schwelgte in Großmut: »Das, was uns in einer glücklichen Stunde der Geschichte geschenkt wurde, wünschen wir auch anderen.« Dass Bonn und der Bundesnachrichtendienst sich nicht genierten, als Schutzherren ausgerechnet jenes Zagreber Autokraten aufzutreten, dessen Partei offen mit den Symbolen der Ustascha-Faschisten hantierte, verdross nicht nur Kritiker wie Jürgen Habermas. Im *Spiegel* schimpfte der Moralphilosoph: »Die historische Hypothek hätte die Bundesregierung, als noch Zeit war, davon abhalten sollen, die Sezessionspolitik zu fördern und sich mit dem peinlichen Herrn Tudjman zu verbünden.«

Die Anerkennung habe nicht zu einem Anschwellen der bewaffneten Auseinandersetzungen geführt, sondern Milošević veranlasst, Anfang Januar 1992 den Krieg gegen Kroatien einseitig einzustellen, rechtfertigte Genscher den Bonner Balkankurs. Das Abebben der Gewalt war jedoch nur von kurzer Dauer. Vielmehr sollten der damalige EG-Unterhändler Lord Peter Carrington wie auch Milovan Djilas mit ihrer Voraussage recht behalten, dass sich die »Zündschnur« des Krieges nunmehr in das Territorium des Dreivölkerstaats Bosnien-Herzegowina verlegen werde. Vergeblich hatte deshalb der dortige Präsident Alija Izetbegović die Deutschen vor dem Strudel einer Anerkennungspolitik gewarnt, in den zwangsläufig jetzt auch sein Land geraten musste. Es wurde für Jahre zur blutigsten Stätte der postjugoslawischen Bürgerkriege.

Die Deutschen fühlten sich für diesen Konflikt ursächlich nicht verantwortlich, zumal in der Bosnienpolitik die Amerikaner die Federführung übernommen hatten. Ermattet vom Kraftakt des Anerkennungsalleingangs fehlten, unter Genschers Nachfolger Klaus Kinkel der Bonner Balkandiplomatie die klaren Konturen. Sie trieb dahin in emotionalen Wechselbädern und mühte sich gleichwohl, irgendwie brav im europäischen Geleitzug mitzuschwimmen. Von Zeit zu Zeit bedachte Kohl die Serben mit markigen Sprüchen (»Das Maß ist voll«), und im forschen Einklagen der Menschenrechte bei Serben wie Kroaten grollte auch der Balkantourist Kinkel: »Da müssen wir draufhauen, die müssen wir in die Zwicke nehmen.« Sonderlich beeindruckt haben solche Ankündigungen indes niemanden. Und unbeschadet verprellte der Zagreber Generalissimus sogar seine deutschen Förderer mit dem Bruch des Versprechens, den Minderheitenschutz zugunsten der Serben in der kroatischen Verfassung zu verankern. Diese Zusage Tudjmans war Voraussetzung gewesen für die von Bonn forcierte Anerkennung Kroatiens.

Fortdauernder Völkermord und ethnische Vertreibungen in Bosnien sind für die zerstrittene westliche Allianz über Jahre die bewusst in Kauf genommene Konsequenz ihrer diplomatischen Agonie. Nur langsam schlägt die Stimmung um zugunsten jener »Bellizisten«, die einer humanitären Intervention das Wort reden. Im wiedervereinigten Deutschland zählt Joschka Fischer zu den ersten politischen Frontwechslern und lädt sich dafür in seiner grünen Gemeinde schwere Mühlsteine auf. Einer neuen Rolle des Landes nach Ende des Kalten Krieges und der Beteiligung an internationalen Militäreinsätzen unter Uno-Mandat mögen insbesondere die Angehörigen der Kriegsgeneration nicht zustimmen. Für den Kanzler Kohl haben deutsche Soldaten dort nichts zu suchen, wo einst Hitlers Wehrmacht marschierte. Selbst ein kritischer Geist und Aufklärer wie Rudolf Augstein mag sich mit dem gewandelten Zeitgeist nicht anfreunden. Zorn und Hohn des *Spiegel*-Herausgebers treffen Ende 1994 einen Redakteur, der als Balkanexperte in einer Kolumne voraussagt, dass die Nato-Allianz auf Dauer das Beiseitestehen der Deutschen nicht akzeptieren werde: »Die Zeit der Rituale und leeren Gesten ist vorbei, Bonn muss sich von seiner Sonderrolle verabschieden.« Der Redakteur wird für seinen »verrückten Kommentar« abgebürstet, sein Chefredakteur kurz darauf abgehalftert. Doch nur wenige Monate später sind die Positionen Augsteins wie Kohls historische Makulatur. Die Bundesregierung kann sich dem Balkansog nicht länger entziehen und sieht sich gezwungen, den »begrenzten« Einsatz von rund viertausend deutschen Soldaten in der multinationalen Nato-Friedenstruppe für Bosnien parlamentarisch durchzupauken.

Der eigentliche Tabubruch aber, nämlich erstmals seit Ende des Zweiten Weltkriegs einen Kampfeinsatz deutscher Soldaten zu rechtfertigen, blieb fünf Jahre später der Regierung von Rot-Grün mit der Beteiligung am Krieg um das Kosovo vorbehalten. Da mussten nicht nur beträchtliche Widerstände in den eigenen Reihen überwunden

Den Förderer
verprellt: Kroatiens
Staatschef Tudjman
mit Außenminister
Kinkel (1996)

werden. Störmanöver aus der abgewählten Kohl-Truppe mithilfe ihrer diplomatischen Trabanten wurden gestartet, um das neu gebildete Bündnis zu torpedieren – in der Hoffnung, doch noch eine Große Koalition herbeizwingen zu können. Wer den Antrittsbesuch des künftigen Bundeskanzlers Gerhard Schröder und seines Außenministers Joschka Fischer Anfang Oktober 1998 bei Bill Clinton in Washington miterlebte, der spürte den außenpolitischen Druck, unter dem diese Koalitionäre von Anfang an seitens ihrer Nato-Partner standen. Dies verbunden auch noch mit der bevorstehenden EU-Ratspräsidentschaft der Deutschen ab dem Januar 1999. Das Vorgehen der Serben in der Unruheprovinz und die Fernsehbilder mit den Flüchtlingskolonnen Hunderttausender Albaner machten den neuen Regenten am Rhein schnell klar, dass es hier um ihre erste internationale Bewährungsprobe ging sowie um einen Zeitenwechsel in der deutschen Außenpolitik. »Zur Beteiligung am Kosovokrieg«, schrieb Schröder im Rückblick, »gab es keine Alternative, wenn Rot-Grün nicht schon vor Eintritt in die politische Verantwortung die Flagge streichen wollte.« Vier ECR-Tornado-Kampfjets flogen den ersten

Kriegseinsatz der Deutschen gegen Serbien. »An unserer Entschlossenheit, das Morden im Kosovo zu beenden, besteht kein Zweifel«, wandte sich der Kanzler am 24. März 1999 in einer Fernsehansprache an die Deutschen nach Beginn der Nato-Bombardements, die einen zerstörerischen Feuerzauber über Jugoslawien entfachten und Belgrad zu einem Arrangement mit den Albanern im Kosovo zwingen sollten.

Bomben gegen das Morden: Erstmals startete das westliche Verteidigungsbündnis »*Out of area*« zu einem Angriffskrieg gegen ein souveränes Land, und das auf fragwürdiger völkerrechtlicher Grundlage ohne Uno-Mandat. In Belgrad herrschte nach den Angriffswellen eine Stimmung, wie sie der Berichterstatter und spätere Sowjetrevolutionär Leo Trotzki schon während der Balkankriege im Oktober 1912 bei den Serben beobachtet hatte: »Ein Zurück gab es nicht mehr.« Die Propagandisten des Despoten verglichen die Nato-Attacken mit denen Hitlers, wähnten sich nunmehr als Opfer des »Vierten Reichs«. Die Gleichen, »die einst die Konzentrationslager erfanden, wollen uns nun belehren, wie wir zu kapitulieren haben«, wetterte ein Kommentator des Belgrader Rundfunks. Es gab aber auch Büchsenspanner in Bonn und Berlin, die es mit der Wahrheit nicht so genau nahmen und gezielt die antiserbische Stimmung anheizten. Etwa mit der Veröffentlichung des angeblichen Plans der Serben zur Vertreibung der Kosovoalbaner durch Fischer und Verteidigungsminister Rudolf Scharping. Die Informationen zu dieser »Operation Hufeisen«, die eine von langer Hand vorbereitete Offensive der serbischen Sicherheitskräfte zur »ethnischen Säuberung« des Kosovo beweisen sollten, waren der Bundesregierung vom bulgarischen Geheimdienst zugespielt worden. Bis heute spricht viel dafür, dass dieser Text nicht echt, sondern fabriziert war.

Der Kosovokonflikt prägte Anfang und Ende der rot-grünen Ratspräsidentschaft, und vor allem Außenminister Fischer durfte mit geschickter Einbindung der Russen für die dann herbeigeführte Verhandlungslösung besondere Verdienste beanspruchen. Die Kriegsbeteiligung war ein Bruch mit der außenpolitischen Tradition der Bundesrepublik, den Helmut Kohl zwei Jahre danach gegenüber dem einstigen russischen Premierminister Jewgenij Primakow als »den größten historischen Fehler« bezeichnet haben soll, den er niemals zugelassen hätte. Ohne Wissen seines Amtsnachfolgers bot sich der Altkanzler während des Nato-Krieges über einen Emissär dem Belgrader Machthaber als Friedensvermittler mit dem Vorschlag an, neben serbischen Sicherheitskräften im Kosovo eine von Frankreich gestellte Uno-Truppe zu stationieren. Die Offerte blieb ohne Resonanz. Miloševićs Kapitulation und der Rückzug seiner Streitkräfte bewahrten Rot-Grün immerhin davor, aus der Nato-Bündnisallianz ausscheren zu müssen, wäre es zu einem Bodenkrieg gekommen, den Amerikaner und Briten vorbereiteten. Da auch die Oppositionsparteien CDU/CSU und FDP ein solches Unternehmen entschieden ablehnten, hätte es für eine deutsche Beteiligung daran im Bundestag niemals eine Mehrheit gegeben.

Unter den 38 000 Soldaten der internationalen Kfor-Truppe, die nach dem Krieg das Kosovo beschützten, hatten die gut sechstausend Deutschen mit der Umgebung von Prizren einen eigenen Sektor zu betreuen. Gleichzeitig waren die Deutschen treibende Kraft bei der Idee, ähnlich wie den Westeuropäern nach dem Zweiten Weltkrieg mit dem Marshallplan nunmehr der Balkanregion nach den Kriegswirren und Zerstörungen durch einen »Stabilitätspakt« wirtschaftlich wie politisch eine langfristige Perspektive anzubieten. Dabei ging es nicht nur um Milliardenhilfen beim Wiederaufbau. Angestrebt wurde auch, die Krisenländer in Südosteuropa zu befrieden mit politischen Reformen, Förderung der Demokratisierung, Stärkung der Selbstheilungskräfte, Schutz der Minderheiten und multiethnischen Vielfalt. Der Pakt wurde während der deutschen EU-Ratspräsidentschaft erarbeitet und beschlossen, Schröder stellte mit seinem Kanzleramtsminister Bodo Hombach einen gewieften Strippenzieher ab für den Posten des »Sonderkoordinators« in Brüssel. In jeder Hinsicht ein Schwergewicht, setzte Hombach gleich bei der ersten Geberkonferenz durch, dass die über vierzig beteiligten Länder und internationalen Organisationen Zusagen gaben über 4,6 Milliarden Euro für Projekte auf dem Balkan. Bald danach musste der Intimus des Kanzlers hingegen feststellen, dass viele der geplanten Projekte festklemmten im Räderwerk einer lähmenden Bürokratie und seine Vorhaltungen über gebrochene Versprechen wenig Anklang fanden beim Montagstreffen der EU-Außenminister. Das Interesse am Balkan ließ nach. Es gab ja auch keine Gewalt mehr zu filmen oder Bilder von Flüchtlingskolonnen, die über die Grenze drängten. Es herrschte relative Ruhe.

Allerdings nicht in Serbien. Dort mischten führende Köpfe des Stabilitätspakts kräftig mit durch logistische Unterstützung der jugoslawischen Oppositionellen im Wahlkampf gegen Milošević. Die Kampagne der Demokraten um Djindjić und Koštunica wurde von Hombachs Mitarbeitern, über ein Büro im ungarischen Szeged, durch Bereitstellung von Computern, Mobiltelefonen, Büromaterial und Millionensummen unterfüttert. In bitterer Würdigung der wiedergewonnenen Bedeutung Berlins bei der Neuordnung des Balkans zürnte Milošević nach seinem Sturz vor Vertrauten: »Der Bundesnachrichtendienst und Hombach haben mich erledigt.«

Was der serbische Herrscher nur noch von seiner niederländischen Gefängniszelle aus mitverfolgen konnte: Hombach versilberte in der Folge seine guten Kontakte zu den politischen Eliten Südosteuropas in der neuen Rolle als Geschäftsführer der WAZ-Mediengruppe. In einem »Blitzkrieg«, wie die zeitgenössische deutsche Form des Balkan-Feldzugs von serbischen, bulgarischen und rumänischen Kritikern getauft wurde, kaufte der Essener Konzern mit seinem Frontmann Hombach unter den vormals staatlichen Presseorganen des Balkans ein. Als Ernte sind Beteiligungen an über 160 Titeln abgefallen, darunter mehr als vierzig Tageszeitungen. Der Gesamtwert der Neuerwerbungen dürfte bei etwa 400 Millionen Euro liegen und wirft eine knapp zweistellige Rendite ab.

»Neudeutscher Imperialismus«, wie nun von Zagreb bis Sofia geklagt wird? Da muss der in der Wolle rot gefärbte Machtmensch Hombach schmunzeln. Ohne den finanziellen und technischen Beistand aus Essen, sagt er, würden manche Qualitätsblätter wie die Belgrader *Politika* oder *România Liberă* in Bukarest heute kaum noch existieren. »Ringeltäubchen«, Sonderangebote also, habe er in der postsozialistischen Presselandschaft nicht entdecken können.

Die Polemiken gegen die WAZ-Gruppe gingen dementsprechend ins Leere: »Auch Kapitalisten können aus roten Zahlen kein Gold machen.«

Das mag sein. Als Kanzleramtsminister während des Kosovo-Kriegs, als Koordinator des Stabilitätspakts in der Folge und diskreter Meinungsmacher im WAZ-Sold seit 2002 steht Hombach inzwischen monolithengleich in der balkanischen Landschaft: Denn das Interesse der Deutschen, der Unternehmer wie Politiker, an Europas Südosten geht dramatisch zurück. Und nicht nur das der Deutschen. Noch beim EU-Gipfel auf der griechischen Halbinsel Chalkidiki im Juni 2003 waren die Balkan-Staaten geködert worden mit verheißungsvoll klingenden Beitrittsperspektiven. Inzwischen blockiert Brüssel, vorrangig beschäftigt mit sich selbst, mit der künftigen EU-Verfassung vor allem die Zugänge zur Union. Und riskiert so seine Glaubwürdigkeit im Südosten des Kontinents.

München liegt näher an Zagreb als an Berlin. Und Berlin liegt deutlich dichter an Priština als, beispielsweise, an Teheran oder Gaza. Der Balkan, wo Stiefelspuren der wilhelminischen wie der Wehrmacht-Soldaten noch immer sichtbar sind, wäre ein lohnendes Betätigungsfeld für vorausschauende Berliner Diplomatie. Vorausgesetzt, die eigene, leidvolle deutsche Erfahrung mit nationalistischen Brunnenvergiftern, Rosstäuschern und Kriegstreibern käme zum Tragen.

Literatur

Andrić, Ivo: Die Brücke über die Drina. München/Wien 1962

–: Wesire und Konsuln. München 1972

Arskovska, Jana: Albanian crime laid bare. In: Jane's Intelligence Review, 19. February 2007

Artl, Inge M. (Hg.): Dubrovnik. Europa Erlesen. Klagenfurt 2001

Bachora, Rastislav: Organisierte Kriminalität auf dem westlichen Balkan als sicherheitspolitische Herausforderung für die EU. In: Südosteuropa Mitteilungen 1/2008

Balić, Smail: Das unbekannte Bosnien. Köln/Weimar/Wien 1992

Bebler, Anton: Bosnien und Herzegowina nach Dayton: Vergangenheit, Gegenwart und Zukunft. In: Europäische Rundschau, 1. April 2006

Becker, Jens, und Achim Engelberg (Hg.): Serbien nach den Kriegen. Frankfurt am Main 2008

Beloff, Nora: Tito's Flawed Legacy. London 1985

Brey, Thomas: Die Logik des Wahnsinns. Jugoslawien – von Tätern und Opfern. Freiburg 1993

Bittermann, Klaus (Hg.): Serbien muss sterbien. Wahrheit und Lüge im jugoslawischen Bürgerkrieg. Berlin 1994

Canetti, Elias: Die gerettete Zunge. München 1977

Ceaușescu, Nicolae: Rumänien auf dem Weg des Aufbaus der vielseitig entwickelten sozialistischen Gesellschaft. Berichte, Reden, Artikel. Bukarest 1974

Churchill, Winston S.: Der Zweite Weltkrieg. Berlin/Darmstadt/Wien 1960

Clarke, Richard A.: Against All Enemies. Der Insiderbericht über Amerikas Krieg gegen den Terror. Hamburg 2004

Cuddon, J. A.: Jugoslawien. Ein Führer. München 1967

Ćosić, Dobrica: Eine Katastrophe ohne Ende. In: Der Spiegel, 33/1992

–: Vreme vlasti (Zeit der Macht), Beograd 2007

Dedijer, Vladimir: Tito Speaks. His Self Portrait and Struggle with Stalin. London 1953

Del Ponte, Carla, und Chuck Sudetic: Im Namen der Anklage. Meine Jagd auf Kriegsverbrecher und die Suche nach Gerechtigkeit. Frankfurt am Main 2009

Dinescu, Mircea: Ein Maulkorb fürs Gras. Frankfurt am Main 1997

Djilas, Aleksa: The Contested Country. Yugoslav Unity and Communist Revolution 1919 – 1953. London 1991

–: Von Opfern und Tätern. Serbische Erfahrungen mit »Europa«. In: Serbien nach den Kriegen. Frankfurt am Main 2008

Djilas, Milovan: Gespräche mit Stalin. Frankfurt am Main 1963

–: Njegoš oder Dichter zwischen Kirche und Staat. Wien 1968

–: Die Neue Klasse. Eine Analyse des kommunistischen Systems. Wien/ München 1969

–: Die unvollkommene Gesellschaft. Reinbek 1971

–: Der junge Revolutionär. Memoiren 1929 – 1941. Wien/München/Zürich 1976

–: Der Krieg der Partisanen. Memoiren 1941 – 1945. Wien/München/Zürich 1978

–: Jahre der Macht. Kräftespiel hinter dem Eisernen Vorhang. Memoiren 1945 – 1966. München 1983

–: Tito. Eine kritische Biographie. München 1980

–: Uns rettet nur Europa. In: Der Spiegel, 20/1991

–: Es fließt noch viel Blut. In: Der Spiegel, 17/1995

Djindjić, Zoran: Ich warne den Westen. In: Der Spiegel, 29/2001

Djukanović, Milo: Der Mann muss isoliert werden. In: Der Spiegel, 1/1999

Djurić, Rajko, und Bertolt Bengsch: Der Zerfall Jugoslawiens. Berlin 1992

Doder, Duško, und Louise Branson: Milosevic. Portrait of a Tyrant. New York 1999

Drakulić, Slavenka: Keiner war dabei. Kriegsverbrechen auf dem Balkan. Wien 2004

Ensuring Bosnia's Future: A New International Engagement Strategy. Crisis Group Report No. 180, 15 February 2007

Fischer, Joschka: Das wäre blutiger Zynismus. In: Der Spiegel, 34/1995

–: Die rot-grünen Jahre. Deutsche Außenpolitik vom Kosovo bis zum 11. September. München 2008

Gabanyi, Anneli Ute: Die unvollendete Revolution. Rumänien zwischen Diktatur und Demokratie. München/Zürich 1990

Genscher, Hans-Dietrich: Erinnerungen. Berlin 1995

Glenny, Misha: The Balkans 1804–1999. Nationalism, War and the Great Powers. London 1999

Gligorov, Kiro: Der Hass hat tiefe Wurzeln. In: Der Spiegel, 15/1999

Gneuss, Christian, und Klaus-Detlev Grothusen (Hg.): Jugoslawien – Aspekte der Gegenwart, Perspektiven der Zukunft. Stuttgart 1979

Gompert, David: How to Defeat Serbia. In: Foreign Affairs, July/August 1994

Gopčević, Spiridion: Das Fürstentum Albanien. Berlin 1914

Grothusen, Klaus-Detlev (Hg.): Jugoslawien. Südosteuropa-Handbuch. Bd. 1. Göttingen 1975

Habermas, Jürgen: Ein Abgrund von Trauer. In: Der Spiegel, 32/1995

Helmolts Weltgeschichte. Vierter Band, Balkan-Halbinsel. Leipzig 1924

Hobsbawm, Eric: Das Zeitalter der Extreme. Weltgeschichte des 20. Jahrhunderts. München 1995

Hofbauer, Hannes: Experiment Kosovo. Wien 2008

Holbrooke, Richard: Meine Mission. Vom Krieg zum Frieden in Bosnien. München/Zürich 1998

Hombach, Bodo: Serbien muss erst seine Probleme lösen. In: Der Spiegel, 32/1999

–: Das ist wie bei Sisyphos. In: Der Spiegel, 14/2001

Hösch, Edgar: Geschichte der Balkanländer. Stuttgart 1968

Hoxha, Enver: Selected Works. Tirana 1975

Institut für Europäische Politik: Sicherheitssektorreform (SSR) auf dem Westlichen Balkan. Studie Berlin 2007

Ihlau, Olaf, und Vukić Miodrag (Hg.) Jugoslawien – Modell im Wandel. Frankfurt am Main 1973

Jaenicke, Axel, und Hans Lunshof: Housing Rights in Croatia. The Loss of Housing Rights by Refugees and Internally Displaced and the Long Way Back. Interne OSZE-Studie. Zagreb 2008

Joerißen, Britta: Der Balkan. Von Krieg, Frieden und Europa. Friedrich-Ebert-Stiftung Januar 2007

Jossifidis, Alexander: Die slawophonen Grieben Makedoniens. Mannheim 2006

Kadare, Ismail: The Balkans: Truths and Untruths. In: Chaillot Papers. Institute for Security Studies. Western European Union. Paris April 2001

Kaplan, Robert D.: Die Geister des Balkan. Eine Reise durch die Geschichte und Politik eines Krisengebietes. Hamburg 1993

Karadžić, Radovan: Jeder hasst hier jeden. In: Der Spiegel, 4/1993

Kardelj, Edvard: Zur gesellschaftlichen Funktion der Kritik. Freiheit und Verpflichtung. Wien 1969

Kinkel, Klaus: Wir sind ehrliche Makler. In: Der Spiegel, 39/1995

–: Einige verlieren die Nerven. In: Der Spiegel, 12/1998

Kisch, Egon Erwin: Hetzjagd durch die Zeit. Reportagen. Frankfurt am Main 1974

Koch, Adolf: Fürst Alexander von Bulgarien. Darmstadt 1887

Koštunica, Vojislav: Ziemlich nahe bei de Gaulle. In: Der Spiegel, 46/2000

Lendvai, Paul: Der Rote Balkan. Zwischen Nationalismus und Kommunismus. Frankfurt am Main 1969

–: Zwischen Hoffnung und Ernüchterung. Reflexionen zum Wandel in Osteuropa. Wien 1994

Libal, Wolfgang: Das Ende Jugoslawiens. Chronik einer Selbstzerstörung. Wien 1991

–: Kosovo: Gordischer Knoten des Balkan. Wien 1992

–: Mazedonien zwischen den Fronten. Junger Staat mit alten Konflikten. Wien 1993

Liebe, Klaus: 6mal Jugoslawien, 1mal Albanien. München 1974

Lončarević, Dušan: Jugoslawiens Entstehung. Wien 1929

Magris, Claudio: Donau. Biographie eines Flusses. München 1988

Mann, Michael: The Dark Side of Democracy. Explaining Ethnic Cleansing. Cambridge 2005

Mappes-Niediek, Norbert: Die Ethno-Falle. Der Balkan-Konflikt und was Europa daraus lernen kann. Berlin 2005

–: Der Mord an Zoran Djindjić und seine Folgen. In: Serbien nach den Kriegen. Frankfurt am Main 2008

Marković, Mihailo: Juriš na nebo. Knjiga prva. (Die Erstürmung des Himmels. Erstes Buch) Beograd 2008

Marković, Mira: Das alles sind Lügen. In: Der Spiegel, 32/2001

Meier, Viktor: Wie Jugoslawien verspielt wurde. München 1995

Mesić, Stipe: Es kann jederzeit krachen. In: Der Spiegel, 14/2000

Meurs, Wim van: Kosovo – Seeing Eye to Eye Across the Atlantic? In: Transatlantic Thinkers, Part 9, Bertelsmann Stiftung 2008

Mihaljčić, Rade: The Battle of Kosovo. Belgrade 1989

Milošević, Slobodan: Der Schlüssel zum Frieden. In: Der Spiegel, 24/1996

Mitsotakis, Konstantin: Dann fliegt alles in die Luft. In: Der Spiegel, 27/1993

Mladić, Ratko: Märchen der Vergewaltigung. In: Der Spiegel, 7/1993

Nuhanović, Hasan: Under the UN Flag. The International Community and the Srebrenica Genocide. Sarajevo 2007

Muller, Jerry Z.: Us and Them. The Enduring Power of Ethnic Nationalism. In: Foreign Affairs. March/April 2008

Okuka, Miloš, und Petra Rehder: Das zerrissene Herz. Reisen durch Bosnien-Herzegowina 1530–1993. München 1994

Owen, David: Balkan-Odyssee. München/Wien 1996

Popov, Nebojša (Hg.): Serbiens Weg in den Krieg. Berlin 1998

Prošić-Dvornić, Mirjana: Kulture u tranzicije (Kulturen im Übergang). Beograd 1994

Radić, Radivoj: Srbi pre Adama i posle njega (Die Serben vor und nach Adam). Beograd 2005

Ranke, Leopold von: Die Serbische Revolution. Hamburg 1829

Razumovsky, Dorothea: Der Balkan. Geschichte und Politik seit Alexander dem Großen. München/Zürich 1999

Reed, John: The War in Eastern Europe. New York 1916

Reißmüller, Johann Georg: Jugoslawien. Vielvölkerstaat zwischen Ost und West. Düsseldorf/Köln 1971

–: Die bosnische Tragödie. Stuttgart 1993

Reljić, Dušan: Die Balkan-Mafia. Organisierte Kriminalität und kriminalisierter Staat im Westlichen Balkan. Stiftung Wissenschaft und Politik. Berlin 2007

Remaining Obstacles to Return and Reintegration in Croatia. Non-Paper UNHCR. Zagreb September 2008

Reuter, Jens: Serbien auf dem Weg nach Europa? In: Serbien nach den Kriegen. Frankfurt am Main 2008

Roggemann, Herwig: Das Modell der Arbeiterselbstverwaltung in Jugoslawien. Frankfurt am Main 1970

Rugova, Ibrahim: Wir sind ein geteiltes Volk. In: Der Spiegel, 16/2000

Schiller, Ulrich: Macht außer Kontrolle. Geheime Weltpolitik von Chruschtschow bis Bush. Berlin 2003

Schirrmacher, Frank (Hg.): Der westliche Kreuzzug. 41 Positionen zum Kosovo-Krieg. Stuttgart 1999

Schmider, Klaus: Partisanenkrieg in Jugoslawien 1941–1944. Hamburg 2002

Schmitt, Oliver Jens: Skanderbeg. Der neue Alexander auf dem Balkan. Regensburg 2009.

Schröder, Gerhard: Entscheidungen. Mein Leben in der Politik. Berlin 2007

Schulte, Jörg (Hg.): Belgrad. Europa Erlesen. Klagenfurt 2001

Schwarz-Schilling, Christian: Memorandum zur Lage in Bosnien und Herzegowina. Büdingen Februar 2009

Serbia: Maintaining Peace in the Preševo Valley. Crisis Group Europe Report No. 186, 16 October 2007

Selimović, Meša: Der Derwisch und der Tod. Salzburg 1972

Situation Report on Organised and Economic Crime in South-Eastern Europe. Dokument des Europarats. Straßburg September 2006

Sosnosky, Theodor von: Die Balkanpolitik Österreich-Ungarns seit 1866. Stuttgart/Berlin 1913

Stojanović, Svetozar: Kritik und Zukunft des Sozialismus. Frankfurt am Main 1972

Ströhm, Carl Gustaf: Ohne Tito. Kann Jugoslawien überleben? Graz 1976

Suljagić, Emir: Srebrenica. Notizen aus der Hölle. Wien 2009

Sundhaussen, Holm: Geschichte Serbiens 19.–21. Jahrhundert. Wien/Köln/Weimar 2007

Supek, Rudi, und Branko Bošnjak: Jugoslawien denkt anders. Marxismus und Kritik des etatistischen Sozialismus. Wien 1971

The Southern Balkans: Perspectives from the Region. Chaillot Paper 46. Institute for Security Studies. Western European Union. Paris April 2001

Tito, Josip Broz: Der jugoslawische Weg. Sozialismus und Blockfreiheit. Aufsätze und Reden. München 1976

Todorova, Maria: Die Erfindung des Balkans. Europas bequemes Vorurteil. Darmstadt 1999

Travirka, Antun: Dubrovnik. Zadar 2005

Troebst, Stefan: Das makedonische Jahrhundert. München 1996

Trotzki, Leo: Die Balkankriege 1912–13. Essen 1996

Tudjman, Franjo: Wir befreien unser Land. In: Der Spiegel, 5/1993

Velikić, Dragan: Serbien: »Vorher« und »Nachher« – Intellektuelle unter Milošević. In: Serbien nach den Kriegen. Hrsg. von Jens Becker und Achim Engelberg. Frankfurt am Main 2008

Vukmanović-Tempo, Svetozar: Mein Weg mit Tito. Ein Revolutionär erinnert sich. München/Zürich 1972

Wagner, Richard: Der leere Himmel. Reise in das Innere des Balkan. Berlin 2005

Weithmann, Michael: Der ruhelose Balkan. München 1993

West, Rebecca: Schwarzes Lamm und grauer Falke. Eine Reise durch Jugoslawien. Berlin 2002

Zimmermann, Warren: The Last Ambassador. A Memoir of the Collapse of Yugoslavia. In: Foreign Affairs, March/April 1995

Interviews und Hintergrundgespräche u. a. mit:
Ramiz Alia, Ivo Andrić, Sali Berisha, Willy Brandt, Silviu Brucan, Erhard Busek, Nicolae Ceauşescu, Obermufti Mustafa Cerić, Dobrica Ćosić, Milovan Djilas, Zoran Djindjić, Milo Djukanović, Vuk Drašković, Joschka Fischer, Hans-Dietrich Genscher, Kiro Gligorov, Nikola Gruevski, Ramush Haradinaj, Eric Hobsbawm, Richard Holbrooke, Bodo Hombach, Douglas Hurd, Ion Iliescu, Wolfgang Ischinger, Alija Izetbegović, Boris Jelzin, Radovan Karadžić, Edvard Kardelj, Klaus Kinkel, Hans Koschnick, Vojislav Koštunica, Bernard Kouchner, Fatos Lubonja, John Major, Mihajlo Marković, Mirjana Marković-Milošević, Dimitrij Medwedew, Stipe Mesić, Branko Mikulić, Slobodan Milošević, Konstantin Mitsotakis, Ratko Mladić, Marko Nikezić, David Owen, Edi Rama, Leka Anwar Zog Reza, Petre Roman, Joachim Rücker, Ibrahim Rugova, Zar Simeon von Sachsen-Coburg-Gotha, Helmut Schmidt, Gerhard Schröder, Christian Schwarz-Schilling, Haris Silajdžić, Nikola Špirić, Victor Stănculescu, Boris Tadić, Hashim Thaçi, Josip Broz Tito, Franjo Tudjman

Dank

Die Autoren danken all jenen, die mit Informationen, Ratschlägen und Kritik zum Zustandekommen dieses Buches beigetragen haben. Einige von ihnen hier namentlich zu nennen, hieße andere zurückzusetzen. Gleichwohl gilt ein besonderer Dank der Belgrader *Spiegel*-Korrespondentin Renate Flottau für ihre Anregungen.

Zeittafel

2. Jahrtausend v. Chr.
Thraker dringen im Nordosten des Balkans ein.

Ab 1250 v. Chr.
Illyrisch-dorische Zuwanderung

7. Jh. v. Chr.
Griechische Handelsstädte an der Adria

680 v. Chr.
Keltische Stämme ziehen durch den Balkan.

148 v. Chr. – 275 n. Chr.
Römische Provinzen auf dem Balkan: Pannonien, Illyrien, Mösien,
Thrakien, Mazedonien, Dakien

375
Einfall der Hunnen löst große Völkerwanderung aus; Herrschaft Attilas
von 445 bis 453

395
Teilung des Römischen Reichs; weite Teile des Balkans unterstehen der
Oberhoheit von Byzanz.

490 – 568
Langobarden an der mittleren Donau

6./7. Jh.
Slawische Stämme besiedeln die Balkanhalbinsel.

614
Awaren zerstören Epidaurum, die Überlebenden fliehen auf eine
Felseninsel, auf der später Ragusa/Dubrovnik entsteht.

681 – 1018
Erstes bulgarisches Reich.

788 – 796
Karl der Große besetzt Istrien und bekämpft die Awaren an Donau
und Theiß.

819 – 823
Aufstand von Slowenen und Kroaten gegen die fränkische Herrschaft

2. Hälfte 9. Jh.
Christianisierung des Balkans durch Slawenapostel Kyrillos und Methodios

893–927
Bulgariens »Goldenes Zeitalter« unter Chan Simeon

925
Der Stammesführer Tomislav lässt sich in Split zum ersten König Kroatiens krönen.

1000
Dalmatien wird venezianisch, ab 1181 ungarisch.

1102
Personalunion Kroatiens mit Ungarn

12. Jh.
Deutsche wandern in Siebenbürgen ein.

1170
Fürst Stefan Nemanja vereinigt die serbischen Stämme.

1190
Ragusas Bürger wählen erstmals einen Fürsten.

1204
Kreuzfahrer zerstören das christliche Konstantinopel.

1346
Großserbisches Reich unter Zar Stefan Dušan; Vormarsch der Osmanen aus Kleinasien nach Europa

1389
Schlacht auf dem Amselfeld. Das serbische Heer von Fürst Lazar wird am 28. Juni (»Vidovdan«) von den Osmanen vernichtend geschlagen.
Die Türken dringen bis zur Donau vor.

1430
Ragusa sichert sich in einem Vertrag mit den Türken Handels- und Seefreiheit.

1444
Albanischer Widerstand gegen die Osmanen unter Fürst Skanderbeg

1453
Sultan Mehmed II. erobert am 29. Mai Konstantinopel und sorgt für den Untergang des Byzantinischen Reichs.

1529
Die Osmanen belagern erstmals Wien. Danach Aufbau der Habsburger »Militärgrenze« in Kroatien und Slawonien.

1573
Kroatischer Bauernaufstand gegen Österreich

1667
Erdbeben zerstört im April Ragusa/Dubrovnik; zwei Drittel der
Einwohner sterben.

1683
Zweite Belagerung Wiens durch die Osmanen

1717
Zeitweilige Eroberung Belgrads durch die Habsburger unter Prinz
Eugen

1804–1815
Serbische Aufstände; ab 1830 autonomes Fürstentum Serbien

1806
Ende der Adelsrepublik Ragusa/Dubrovnik nach Besetzung durch
napoleonische Truppen

1829
Im Frieden von Adrianopel erkennen die Osmanen Griechenlands
Unabhängigkeit an.
Otto von Wittelsbach wird 1832 zum König gewählt.

1852
Erbliches Fürstentum Montenegro

1877–1878
Russisch-Türkischer Balkankrieg

1878
Neuordnung des Balkans durch den Berliner Kongress: Nach Serbien
werden auch Rumänien und Montenegro unabhängig; Bosnien-Herzegowina fällt als Protektorat Österreich-Ungarn zu.

1882
Serbien wird Königreich.

1887
Ferdinand von Sachsen-Coburg wird Fürst von Bulgarien.

1908
Jungtürkische Revolution im Osmanenreich.
Österreich-Ungarn annektiert Bosnien-Herzegowina.

1912–1913
Die Türkei wird in den beiden Balkankriegen aus Südosteuropa bis
zum Umland von Konstantinopel zurückgedrängt; Aufteilung Mazedoniens zwischen Serbien, Bulgarien und Griechenland.

1914
28. Juni: Attentat auf den österreichischen Thronfolger Franz Ferdinand in Sarajevo; Beginn des Ersten Weltkriegs

1918
Gründung des Königreichs der Serben, Kroaten und Slowenen
(Jugoslawien)

1919 – 1922
Der Krieg gegen die Türkei endet für Griechenland mit der Vertreibung von über einer Million Hellenen aus Kleinasien.

1929
Königsdiktatur in Jugoslawien

1934
König Alexander von Jugoslawien erliegt in Marseille einem Attentat;
Prinz Paul wird Regent.

1938
Königsdiktatur in Rumänien

1941
6. April: Die deutsche Luftwaffe bombardiert Belgrad; Deutschland und
Italien okkupieren Jugoslawien, danach Griechenland.

In Zagreb ruft der Faschistenführer Ante Pavelić den Ustascha-Staat
Kroatien aus. Hunderttausende Serben, Muslime, Juden und Roma
werden ermordet.

1942 – 1945
Partisanenkrieg unter der Führung von Josip Broz Tito. Der in Bosnien
gebildete Antifaschistische Volksbefreiungsrat AVNOJ wird zur Keimzelle des künftigen kommunistischen Jugoslawien.

Stalin und Churchill verabreden in Moskau die Aufteilung des Balkans
in Einflusszonen.

1944 – 1949
Griechischer Bürgerkrieg

1947
In Sofia wird der bulgarische Bauernpolitiker Nikola Petkov hingerichtet.

Nach der erzwungenen Abdankung von König Mihai I. wird Rumänien
»Volksrepublik«.

1948
Bruch Titos mit Stalin; die jugoslawische KP wird aus dem Kominform
ausgeschlossen.

1961
Konferenz der Blockfreien Staaten in Belgrad

1967
Enver Hodscha proklamiert seine Volksrepublik Albanien zum »ersten
atheistischen Staat der Welt«. Im darauffolgenden Jahr Austritt aus
dem Warschauer Pakt und Anlehnung an Peking.

1971
»Kroatischer Frühling« in Zagreb

1973
Zu Ostern besucht Bundeskanzler Willy Brandt Jugoslawien; Einigung mit Tito in der Wiedergutmachungsfrage.

1974
Neue föderative Verfassung in Jugoslawien reduziert Serbiens Einfluss. Nicolae Ceauşescu wird Präsident Rumäniens.

1978
Albanien bricht mit China.

1980
Unruhen in der Provinz Kosovo; am 4. Mai wird Titos Tod bekannt gegeben.

1985
Tod von Enver Hodscha

1989
Serbenpräsident Slobodan Milošević lässt die Autonomie der Provinzen Kosovo und Vojvodina aufheben; Amselfeld-Rede am 28. Juni.

Die kommunistischen Regime in Rumänien und Bulgarien kollabieren.

Am 25. Dezember werden Ceauşescu und seine Frau Elena hingerichtet.

1990
Nach Unruhen wird das Kosovo unter Belgrads Zwangsverwaltung gestellt.

Die Serben in der kroatischen Krajina verkünden die Selbstverwaltung.

1991
Jugoslawiens Auflösung beginnt; Slowenien und Kroatien rufen gleichzeitig ihre Unabhängigkeit aus. Die Jugoslawische Bundesarmee greift ein, es kommt zum Bürgerkrieg.

Die EG-Staaten, angeführt von Deutschland, beschließen am 16. Dezember die Anerkennung von Slowenien und Kroatien.

1992
Auch Bosnien-Herzegowina erklärt die Unabhängigkeit und wird im April von der EG wie den USA anerkannt. Die Serben antworten mit Bürgerkrieg, umzingeln Sarajevo.

»Ethnische Säuberungen« lösen Flüchtlingswellen aus. Uno-Sanktionen gegen Belgrad.

Sali Berisha wird nach dem Sieg der Demokratischen Partei Albaniens Präsident.

1995
Bosnische Serben überrennen im Juli die Uno-Schutzzone Srebrenica. Über achttausend Muslime werden bei einem Massaker ermordet.

Im August erobert Kroatiens Armee die Krajina zurück und vertreibt die Serben.

Das Abkommen von Dayton, am 14. Dezember in Paris unterzeichnet, beendet den Krieg in Bosnien-Herzegowina.

1997
Militante Albaner ziehen gegen das Belgrader Regime in den Guerilla-krieg und fordern die Unabhängigkeit des Kosovo; Milošević antwortet mit Racheaktionen gegen die Zivilbevölkerung.

Anarchische Zustände in Albanien nach Massendemonstrationen der Verlierer von »Pyramiden«-Geldspielen.

1999
Nach dem Massaker von Račak eskaliert die Kosovokrise; Massen-exodus der Albaner.

Ab 24. März Nato-Luftangriffe gegen Rest-Jugoslawien.

Der Kosovokrieg endet am 9. Juni mit dem Militärtechnischen Abkommen von Kumanovo und dem Abzug der serbischen Sicher-heitskräfte. Die Provinz wird Uno-Protektorat. Etwa 10 000 Tote.

Die EU und ihre Alliierten beschließen einen »Stabilitätspakt« für Südosteuropa.

Der kroatische Staatschef Tudjman stirbt im Dezember.

2000
Zum Präsidenten Kroatiens wird Stipe Mesić im Februar gewählt.
Milošević wird nach Wahlmanipulationen durch einen Volksaufstand am 5. Oktober gestürzt, Vojislav Koštunica neuer Präsident Jugo-slawiens und Zoran Djindjić Serbiens Regierungschef.

2001
Die Nationale Bewegung um Bulgariens ehemaligen Monarchen Simeon II. von Sachsen-Coburg und Gotha gewinnt überraschend die Wahlen im Juni.

Milošević wird am »Vidovdan« dem Haager Kriegsverbrechertribunal überstellt und stirbt während seines Prozesses am 11. März 2006.

2003
Djindjić wird am 12. März vor seinem Amtssitz in Belgrad erschossen.

Muslimführer Alija Izetbegović stirbt am 19. Oktober in Sarajevo.

2004
Bei den März-Unruhen im Kosovo werden Serben von Albanern ermordet, Klöster niedergebrannt.

Slowenien ist seit dem 1. Mai Mitglied der EU.

Der Demokrat Boris Tadić wird am 27. Juli zum Präsidenten Serbiens gewählt.

2006

Der kosovarische Präsident Ibrahim Rugova stirbt am 21. Januar.
Montenegro entscheidet sich in der Volksabstimmung vom
21. Mai für die Unabhängigkeit.

2007

Mit dem Beitritt von Bulgarien und Rumänien Anfang Januar wächst
die Zahl der EU-Mitglieder auf siebenundzwanzig.

Serbiens Parlament lehnt im Februar den Uno-Plan für eine bedingte
Unabhängigkeit des Kosovo ab.

Präsident Tadić legt die Position seines Landes vor der Uno-Hauptver-
sammlung dar.

2008

Kosovo erklärt am 17. Februar die Unabhängigkeit; sie wird zunächst
nur von sechsundfünfzig Staaten weltweit anerkannt.

Europas meistgesuchter Kriegsverbrecher, der Serbe Radovan Karadžić,
wird in Belgrad verhaftet und dem Haager Tribunal übergeben.

2009

28. Juni: Albaniens Ministerpräsident Sali Berisha setzt sich bei der
Parlamentswahl knapp gegen seinen Herausforderer Edi Rama durch.

5. Juli: In Bulgarien übernimmt Sofias Bürgermeister Bojko Borissow
nach dem Sieg seiner GERB-Partei die Regierung.

Serben, Montenegriner und Mazedonier dürfen vom 1. Januar 2010 an
in die EU einreisen. Für Bürger Bosniens, Albaniens und des Kosovo
gilt dies weiterhin nicht.

Im mehrheitlich von ethnischen Rumänen bewohnten Moldawien
formiert sich eine pro-westliche Koalition.

Bildnachweis

AFP/Getty Images 66 (Foto Gerard Cerles),133; – AP 160 (Foto Hidajet
Delic),191, 279; – BKP 13 (Foto Klaus Göken); – Bridgeman Berlin 207; –
Corbis 27 (Foto K. Yannis); – Deutsches Historisches Museum Berlin/
Archiv Gronefeld 271; – dpa 55, 75; – Gamma 35; – Interfoto 91; – laif
193 (Foto Wim van Cappelen); – Lichtblick 252 (Foto Konnerth); – Ohne
Nachweis 45, 179; – Olaf Ihlau (Privatbesitz) 154; – Picture Alliance/dpa
105 (Foto Jacques Collet); – Polaris 119 (Foto Filip Horvat); – Polaris/
Studio X 169; – Reuters 60, 98 (Foto Ranko Cukovic), 174 (Foto Jerry
Lampen), 225; – Saba 201 (Foto F. Horvat); – Sigma 224 (Foto Pascal
Parrot); – Sipa Press 138

Personenregister

Die *kursiv* gesetzten Angaben beziehen sich auf Bildlegenden

299